U0064917

古典文獻研究輯刊

十四編

潘美月・杜潔祥 主編

第9冊

宋楙澄及其《九籥集》研究（上）

劉思怡 著

國家圖書館出版品預行編目資料

宋楙澄及其《九籥集》研究(上)／劉思怡 著 — 初版 — 新北市：
花木蘭文化出版社，2012〔民 101〕
目 2+216 面；19×26 公分
(古典文獻研究輯刊 十四編；第 9 冊)
ISBN：978-986-254-842-4（精裝）
1.（明）宋楙澄 2. 傳記 3. 明代文學 4. 文學評論
011.08 101002990

古典文獻研究輯刊
十四編 第九冊 ISBN：978-986-254-842-4

宋楙澄及其《九籥集》研究（上）

作　者 劉思怡
主　編 潘美月 杜潔祥
總編輯 杜潔祥
企劃出版 北京大學文化資源研究中心
出　版 花木蘭文化出版社
發行所 花木蘭文化出版社
發行人 高小娟
聯絡地址 新北市永和區中正路五九五號七樓
電話：02-2923-1455／傳眞：02-2923-1452
網　址 http://www.huamulan.tw 信箱 sut81518@gmail.com
印　刷 普羅文化出版廣告事業
初　版 2012 年 3 月
定　價 十四編 20 冊（精裝）新台幣 31,000 元

宋楙澄及其《九籥集》研究（上）

劉思怡　著

作者簡介

劉思怡，臺中人，東吳大學中國文學系碩士，主要研究興趣為古典小說，目前為東吳大學中國文學系博士班研究生、兼任講師，求學與工作歷程均與東吳大學密不可分。

提　要

小說是明代文學的表徵，通俗小說在明代獲得高度的發展，文言小說相對遜色，其中祇有傳奇小說較有實績，尤其是明代中期以後，不少文人從事傳奇小說的創作，宋楙澄（1569～1620年）是成就最高的。他最著名的傳奇小說是收錄在《九籥集》的〈負情儂傳〉及〈珠衫〉等，此二篇被馮夢龍改編成擬話本小說〈杜十娘怒沉百寶箱〉及〈蔣興哥重會珍珠衫〉，成為「三言」中最膾炙人口的名篇。馮夢龍改寫的功力自不待言，但宋楙澄原創的成功，亦不容抹煞。

《九籥集》是宋楙澄的詩文作品集，它的刊刻在晚明就受到馮夢龍、凌濛初、陸人龍的青睞，在清代卻因乾隆皇帝編纂《四庫全書》，被奏准列入全燬書目，從此在文壇上消聲匿跡。時代的悲劇無法逆轉，卻可藉由學術研究，重新認識宋楙澄《九籥集》的價值所在。

本論文著眼於宋楙澄個人及其著作《九籥集》二大主軸來進行，首先探討宋楙澄的家世生平、師承交友與人格特質，從其童蒙苦讀、啼聲初試、壯游淬礪，到老來病磨的一生中，紬繹其性格節操及精神氣度，再延伸論其著述與禁燬。其次進行《九籥集》的主題研究，分詩編、文編、稗編三個方向論述。詩編論其思想內容、詩學主張及創作表現。文編論其文學主張、文章風格，並就表現突出的散文小品及山水遊記以專章分析，檢視他在文壇的主要貢獻。稗編則從其先進的小說概念出發，對照其創作的風格與技巧，以驗證他在傳奇小說的卓越成就。另隨文檢附〈宋楙澄年譜〉，期能在宋楙澄及其《九籥集》相關議題的範疇內，有完整的研究成果呈現。

目 次

上 冊

第一章 緒 論 …… 1
第一節 研究動機 …… 1
第二節 研究方法 …… 4
第三節 文獻資料運用 …… 4
第四節 近人相關研究成果評述 …… 5
第五節 個人研究成果自我評價 …… 12
第二章 宋楙澄生平與著述 …… 15
第一節 宋氏世系 …… 15
第二節 宋楙澄先祖及親屬 …… 21
第三節 宋楙澄傳略 …… 34
第四節 宋楙澄生卒年考論 …… 42
第五節 師 承 …… 46
第六節 交 遊 …… 55
第七節 人格特質 …… 82
第八節 著 述 …… 90
第九節 小 結 …… 105
第三章 《九籥集》詩編研究 …… 107
第一節 明代文學思想概述 …… 107
第二節 宋楙澄與《九籥集》詩編 …… 110
第三節 《九籥集》詩編之思想內容 …… 113

第四節　宋楙澄之詩學主張……119
第五節　《九籥集》詩編之技巧與風格……123
第六節　《九籥集》詩編之影響……130
第七節　小　結……134
第四章　《九籥集》文編研究……135
第一節　《九籥集》文編之分類……135
第二節　宋楙澄之文學主張……147
第三節　《九籥集》文編之技巧與風格……157
第四節　機巧得趣——論宋楙澄散文小品……172
第五節　體驗山川——論宋楙澄山水遊記……185
第六節　《九籥集》文編之貢獻……199
第七節　小　結……215

下　冊

第五章　《九籥集》稗編研究……217
第一節　宏觀到微觀——淺談明代文言小說發展·217
第二節　宋楙澄與稗編……221
第三節　《九籥集》稗編作品剖析……226
第四節　《九籥集》稗編寫作特色……232
第五節　《九籥集》稗編寫作技巧——以〈負情儂傳〉、〈珠衫〉、〈劉東山〉爲例……247
第六節　《九籥集》稗編主要成就……254
第七節　小　結……269
第六章　結　語……271
附錄：宋楙澄年譜……275
參考書目……361
一、專書……361
二、學位及報紙期刊論文……368

第一章　緒　論

第一節　研究動機

收錄在《警世通言》卷三十二〈杜十娘怒沉百寶箱〉的故事，是馮夢龍改寫得最經典的一篇擬話本小說，至今仍膾炙人口，追本溯源，本篇係根據宋楙澄〈負情儂傳〉增飾而成，但世人只道長洲馮夢龍，鮮知華亭宋楙澄。若論改寫增飾的功力與傳播動能的賦予，自然非馮夢龍莫屬，但若論傳奇情節的原創與故事張力的建構，則不能不歸功於宋楙澄。四百年來，人們爲美麗、聰明、剛烈的杜十娘所感動時，往往爲馮夢龍的才筆讚歎不已，卻不自覺地忽視原著者宋楙澄的存在，因爲他並非一代文壇名家，名不見經傳，也從未在仕途上嶄露頭角，但毫無疑問地，這是對原創者的一種不公平的對待。

明代晚期，文學思潮面臨重大的顚覆與重整，隨著社會觀念的活絡和市民文化的興起，文人對於種種變革的局勢，採取了積極的回應態度，甚至透過長期的觀察，不斷地反省，產生深沈的自覺，發展出晚明獨特的文學創作與學術思潮，而宋楙澄就是其中一個力行不懈的實踐者。

宋楙澄（1569～1620 年），字幼清，號稚源，松江府華亭縣蕭塘人（今上海市奉賢區莊行鎮鄔橋社區張塘村），之後蕭塘屬於虹橋，虹橋宋氏，是華亭著名的望族。宋楙澄誕生於此一家族，有極豐厚的學識涵養，天性慷慨俠烈，倜儻能文，兼有智略，以奇節自許，往來燕松之間，交游廣闊，而爲人高節，不屈於權貴，雖欲一逞不羈之才，卻布衣終身，鬱鬱而卒。他具有學養、才華、膽識，成就出這一本《九籥集》，又有吳偉業所選刊的《九籥別集》。在

《九籥集》中，他以豐沛的才情創作傳奇小說，並將稗官家言與經史掌故並列，闢設「稗編」，使稗官小說公然登大雅之堂，這是對於採自民間的稗官家言具有教化功能的深刻自覺，具有獨特的時代意義。雖然傳奇小說的價值並未因如此先進的觀念而得到應有的認識與重視，但是卻使蓬勃發展的擬話本小說得到豐美的養料，宋楙澄所作的〈負情儂傳〉、〈珠衫〉、〈劉東山〉、〈吳中孝子〉等，均被改寫爲更通俗的擬話本小說，收入「三言」、「二拍」、「一型」中，這也是《九籥集》不朽的價值所在。很遺憾地，此一價值並未得到後人合理的體認。而除了稗編外，《九籥集》保存宋楙澄的大量詩文作品，這是用其一生嘔心瀝血的創作，方志的評價是：「詩文奇矯俊拔，尤工尺牘及稗官家言。」〔註1〕顯然其詩文雄奇，有一窺堂奧的必要。

宋楙澄一生布衣，《明史》無傳，歷經穆宗、神宗、光宗、熹宗四朝，但平生主要活動於神宗萬曆一朝。他是晚明著名的文學家、作家、文言小說家（又稱傳奇小說家）與預言家，也是松江地區著名的藏書家。楙澄的藏書，遠近馳名，爲松江地區四大藏書家之一〔註2〕。他在〈悔讀古書記〉中亦有「藏書老奴」〔註3〕的記錄，需安排專人看管，可以想見私家藏書之富。

宋楙澄除了從事傳奇小說的創作之外，個人亦是個傳奇人物，他精於數術，堪稱預言家，坊間流傳著他預言靈驗的事迹。如《松江府志》所載：

> 懋澄當萬歷時，遇人必抵掌論世事，嘗喟然歎曰：「二十年後天下將有兵，而我不及見也。」後卒如其言。〔註4〕

楙澄卒後不到二十四年便改朝換代，明清交戰則更早，印證其所言非虛。又清王士禎《帶經堂集》則載：

> 雲間宋孝廉懋澄，副都御史徵輿之父也，精數學。徵輿生時預書一紙，緘付夫人曰：「是子中進士後，乃啓視之。」至順治四年丁亥（1647

〔註1〕見〔清〕宋如林，孫星衍等修纂：《松江府志》（臺北：成文出版社，民國59年，清嘉慶二十二年刊本），卷五十五〈宋懋澄〉，頁1230。以下凡引嘉慶《松江府志》所列頁碼，均據此版本。

〔註2〕見嘉慶《松江府志》卷八十三〈拾遺志〉載：「萬曆閒，郡中藏書之富者，王洪洲圻、施石屏大經、宋幼清懋澄、俞仲濟汝楫四先生家爲最，幼清先生尤多秘本及名人手鈔、舊搨碑刻。」頁1888。

〔註3〕〔明〕宋楙澄撰：《九籥集》（北京：北京出版社，2000年1月，《四庫禁燬書叢刊》本），卷之一，〈悔讀古書記〉，頁505。以下凡引《九籥集》所列頁碼，除特別說明外，均據此版本。

〔註4〕嘉慶《松江府志》卷五十五〈宋懋澄〉，頁1230。

> 年），徵輿成進士，始開前緘，有一行字云：「此兒三十年後當事新朝，官至三品，壽止五十。」其後康熙丙午，果以宗人府府丞遷副都御史，至三品。明年丁未（1667 年），卒官，年正五十也。又嘗與淮南白孝廉某同年友善，白亦精數學。一日，宋晨起謂夫人曰：「今年九月某日，白君當死，渠無子，我當渡江取別，爲治後事。」遂買舟渡江。比至，白已候門迎，笑曰：「我固知兄今日必來相送。」遂閉門，相對痛飲數日。至期，白無病而逝。懋澄爲治後事畢，乃歸，歸謂夫人曰：「白君事已完，吾明年三月亦逝矣。」如期而卒。宋有《九籥集》，如稗官家〈劉東山〉、〈杜十娘〉等傳，皆集中所載也。〔註 5〕

白孝廉指白正蒙。雖說宋楙澄卒於十一月而非三月，但世人所關心的不是事件的眞實性，而是傳奇性。此事王士禛又在《池北偶談》〔註 6〕津津樂道地重述一遍，可以想見，在他的傳奇小說被稱述之餘，人們亦對其傳奇性的預言，展露相當程度的好奇心。

宋楙澄《九籥集》在明末印行，入清，尚有吳偉業選編的《九籥別集》行世，其子宋徵輿在清初更位居三品，斷然不會使《九籥集》消失湮滅。然而，從二○○○年《九籥集》第一次以較完整版本重現世人眼前，即被收錄在《四庫禁燬書叢刊》當中，便可瞭解到乾隆皇帝以修纂《四庫全書》爲名，大舉銷燬違禁書籍，宋楙澄《九籥集》便在違礙書目之列，從此不見天日，在文壇上消聲匿跡約二百年，也讓世人遺忘《九籥集》的存在。

綜上所述，《九籥集》是宋楙澄現存的惟一著作集，集中傳奇小說成就斐然，對通俗小說的影響，不容抹煞，所錄詩文，亦奇矯雄特，秀逸雋永。而作者宋楙澄兼具文學家、作家、小說家、藏書家、預言家的多重身分，其生平亦充滿傳奇色彩，惟至今僅見研究宋楙澄《九籥集》的單篇論文約三十篇，碩士論文二本，寥寥可數。因此本論文是碩士論文的擴充，以進行宋楙澄及《九籥集》研究，經由廣泛的資料搜集，深入的分析與論述，以勾勒出其人其事其著作更清楚的輪廓。也希望藉由個人對宋楙澄《九籥集》的學術研究，

〔註 5〕〔清〕王士禛撰：《帶經堂集》卷八十一《蠶尾續文集》（上海：上海古籍出版社，2002 年 3 月，《續修四庫全書》本），卷九，〈書宋孝廉事〉，頁 85。

〔註 6〕〔清〕王士禛撰：《池北偶談》（台北：臺灣商務印書館股份有限公司，民國 75 年 3 月，《景印文淵閣四庫全書》本），卷二十一，〈宋孝廉數學〉，頁 311～312。

喚起過去一度空白的記憶，讓大家重新認識宋楙澄《九籥集》的價值所在。

第二節　研究方法

一般而言，在對文人進行研究之前，必須先瞭解其所處的時代環境，而影響時代環境的因子包括物質條件、政經狀態、風俗習慣、知識水準、學術思想、文藝風潮、取士方式、價值觀念……等等，這些外部因子不斷地對俯仰其中的人產生影響力，左右著對他們對生存環境的理解和觀感。因此，在對宋楙澄以及《九籥集》進行研究之前，應該瞭解他所處晚明時代的現實環境。然而由於近年來研究明代的學術著作或研究論文大量出現，此一議題已被充分討論，似無畫蛇添足之必要，故本論文不進行時代背景的專章討論，僅於討論相關議題時，針對影響該議題的重要環境因素，予以簡要闡述。

本論文著重於揭露宋楙澄個人的生平事迹，以及其存世的惟一著述《九籥集》的存在價值，試圖透過與宋楙澄最切身的生平與著述兩大主軸的論述與剖析，還原他在明代晚期的具體存在與活動軌跡，並賦予其著述《九籥集》一個合理的文學地位。由於現有對於宋楙澄暨《九籥集》的研究論著數量極少，除了參酌前輩有限的研究成果外，本論文的取材主要著重於《九籥集》文本的直接材料，亦即以宋楙澄撰寫而成的第一手資料爲基礎，正因爲直接資料的可信度最高。

除《九籥集》的直接資料外，另蒐集保存於歷代方志中與宋楙澄有關的間接資料，同時兼採散見於晚明其他文人別集中的相關資料，以利相互驗證，務求更貼近宋楙澄生存的眞實世界。

第三節　文獻資料運用

本論文的研究理路，可分爲四大部分進行。第一部分探討宋楙澄的生平及著述。使用的資料以《九籥集》爲主，輔以記載宋氏家族及友朋在當地活動的方志資料紀錄，如《松江府志》、《重修華亭縣志》、《奉賢縣志》、《青浦縣志》等；史傳資料如《明史》、《明實錄》、何三畏《雲間志略》、黃之雋《江南通志》、錢謙益《列朝詩集小傳》、姚弘緒《松風餘韻》、王澐《雲間第宅志》、葉夢珠《閱世編》等；掌故資料如沈德符《野獲編》、李紹文《雲間雜誌》、李延昰《南吳舊話錄》。此外，再利用現存宋氏家族成員的相關著作如楙澄子宋徵輿《林屋文稿》、堂侄宋存標《情種》；家族成員參與編選的文獻，如宋徵輿《皇明詩選》、楙澄堂侄宋徵璧《皇明經世文編》等；以及與宋楙澄往來密切的師友詩文集，如陳繼儒《陳眉公先生全集》、《白石樵眞稿》、《晚香堂集》、李維楨《大泌山房集》、馮時可《馮元成選集》、錢希言《松樞十九山》、謝廷讚《步丘草》等；參酌載錄宋楙澄事跡的篇章，如姚希孟《松瘿集》、陳子龍《安雅堂稿》、吳偉業《梅村家藏藁》、王士禎《帶經堂集》、《池北偶談》等；再參考與宋楙澄著述相關的《清代禁燬書目四種》、王彬《清代禁書總述》、雷夢辰《清代各省禁書彙考》、孫殿起《清代禁書知見錄》等等，經過詳細的翻檢與交叉比對，串聯出宋楙澄的生平事跡與交往脈絡，以及《九籥集》的成書出版與禁燬復原。

第二部分探討《九籥集》詩編。藉由詩編主體，進行析論，另參考宋徵輿《皇明詩選》、宋存標《秋士選詩三百》、姚弘緒《松風餘韻》、嚴羽《滄浪詩話》等資料，配合晚明藝文思潮，以理解其成就或評價。

第三部分探討《九籥集》文編。藉由文編內容的剖析，推論宋楙澄治學的基本立場，參酌歷代文論的著作如曹丕〈典論論文〉、劉勰《文心雕龍》、姚鼐《古文辭類纂》進行分類，再利用晚明文學的書籍，從復古風氣、公安、竟陵等學說，討論時代流風對宋楙澄造成的影響，並探討宋楙澄的性格傾向與生活態度，所引發的經驗與開創的風格。

第四部分探討《九籥集》稗編。以稗編出發，參考小說史的書籍，以及馮夢龍「三言」、凌濛初「二拍」、陸人龍《型世言》、詹詹外史（一般認爲即馮夢龍）《情史》、宋存標《情種》、潘之恒《亘史》、蒲松齡《聊齋志異》等資料，印證宋楙澄所具有的進步小說觀，以及對後代小說造成的深遠影響。

第四節　近人相關研究成果評述

宋楙澄《九籥集》約於明神宗萬曆四十一年（1613 年）左右初刻，至清初吳偉業選編《九籥別集》出版，清初人尚多見之。至清乾隆年間，朝廷以編纂《四庫全書》爲由，銷燬違禁書籍，而《九籥集》即爲全燬圖書之一。在過去，由於《九籥集》僅有少數善本留存，取得不易，有關宋楙澄《九籥集》的研究乏善可陳，至一九八四年始有王利器先生據所藏舊鈔本爲之校錄出版，宋楙澄《九籥集》才漸漸爲人所知，之後便陸續出現可能爲完整本的

《九籥集》及單篇論文與碩士論文的研究，但數量有限。以下便就近人相關研究成果作簡要評述。

一九八一年春，王利器先生在《社會科學戰線》1981 年第 1 期發表〈《九籥集》——最早收入小說作品的文集〉，王利器先生是近代關注宋楙澄《九籥集》的第一人，本篇就其所藏舊鈔本《九籥集》略述其篇卷概況，自宋存標《秋士詩選》、陳子龍等編《皇明詩選》、姚弘緒《松風餘韻》輯逸，旁及郭廷弼纂《松江府志》、王士禎《帶經堂集》、《池北偶談》等文獻述及《九籥集》之狀況，整理出宋存標《情種》、《秋士選詩三百》、詹詹外史《情史》、陳子龍等編《皇明詩選》、周亮工輯《賴古堂尺牘新鈔・二選藏弆集》（應爲三選結隣集）、《藜照閣選尺牘唧雲集》曾有引用紀錄，另孫楷第《日本東京所見中國小說書目提要》卷六載《刪補文苑楂桔》收錄〈負情儂〉一文，爲宋楙澄《九籥集》的復出，做出極重要的準備與宣告。

一九八四年，王利器先生輯錄的《九籥集》由北京市中國社會科學出版社出版，該書僅包括《九籥集（文）》、《九籥別集》、《九籥集（詩）》輯錄及附錄。前兩部分據王先生所藏舊抄本排印，詩及附錄中之三篇佚文，則輯自多種書籍，包括陳子龍等輯《皇明詩選》、姚弘緒《松風餘韻》、劉侗、于奕正等撰《帝京景物略》、李延昰《南吳舊話錄》、李紹文《雲間雜識》、吳偉業《梅村家藏藁》、李漁《笠翁一家言文集》等。集前冠以序言，詳述所據各本概況，輯錄傳志所載宋楙澄行事，並論是書對中國小說發展史的作用。王先生輯印此書最大的貢獻是，使《九籥集》有較爲普及的排印本問世，以及所搜集宋楙澄與《九籥集》相關資料之豐富，然而未能輯錄《九籥前集》、《九籥前集詩》、《九籥集詩》、《九籥續集》、《九籥中集》、《瞻途紀聞》、《九籥後集》，是本書最大的遺憾，與前述闕漏諸集相關的傳志紀錄，亦有不足。雖然王先生輯錄的《九籥集》並非完整本，但可以說宋楙澄《九籥集》這顆因禁燬而被幽禁二百年的明珠，是經由王利器先生之手，才逐漸將光芒重現在世人眼前，對《九籥集》流布的貢獻，厥功甚偉。

一九八六年十二月，日籍岡崎由美女士在早稻田大學中國文學會發行的研究論文集《中國文學研究》第十二期發表〈宋楙澄交友錄——萬曆文人社會の一畫で——〉，本篇分「一　前言」、「二　生產－《九籥集》－」、「三　流通Ｉ－充斥在此世代的聲音－」、「四　流通II－取材－」、「五　流通III－交友的脈絡－」、「六　結論」共六節進行分析。其中比勘了日本內閣文庫所藏萬曆四十年《九籥集》序刊本（亦即《九籥集》的初刻本）與王利器本《九籥集》的異同，驗證宋楙澄所處的世代，知識分子對於言論的鼜起具有相當重大的傳達力及影響力，並論《九籥集》的取材與宋楙澄的交友狀況。本篇的重要成就在於表明日本內閣文庫所藏萬曆四十年《九籥集》序刊本，是比王利器本更完整的初刻本，同時考論宋楙澄的交友與當代文人山人的流風與習性。但遺憾的是，此序刊本仍未包含《九籥續集》、《九籥中集》、《瞻途紀聞》、《九籥後集》的資料。

一九八七年十二月，朱鴻林先生在《漢學通訊》第 5 卷第 2 期發表〈記宋懋澄《九籥集》〉，本篇詳細比勘美國普林斯敦大學所有日本內閣文庫原藏複印本與王利器本目錄版本的異同，推論國家圖書館所藏《九籥集》與內閣文庫所藏爲同本，惟篇卷不全。此外，統計各卷篇數，並標舉《九籥集》除治小說史外的功用。本篇有助於瞭解王利器本、日本內閣文庫本及國家圖書館本各版本《九籥集》的狀態，及提示《九籥集》於究史、時政、世態之助益。其遺憾之處與岡琦由美相同，即未能得窺《九籥集》全貌。

一九八八年五月，包紹明先生在《明清小說研究》1988 年第 2 期（總第 8 期）發表〈論宋懋澄在中國文言小說史上的地位〉。本篇在王利器本的基礎上，探討宋楙澄文言小說所具有的特徵，另說明〈負情儂傳〉除改編爲白話小說之外，在清代又改編爲戲曲，甚至流傳到朝鮮、日本，是關注杜十娘故事傳播發展的第一篇論文。

一九八八年冬，張甫仁先生在《遼寧教育學院學報（社會科學版）》1988 年第 4 期發表〈贋文眞情傳千秋——試論馮夢龍改編《九籥集・負情儂傳》的得失〉，本篇是將原作的〈負情儂傳〉與改編的〈杜十娘怒沉百寶箱〉，進行比較研究的第一篇論文。

一九八九年，鄭平昆先生在《中華文史論叢》1989 年第 2 期發表〈宋懋澄生卒年考〉。鄭先生認爲宋楙澄在明清小說史上，應該占有一席之地。又據《九籥集》的文本推斷宋楙澄生年，據《松江府志》卷五十四〈遺事〉及吳偉業〈宋幼清墓誌銘〉推斷宋楙澄卒年，是最早正確推論宋楙澄生卒年的單篇論文。

一九九一年夏，鄭平昆先生在《文獻》1991 年第 2 期發表〈〈負情儂傳〉”懊恨曲”的出處〉，本篇說明宋楙澄在〈負情儂傳〉篇名下所引「懊恨曲」，見於《南齊書・王敬則傳》及《南史・王敬則傳》，有助於瞭解小說主題和作者思想傾向。

一九九二年秋，包紹明先生在《福建師範大學學報（哲學社會科學版）》1992 年第 3 期發表〈〈珠衫〉、〈負情儂傳〉的藝術成就及馮夢龍改編之得失〉，認為〈珠衫〉最大的優點，在於故事情節的跌宕曲折，富有戲劇性；〈負情儂傳〉表現出明代社會生活的現實主義深刻性，又成功塑造杜十娘的悲劇典型。本篇是討論〈珠衫〉的首篇論文。

一九九七年三月及六月，徐朔方先生在《明清小說研究》1997 年 1 期及 2 期發表〈宋懋澄年譜〉及〈宋懋澄年譜（續）〉。徐先生取資於《九籥集》，輔以史傳方志及其他作品集，將宋楙澄生平事蹟及《九籥集》可考篇目繫年，使宋楙澄的一生有較清楚的輪廓。徐先生所編〈年譜〉的貢獻在於可略知宋楙澄生平梗概。惟本年譜僅就《九籥集》初刻本繫年，有關《九籥續集》、《九籥中集》、《瞻途紀聞》、《九籥後集》的資料均未載，造成宋楙澄萬曆四十一年以後的事蹟闕漏頗多，而有關宋堯俞、宋楙澄卒年，宋堯武、宋徵輿生年，廢人乃楙澄自署等推斷亦誤，殊為可惜。

一九九九年，費振鍾先生在《蘇州雜志》1999 年第 3 期發表〈晚明江左風流客——〈杜十娘怒沉百寶箱〉的原作者宋懋澄〉。本篇不是學術論文，而是用小說或傳記筆法略述宋楙澄生平，重點在於凸顯明代通俗小說的名篇〈杜十娘怒沉百寶箱〉，其被遺忘的原作者是宋楙澄。本篇的貢獻在於恢復宋楙澄在通俗小說史中被代替或遺忘的身分，但由於非為學術論文，深度略顯不足。

一九九九年六月，陳國軍先生在《武警學院學報》第 15 卷第 3 期發表〈裂變：《九籥集》宋懋澄印象〉。本篇對宋楙澄的心理趨勢，如科第、子嗣、豪俠、嗜酒、喜言兵事及逃禪問仙等問題進行辨析，歸納出宋楙澄一生是思想和行為裂變的產物，矛盾而痛苦。誠如陳先生所言，本篇是關於宋楙澄心態分析的第一篇論文，可以強化對宋楙澄的印象，但並未提出或解決任何有關宋楙澄《九籥集》在學術上的疑點。

二〇〇〇年，費振鍾先生由上海市東方出版公司出版《墮落時代》一書，其中收錄〈江左風流——偏憐客宋懋澄〉〔註 7〕一篇，其內容與費先生一九九九年在《蘇州雜志》發表的〈晚明江左風流客——〈杜十娘怒沉百寶箱〉的原作者宋懋澄〉大同小異，不贅述。

〔註 7〕 費振鍾撰：《墮落時代》（上海：東方出版中心，2000 年），〈江左風流——偏憐客宋懋澄〉，頁 83～90。

二○○○年四月，孫守讓先生在《閱讀與寫作》2000 年第 4 期發表〈采百世之遺韻　著千載之奇文——〈杜十娘怒沉百寶箱〉對〈負情儂傳〉的加工改造〉，本文著意於改造之效，卻忽略原作的開創之功。

二○○一年九月，劉天振先生在《古典文學知識》2001 年第 5 期發表〈宋懋澄和他的紀實小說〉，本篇貢獻在於標識出宋楙澄文言小說的紀實風格在明後期小說創作領域獨樹一幟。惟所舉例證與統計資料均局限於《九籥集》初刻本與《九籥別集》的稗編，作者未見《四庫禁燬書叢刊》或《續修四庫全書》的完整版本，有不全之憾。

二○○二年，劉天振先生在《齊魯學刊》2002 年第 3 期（總第 168 期）發表〈試論宋懋澄小說的紀實性〉，本文乃作者在二○○一年《古典文學知識》發表的〈宋懋澄和他的紀實小說〉基礎上，再加以擴充闡述，故不贅述。

二○○二年十月，張玉玲女士在《山東理工大學學報（社會科學版）》第 18 卷第 5 期發表〈〈負情儂傳〉與〈杜十娘怒沉百寶箱〉創作風格之比較〉，本篇有助於瞭解原作和改作之間的異同。

二○○二年十一月，吳書蔭先生在北京市北京大學出版社出版的《國學研究》第十卷發表〈宋懋澄生卒年及《九籥集》的刊刻〉，本篇據宋徵輿《林屋文稿》卷之十〈先考幼清府君行實〉正確考訂宋楙澄的生卒年，又據《中國古籍善本書目》認定《九籥集》的完整本爲四十七卷，《九籥別集》四卷，並考論出《九籥集》的梓行可能在萬曆四十六年或稍後。本篇貢獻在於正確考論宋楙澄生卒年，並就《九籥集》的卷數及梓行時間進行論述，可惜作者亦未見《四庫禁燬書叢刊》或《續修四庫全書》的完整版本，或許可有更精深的論述。

二○○四年九月，陸勇強先生在《明清小說研究》2004 年第 3 期（總第 73 期）發表〈宋懋澄生卒年考辨及其他〉，本篇亦據宋徵輿《林屋文稿》卷之十〈先考幼清府君行實〉正確考訂宋楙澄的生卒年及宋徵輿的生年，又據同卷〈亡兄太學生轅生府君墓誌銘〉正確訂出宋敬輿的生卒年。本篇貢獻在於考訂出宋楙澄、宋敬輿、宋徵輿父子三人相關的生卒年。不足之處在於經由《林屋文稿》，尚可據卷之九〈封承德郎中書舍人叔父邕庵府君墓誌銘〉考訂出楙澄堂弟宋茂韶的生卒年〔註 8〕，據卷之十〈亡姊殯誌〉約略考訂出宋楙澄

〔註 8〕〔清〕宋徵輿撰：《林屋文稿》（臺南縣永康市：莊嚴文化事業有限公司，1997 年 6 月，《四庫全書存目叢書》清康熙九籥樓刻本），卷之九，〈封承德郎中書

女兒宋琛的生卒年〔註9〕，據卷之十〈亡兄太學生轅生府君墓誌銘〉考訂出宋楙澄長孫宋泰淵的生卒年〔註10〕。

二○○五年九月，朱鴻林先生由廣西省廣西師範大學出版社出版《明人著作與生平發微》，其中「陸　記宋楙澄《九籥集》」即他在《漢學通訊》第 5 卷第 2 期發表的同篇論文基礎上，再加上「附記」，補入《九籥續集》、《九籥中集》、《瞻途紀聞》、《九籥後集》的資料，本篇貢獻在於比勘出各子集刻本體式及字體的異同，有助旁觀一時事迹與掌故。

二○○五年冬，朱麗霞女士、羅時進先生在《河南教育學院學報（哲學社會科學版）》2005 年第 6 期（總第 98 期）發表〈晚明詩人宋懋澄的情愛觀及其創作〉，本篇有助於瞭解宋楙澄出身的家族背景、與女性的交往梗概、詩文中體現的情觀。

二○○六年一月，李越深女士在《浙江大學學報（人文社會科學版）》第 36 卷第 1 期發表〈松江府宋氏家族世系及文學成就概述〉，對宋氏家族世系考述、宋氏家族成員文學成就進行考論，有助於瞭解宋楙澄所屬的宋氏家族成員在明清文壇上的發展。

二○○六年三月，朱麗霞女士在《江淮論壇》2006 年第 2 期發表〈顛覆與建構：晚明情觀的再檢討——以宋懋澄創作爲個案〉，本篇係作者以二○○五年於《河南教育學院學報（哲學社會科學版）》發表的〈晚明詩人宋懋澄的情愛觀及其創作〉爲基礎，再加以擴充論述，故不贅述。

二○○六年三月，張玉玲女士在《山東理工大學學報（社會科學版）》第 22 卷第 2 期發表〈對傳統倫理道德觀念的徹底顛覆——宋懋澄〈珠衫〉解讀〉，

舍人叔父邕庵府君墓誌銘〉載：「辛卯春，徵輿……見府君於虹橋故居，……是年秋九月得塞疾，竟不起，享年七十有三。」頁 354。宋茂韶卒年爲辛卯，即清世祖順治八年（1651 年），前推七十三年，則生年爲明神宗萬曆七年（1579 年）。以下凡引《林屋文稿》所列頁碼，均據此版本。

〔註9〕〔清〕宋徵輿撰：《林屋文稿》卷之十〈亡姊殯誌〉載：「越六歲而其二弟生，……庚辰患嘔血，……則已卒矣，年僅三十。」頁 365、366。二弟指宋敬輿及宋徵輿，兩人生於明神宗萬曆四十五年，前推六年，則宋琛生年爲明神宗萬曆四十年（1612 年），以生年後推三十年，得其卒年爲明思宗崇禎十四年（1641 年）。

〔註10〕〔清〕宋徵輿撰：《林屋文稿》卷之十〈亡兄太學生轅生府君墓誌銘〉載：「泰淵，生于天聰乙亥，後府君六年卒，爲康熙乙巳。」頁 368。宋泰淵生於清太宗天聰九年，是時明祚尚存，爲明思宗崇禎八年（1635 年），卒於清聖祖康熙四年（1665 年）。

本篇表彰宋楙澄具有反傳統的進步思想，是以專文討論〈珠衫〉的第一篇論文，也是關注〈珠衫〉的少數篇章之一，有助於瞭解〈珠衫〉所蘊藏的文化意涵。

二○○六年五月，朱麗霞女士在《西南師範大學學報（人文社會科學版）》第 32 卷第 3 期發表〈宋懋澄尺牘的文化透析〉，本篇是探討宋楙澄尺牘小品的首篇論文，有助於認知並提升宋楙澄尺牘在晚明的經典地位。

二○○六年七月，筆者在王國良教授的指導下，於東吳大學中國文學系完成碩士論文，論文題目：《宋楙澄及其《九籥集》研究》，論文分緒論、宋楙澄生平與著述、《九籥集》詩編研究、《九籥集》文編研究、《九籥集》稗編研究、結語，共六章論述，並有附錄〈宋楙澄年譜〉，爲研究宋楙澄及《九籥集》的第一本學位論文。

二○○七年三月，祝燕娜女士在《文教資料》2007 年 3 月號上旬刊發表〈從”借以言志”到”借以警世”創作傾向的轉變——〈負情儂傳〉與〈杜十娘怒沉百寶箱〉的比較研究〉，本篇有助於瞭解〈負情儂傳〉故事的傳播與演變。

二○○七年九月，吳永忠先生在《中國韻文學刊》第 21 卷第 3 期發表〈宋徵輿生年辨正及宋懋澄生卒年考〉，本篇據宋徵輿《林屋文稿》推知宋徵輿正確生年及宋楙澄正確生卒年。惟本議題已有鄭平昆、吳書蔭、陸勇強三位先生的研究成果，作者似未詳查。

二○○七年冬，張玉玲女士在《山東電大學報》2007 年第 4 期發表〈論宋懋澄游記散文的藝術成就〉，本篇是探討宋楙澄游記散文的第一篇論文，惟其取材僅利用王利器本，有所局限。

二○○七年十月，張玉玲女士於山東大學完成碩士學位論文，論文題目：《論明代宋懋澄的文學創作》，論文分宋懋澄家世生平簡介、宋懋澄文學創作研究、創作成就與文學影響與傳播，共三章論述，爲研究宋楙澄及《九籥集》的第二本學位論文。本論文使用之《九籥集》文本爲北京市中國社會科學出版社出版的王利器本，未見《四庫禁燬書叢刊》或《續修四庫全書》的完整版本，無法綜觀全局。

二○○八年九月，張玉玲女士在《山東理工大學學報（社會科學版）》第 24 卷第 5 期發表〈論明代作家宋懋澄的散文創作〉，本篇將宋楙澄的散文分爲四類，其中潑墨寫意的記游散文一類與作者在《山東電大學報》發表的〈論宋懋澄游記散文的藝術成就〉大同小異，且本篇取材局限的問題仍然存在。

二○○九年三月，嚴永官先生在《檔案春秋》2009 年第 3 期發表〈〈杜十娘怒沉百寶箱〉原作者探源〉，勾勒出宋楙澄生平梗概，此一問題已有諸多學者探究。然本篇最大貢獻在於作者以任職上海市奉賢區檔案館之便，發掘〈杜十娘怒沉百寶箱〉在二十世紀以來在螢光幕、說唱鼓詞、京劇、歷史故事片等不同藝術形式的新發展，並附有民國石刻說唱〈杜十娘怒沉百寶箱〉的書影。同時說明經過實地考證，宋楙澄故宅遺址至 1972 年經平整爲農田，宋楙澄墓葬在華亭縣姚涇灘之北（今郞橋社區牛橋村境內），墓穴已被挖掘。作者提供有關宋楙澄事蹟及著作發展的近現代概況。

二○○九年秋，陳才訓先生在《明清小說研究》2009 年第 3 期發表〈《型世言》第三回素材來源新說〉，本篇考訂晚明徐復祚《花當閣叢談》卷五〈金潮〉以及晚明陸人龍《型世言》第三回〈悍婦計去孀姑　孝子生還老母〉，二篇均祖襲自宋楙澄《九籥前集》卷之十〈吳中孝子〉，是發掘宋楙澄〈吳中孝子〉具有原型意義的首篇論文。

第五節　個人研究成果自我評價

由於與宋楙澄《九籥集》有關的資料相當分散零碎，即使比文學史更爲精細的小說史，在介紹宋楙澄《九籥集》時，亦往往粗略帶過，以此爲主題的研究論文又大多過於簡淺，或缺乏全面性的論述，因此本論文在研究期間，最大的困擾是相關參考資料的貧乏。在有限的材料下，除了耗費大量的時間在浩瀚的書海中盡量檢索出與宋楙澄《九籥集》有關的資料外，更著意於回歸《九籥集》的文本，利用宋楙澄親筆所寫的第一手資料，來歸納並驗證所設定的議題。在研究的過程當中，完成「宋楙澄家族世系表」，完成至今較爲完整的〈宋楙澄年譜〉，其中亦包含作品的繫年，同時用《九籥集》的原始材料，考論出宋楙澄的生卒年，結束眾說紛紜的亂象。而現存《九籥集》版本在清代因涉及違礙，致使其中二篇有爲數不少的墨釘，本論文完成〈東征紀畧〉的全部復原，〈奴酋遺事〉亦以推論方式復原，使《九籥集》有更完整的面貌重現世人眼前。此外，一般人對宋楙澄的認識，大約僅限於〈負情儂傳〉、〈珠衫〉、〈劉東山〉三篇小說作品及少數尺牘，是點狀的認識。本論文則從宋楙澄個人及其著作《九籥集》的詩編、文編、稗編，均進行較深入的剖析與論述，開啓對宋楙澄及《九籥集》更寬廣，更具深度的視野，屬全面性的理解。值得一提的是，拜現代科技之賜，比對出爲數不少在《九籥集》中原本僅存姓氏排行，或字，或號的當代人物，讓與宋楙澄息息相關的存在脈絡與生命軌跡，能夠展現更清楚的輪廓。

由於個人才疏學淺，本論文較欠缺批判性論述的開展，在分析時亦缺乏具體的文學理論架構來支持，所使用的理學或思想的書籍亦有不足，而未能考論出的人物，以及無法繫年的篇章與事件，亦所在多有，凡此都是筆者有待加強之處。所謂學無止境，日後仍需不間斷地努力學習。展望未來，期待能藉由本論文的研究作爲一個引子，可以觸發更多學者投入對宋楙澄《九籥集》的關注，激盪出更豐富的研究成果，使宋楙澄《九籥集》的不朽價值，得到彰顯。

第二章　宋楙澄生平與著述

宋楙澄先世乃趙宋王朝宗室，居汴京，靖康之亂隨南宋遷居杭州，南宋滅亡以後，遂以國爲姓，改姓爲宋〔註1〕，一以避嫌，二則以紀念故朝。至明朝，舉家遷居松江府華亭縣之蕭塘，世爲鉅族。就學術成就而言，其六世叔祖宋�及宋瑛，先後成進士，高祖宋倫爲鄉進士，即舉人，曾祖宋公望、祖父宋坤爲成均弟子，即太學生，父宋堯俞及叔宋堯明均爲鄉進士，堂叔宋堯武則爲進士，家學淵源，堪稱書香門第。就政治地位而言，六世祖克廉君拜承仕郎，六世叔祖宋�拜河南道監察御史，宋瑛授工部營繕司，堂叔宋堯武則官至雲南參政，所任朝官，皆有政聲。伯堯咨、堂伯南陔、堂叔溟鶴均補博士弟子，亦望重士林。宋氏一門，爲世家望族，甚至女流之輩，亦有節名。以下略述宋氏世系、宋楙澄的父祖與親屬，兼及其著述《九籥集》，務求對宋氏家族有更深入的瞭解。

第一節　宋氏世系

有關宋氏世系，至楙澄時已歷經宋、元、明三朝，時間縱橫約五百年，身爲宋氏子孫，對於考辨其先祖之源流，自有一份責無旁貸的使命感。他曾於〈總敘宋氏世系〉一文中考辨宋氏始祖及宗室遷徙的狀況：

〔註1〕〔明〕陳子龍撰：《安雅堂稿》（台北：偉文圖書出版社有限公司，民國66年9月），卷十三，〈宋幼清先生傳〉云：「其先爲宋宗室汴人也，從國南遷家於杭。宋亡因以國氏，入　明遷松江爲大族。」頁875。以下凡引《安雅堂稿》所列頁碼，均據此版本。

宋氏之始祖曰殿直公，諱子茂，載黃山谷刀筆中，而先世相傳有「宣和皇帝繪荔枝圖」，題曰：「賜宋殿直」，識以璽書。……攷之《宋史》，惟宋宗室始得官殿直，而子茂行係太祖七世孫，今《宋史》有子楙，豈茂與楙義相通耶！下云坐事停勳，豈未官殿直之前因遭譴別籍，遂以國爲姓耶！道君皇帝（按：宋徽宗）爲太宗五世孫，世次不遠，應是同時，其題止稱賜宋殿直而不名於待，諸宗庶之體尤合，而余家所藏先世圖書有南渡帝室，元裔三遷，禮樂世家，自曾王父已下，凡典籍多以是識之，其曰三遷，以自汴而杭，自杭而松也。〔註2〕

本文考論宋氏家族爲趙宋宗室，且歷經汴京、杭州、松江三次遷徙。又曾考究宋朝官制，以驗證上述觀點，而於〈附家二兄謙之荅書〉中說明：

考宋官制，異姓補殿直者絕少，唯宗室爲之，則子茂之爲趙裔無疑，又子字行爲太祖七世孫，而徽宗則太宗五世孫也，世次不遠，當是同時，則御賜荔枝圖斷非無據。〔註3〕

楙澄用官制及姓名輩份排行來強化他趙宋苗裔的觀點。另於〈叔父安遠令憲卿君本傳〉略述祖先宗室遷移流變：

宋氏其先淮東人也，當趙宋國汴有諱子茂者，官殿直，殿直宋宗室也，靖康之亂，扈蹕徙臨安，七世孫仲傑公再徒華亭，又六世而爲高大父克廉君，輸邊拜承仕郎，二弟以進士起家，克純君爲御史，克輝君爲冬官郎。〔註4〕

復於〈叔父參知季鷹公行略〉略述先祖子茂行實及歷次遷徙與宋氏世系的相關性：

先世爲淮東人，有子茂者，官殿直，事宋道君皇帝，帝親繪「鸜鵒荔枝圖」賜之。與黃魯直交善，山谷刀筆中有〈與子茂書〉者是也，後扈思陵而南，居臨安之櫻桃里，七世而有仲傑公者，復徙華亭之蕭塘，蕭塘之宋氏自仲傑始也，又六世而南野、檜雪兩公後先成進士，兩公爲味梅公同母弟。〔註5〕

綜上所述，可知宋氏一族出自宋朝王室，以及宗族遷徙的足跡。而楙澄之所

〔註2〕《九籥集》卷之六〈總敘宋氏世系〉，頁552。
〔註3〕《九籥集》卷之六〈附家二兄謙之荅書〉，頁553。
〔註4〕《九籥集》卷之五〈叔父安遠令憲卿君本傳〉，頁533。
〔註5〕《九籥集》卷之七〈叔父參知季鷹公行略〉，頁568。

以不厭其煩地表述宋氏始祖的原因，則在〈總敘宋氏世系〉文末，表明個人心志：

> 況祖自殿直，朝更三姓，歷年五百，不可謂非世家矣，帝室之裔與非裔可無論也，但祖宗之所自出，水木本源，不敢概略而勿辨耳。〔註6〕

其目的不在於證明具有帝王宗室出身的血統，而是企圖追溯與考究祖宗的本源，盡爲人子孫的責任，並透過記錄父祖輩的行跡，闡明世代的交替，期望能將宋氏世系，一代一代地傳承下去。而令人惋惜的是，自子茂公至仲傑公，自仲傑公至七世祖宋頤〔註7〕，其間之世系傳承如何，無從查考，或可參看宋氏家譜或族譜而得亦未可知。據楙澄子宋徵輿所作〈家乘後序〉所述，《宋氏家譜》至宋徵輿時已完成四修譜：

> 始作譜者爲白沙府君，於仲傑公爲八世孫，諱曰詡，時爲明弘治甲子正月；再作譜者爲婁城府君，於仲傑公爲十一世孫，諱曰堯咨，其時爲嘉靖之癸丑；三修譜而梓之者爲遜菴府君，與婁城府君同世，諱曰堯武，其時爲萬曆乙亥十一月；四修譜而重梓之者爲徵璧，爲徵輿，校者爲茴孫，爲存策，於仲傑公俱爲十三世孫，始於順治戊子，成於庚子之十一月，時徵璧官　京師，徵輿謹備書其詳，以告後昆。〔註8〕

四修譜成於宋徵璧及宋徵輿之手，時間爲清世祖順治十七年（1660 年）十一月，此譜當於宋氏世系有完整的記錄，惟據《奉賢縣志》卷三十二〈第五章地方鉛印資料要目・第三節家乘譜牒資料〉所載：

> 《宋氏家譜》，明宋堯武撰，載鄔橋鄉宋姓世系，今佚。〔註9〕

〔註6〕《九籥集》卷之六〈總敘宋氏世系〉，頁 553。

〔註7〕文中所引〈叔父安遠令憲卿君本傳〉、〈叔父參知季鷹公行略〉二文，可推知楙澄六世祖輩克廉、克純、克輝三兄弟，即味梅公、南野公及檜雪公，其中克廉君闕名，克純、克輝即爲二進士宋璟、宋瑛。經參考〔明〕方岳貢修，陳繼儒纂：《〔崇禎〕松江府志》（北京：書目文獻出版社，1991 年 10 月），卷三十五，〈封贈・兩世榮恩〉「宋頤」條下說明：「主政瑛父，封工部主事。」頁 918。據此推知，楙澄七世祖爲「宋頤」。以下凡引《〔崇禎〕松江府志》所列頁碼，均據此版本。

〔註8〕〔清〕宋徵輿撰：《林屋文稿》卷之五〈家乘後序〉，頁 313。

〔註9〕上海市奉賢縣縣志修編委員會編、姚金祥主編：《奉賢縣志》（上海：上海人民出版社，1987 年 9 月），卷三十二雜志，〈第五章地方鉛印資料要目・第三節家乘譜牒資料〉，頁 1094。

在此言明《宋氏家譜》已亡佚，復查《上海圖書館館藏家譜提要》〔註 10〕亦未著錄本譜，誠屬可惜。茲就楙澄《九籥集》中所錄，並參考《松江府志》、《重修華亭縣志》、《奉賢縣志》、何三畏《雲間志略》、宋徵輿《林屋文稿》、宋存標《情種》、宋徵璧《左氏兵法測要》、葉夢珠《閱世編》、陸樹聲《陸文定公集》卷之六〈中大夫雲南布政使司右參政遜菴宋公暨配贈宜人張氏顧氏合葬墓誌銘〉、何良俊《何翰林集》卷之二十七〈祭弟婦宋氏文〉、何良傅《何禮部集》卷之十〈祭宋歛齋叔丈文〉、〈宋允中文〉（按：應爲宋堯咨，字中允）、陳繼儒《晚香堂集》卷之七〈壽宋母沈太夫人七十序〉、吳偉業《梅村集》卷二十三〈宋直方林屋詩草序〉、南京大學中國語言文學系全清詞編纂研究室編《全清詞・順康卷》、葉恭綽編《全清詞鈔》、謝伯陽、凌景埏編《全清散曲》等資料，整理出宋氏世系如下：

宋楙澄家族世系表

本表先列本名，次列字，再列號，末列婚配狀況，闕名則以□□表示，部分姓名字號不完整者，則不論次序，合併陳列。

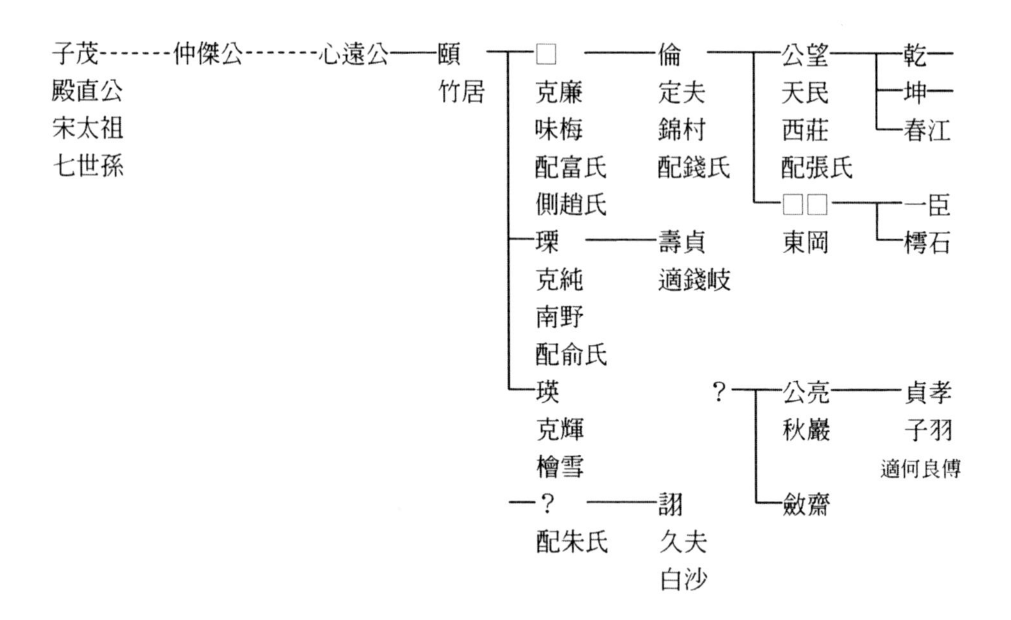

〔註 10〕王鶴鳴等編：《上海圖書館館藏家譜提要》，上海：上海古籍出版社，2000 年。

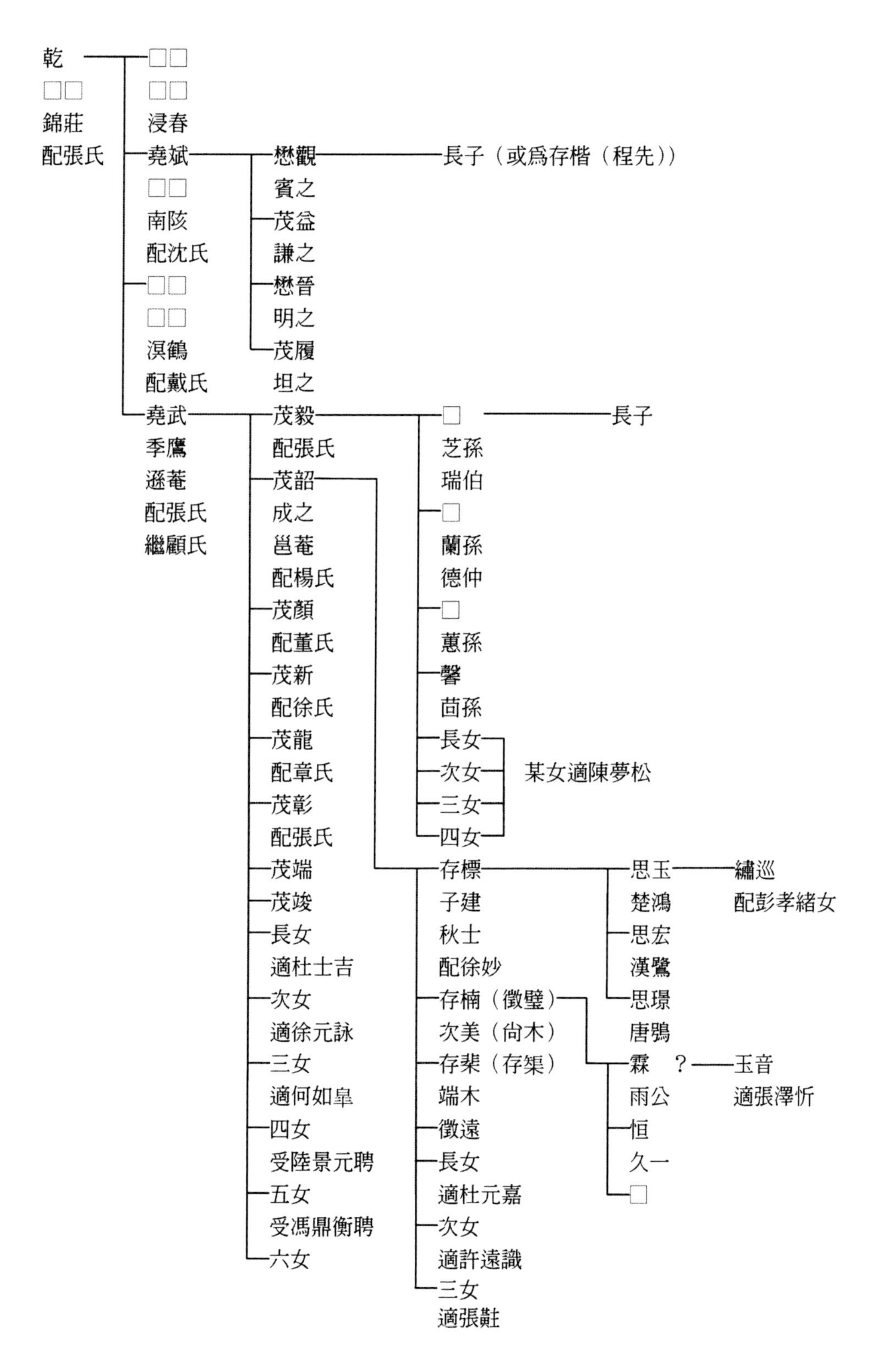
乾
□□
錦莊
配張氏
□□
□□
浸春
堯斌
□□
南陔
配沈氏
□□
□□
溟鶴
配戴氏
堯武
季鷹
遜菴
配張氏
繼顧氏
懋觀
賓之
茂益
謙之
懋晉
明之
茂履
坦之
長子（或爲存楷（程先））
茂毅
配張氏
茂韶
成之
邕菴
配楊氏
茂顏
配董氏
茂新
配徐氏
茂龍
配章氏
茂彰
配張氏
茂端
茂竣
長女
適杜士吉
次女
適徐元詠
三女
適何如皐
四女
受陸景元聘
五女
受馮鼎衡聘
六女
□
芝孫
瑞伯
長子
□
蘭孫
德仲
□
蕙孫
磬
茴孫
長女
次女
三女
四女
某女適陳夢松
存標
子建
秋士
配徐妙
存楠（徵璧）
次美（尚木）
存棐（存渠）
端木
徵遠
長女
適杜元嘉
次女
適許遠識
三女
適張尌
思玉
楚鴻
思宏
漢鷺
思璟
唐鶚
霖　？
雨公
恒
久一
□
繡巡
配彭孝緒女
玉音
適張澤忻

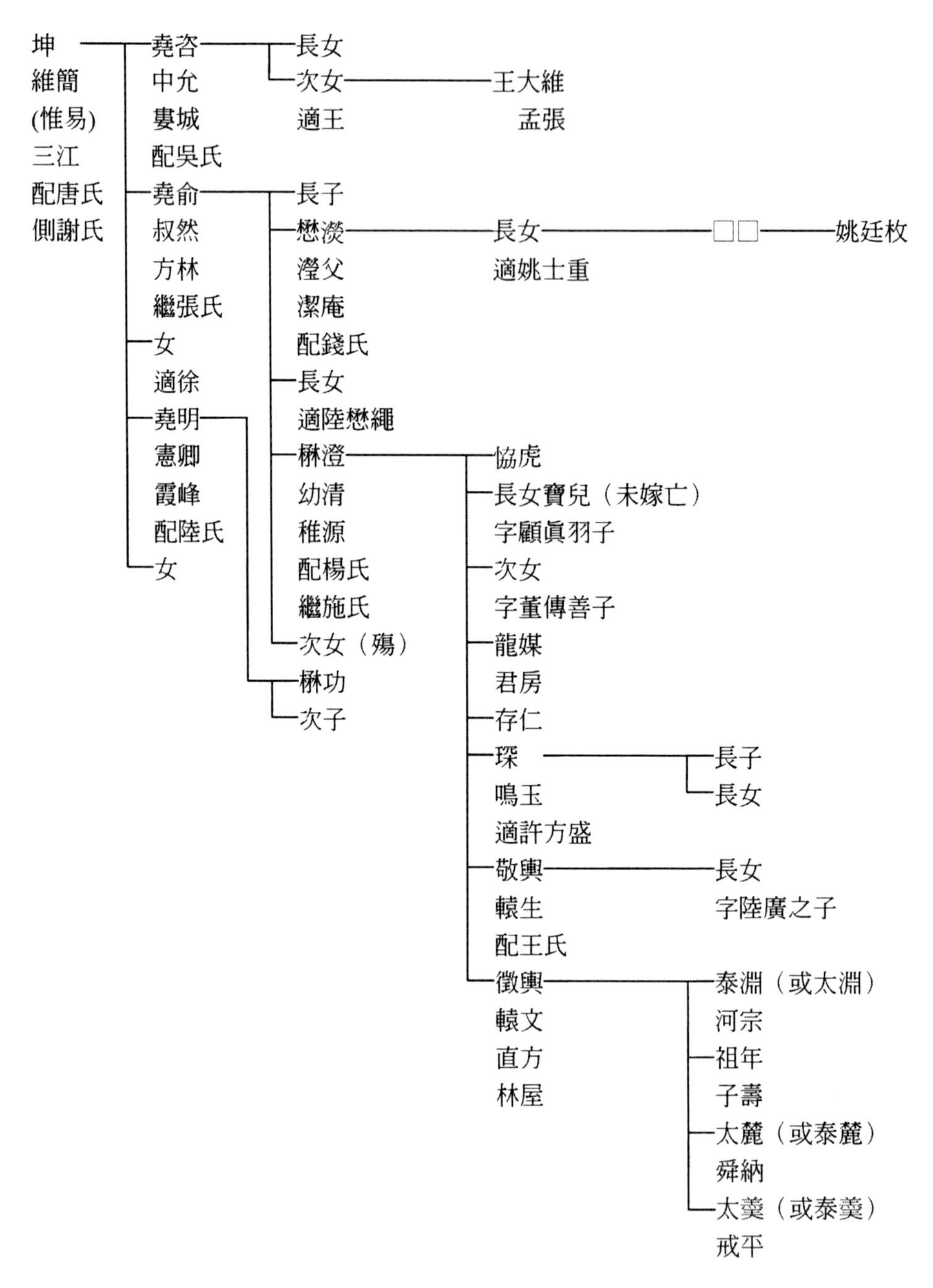

楙澄堂侄宋存楠（字次美），改名徵璧（字尚木，或讓木）、存椝（字端木）應即存棐〔註 11〕，因此合併陳列。此外，楙澄曾叔祖尚有秋塘公、楙澄

〔註 11〕 宋茂詔三子存棐之名，〔清〕宋徵輿撰：《林屋文稿》卷之九〈封承德郎中書舍人叔父邑庵府君墓誌銘〉載：「聞叔父邑庵府君之喪，……子四人，長存標，

叔祖尚有思愚公、楙澄叔父尚有近塘公，楙澄堂兄弟尚有楙昌、茂熙、懋烈等，楙澄侄輩尚有存獻（字殷徵）、存楷（字程先）、存策、琪如（字東美）（或即徵遠）等，楙澄侄孫輩尚有啓瑞（字迪震）、思瑞（字奇徵）、□卓（字立萬）、學璟（字光萬）、燕舒，楙澄侄曾孫輩尚有渭英等，尙無法考證係何支所出，姑錄之備考。

第二節　宋楙澄先祖及親屬

縱觀宋氏家族，已知中進士者有宋琛、宋瑛、宋堯武、宋徵璧、宋徵輿等人；中鄉試成舉人者，有宋倫、宋堯俞、宋堯明、宋楙澄、宋祖年；成爲博士弟子者有宋公望、宋坤、宋堯斌、溟鶴君、宋堯咨；後輩中歲貢者有宋茂益；辟薦者有宋存獻；拔貢者有宋存標；其餘諸人，亦多有文名。以任俠著名者有宋坤、宋堯俞、宋楙澄；以儒行著稱者有宋琛、宋瑛、宋公望、宋堯咨等；即使女流之輩，亦多習經史，頗有賢名，如宋琛女宋壽貞、宋公亮女、何良傅妻宋貞孝、宋堯俞妻張氏、宋楙澄繼妻施氏、宋堯武玄孫女宋玉音等。而歷經數十代的經營，讓宋氏家族在華亭縣，成爲世家望族，書香門第，文風鼎盛，才人備出。楙澄生長於茲，耳濡目染之下，從中汲取養分，發展自我，在文壇上，開創出一片錦繡天空。

一、六世叔祖——宋琛、宋瑛

宋楙澄六世叔祖宋琛，字克純，號南野，生卒年不可考，爲宋頤次子，少時游學京師，從婦翁吏部郎中俞宗大學楷書，爲書法名家，《古今圖書集成·字學典·書家部》〔註 12〕載有其名。從翰林曾鶴齡先生事舉子業，明英宗正

官翰林院待詔；次徵璧，明進士，官中書舍人；次存棐，郡庠生；次徵遠，尚幼。」頁 352～354。〔明〕陳子龍、宋徵璧、徐孚遠、周立勳等編：《皇明經世文編》（上海：上海古籍出版社，2002 年 3 月，《續修四庫全書》本），卷之二百十一、卷之二百七十八，卷首刻有「宋存棐端木參閱」、「宋存棐端木參校」，頁 182、209。以下凡引《皇明經世文編》所列頁碼，均據此版本。復查〔明〕宋存標撰：《秋士偶編》所附《董劉春秋雜論》（北京：北京出版社，2000 年 1 月，《四庫禁燬書叢刊》本），卷首刻有「弟存榘端木、琪如東美、侄啓瑞迪震、思瑞奇徵、□卓立萬、學璟光萬仝恭定」，頁 110。從字端木可推知，存棐與存榘爲同一人。

〔註 12〕〔清〕陳夢雷等編：《古今圖書集成·理學彙編·字學典》（故宮博物院藏雍正四年銅活字版），第九十四卷，〈書家部·總論〉，頁 26。以下凡引《古今圖

統六年（1441 年）中辛酉科鄉舉，正統十年（1445 年）登乙丑科〔註 13〕進士，官拜河南道監察御史，謫江西安福縣典史，代宗景泰四年（1453 年）聘浙江同考試官，英宗天順初年，起知江西大庾縣事，以才敏堪理煩劇，調江西新淦縣，不久謝病歸。日治丘園，多蒔佳菊，更號菊存，優游數年卒。

宋�為人丰裁諤諤，遇事敢言。任河南道監察御史，都御史王文每憎其多口，故事御史有疏皆請印於其長，嘗以疏請印，王文迎笑曰：「宋君復有所言邪？」取視之，乃劾己疏也，王文大怒，抗章自辯，且深詆璯，致坐謫江西安福縣。宋璯具直言不諱、不畏權勢、剛正不阿之人格特質，盡忠職守，即使危害個人前途，亦在所不惜。

宋璯有盛德，為御史丁外艱還家，家有牛嘗蹊柳氏田，柳氏格殺牛，並遣其子弟詬詈，璯勅家人毋出與競，柳氏有狂子醉罵良久，墮水中，璯使人援出之，易以己衣，迎置上坐，謂曰：「我與而家世好，而奈何以小忿隳之哉！」呼牧牛兒，鞭之數十，使人以肩輿送柳氏子歸，且謝其父老，父老大慚，時稱長者。頗具以德報怨之風範。

楙澄六世叔祖宋瑛，字克輝，號檜雪，生於明成祖永樂十八年（1420 年）〔註 14〕，為宋頤參子，人稱「小宋」〔註 15〕，弱不好弄，年少儼如成人，長而嗜學，涉經史，攻文章，而屢困於童子試，父欲令之徙業，涕泣以辭，讀書窮晝夜弗輟，日食水豆饘粥，人不能堪，瑛處之泰然。明代宗景泰元年（1450 年）中庚午科鄉舉，益奮志於學，而肆力於文。明英宗天順元年（1457 年）登丁丑〔註 16〕科進士，授工部營繕司，主事繕工，職掌徒役。宋楙澄〈叔父

書集成》所列頁碼，均據此版本。

〔註 13〕有關宋璯中鄉舉及進士及第的時間係參考《〔崇禎〕松江府志》卷三十四〈鄉舉〉及〈選舉〉，頁 879、863。〔明〕何三畏編著：《雲間志略》（臺北：臺灣學生書局，民國 76 年 6 月，《中國史學叢書》本），卷八〈宋侍御南野公傳〉所載中舉為正統己卯，登進士第為己丑，均誤，頁 543。以下凡引《雲間志略》所列頁碼，均據此版本。

〔註 14〕有關宋瑛的生年，係依《雲間志略》卷八〈宋膳部檜雪公傳〉，頁 546 所載：「甲申公年纔四十有五……」，對應中進士的天順丁丑，即明英宗天順元年，則甲申當為明英宗天順八年，據此上溯四十五年，則其生年當為明成祖永樂十八年。

〔註 15〕西園老人口授，〔清〕李延昰著，〔清〕蔣烈編：《南吳舊話錄》（臺北：廣文書局，民國 60 年 8 月），卷一，〈宋克輝〉所載：「宋克輝，少工經生言，風度可欽，人呼曰『小宋』。」頁 21。以下凡引《南吳舊話錄》所列頁碼，均據此版本。

〔註 16〕有關宋瑛中鄉舉與進士及第的時間係參考《〔崇禎〕松江府志》卷三十四〈鄉

參知季鷹公行略〉曾述：「南野、檜雪兩公後先成進士，……宋氏之聲聞自兩進士始也。」〔註 17〕何三畏《雲間志略》亦稱兩進士「以強項爲　國初名臣。」〔註 18〕明英宗天順八年（1464 年），宋瑛年纔四十有五，已無意仕進，遽引疾歸。居家養高自重，而引進後學之意拳拳，乃作延齡，會合族之子弟有志者爲館穀以教養之，而遠方來就其受業者甚眾，蓋仰其斗山之望也。

宋瑛爲人廉潔正直，任工部營繕司，與中貴人雜處，每多請託，一意謝絕，復屏去豪猾，使不得夤緣爲奸，蠹藪弊端，芟剔殆盡。然中貴人意滋不悅，思所以中傷，令人詐爲傭，以偵其過失，而歲餘毫無所得，更得其廉謹數事以聞，自是中官不敢放肆，而益加敬禮。宋瑛行事坦蕩，正直守法，具不畏權勢之堅毅性格。

宋瑛有德行，居恆事母至孝，執喪哀毀骨立，有燕乳白雛於堂，人以爲孝感。李延昰《南吳舊話錄》，特將其事跡收錄於「孝友部」一類中。

二、高祖——宋倫

宋倫（一作論），字定夫，號錦村，生於明英宗正統二年（1437 年）五月二十三日，卒於明孝宗弘治十一年（1498 年）六月二十三日，享年六十二歲。少養於外家趙氏，七歲始歸，從一樗子學，稍長遊學四方，通《春秋經》，廩於郡學宮，明憲宗成化元年（1465 年）中乙酉科鄉舉，數上春官不第。始以庶子析產，視諸子稍薄，不能具千金貲，志先肯構滋息，二十餘年致田五十頃，它業稱是，因拓甲第於漕河之西，當是時，宋氏之家於沙濱者，咸建廳事凡八十餘宅，每歲元夕自沙濱以至漕河之西幾六里，宋氏張燈，盛況空前。後因丁銘事繫獄數年，喪於秣陵南司寇獄中，所著有《錦村碎事》藏於家。元配錢氏，生於明宣宗宣德七年（1432 年）七月十八日，卒於明憲宗成化十八年（1482 年）八月二十八日，享年五十一歲。

宋倫爲人以警敏稱，嘗與諸兄弟嬉戲水旁，顧渠水洶湧簸泊，舟維且絕，公遽前白竹居公〔註 19〕曰：「舟維將絕，絕必飄去，請緩維以殺其勢。」竹居

舉〉及〈選舉〉，頁 880、863。

〔註 17〕《九籥集》卷之七〈叔父參知季鷹公行略〉，頁 568。

〔註 18〕〔明〕何三畏編著：《雲間志略》卷十九〈宋大參遜菴公傳〉，頁 1477。

〔註 19〕竹居公爲楙澄七世祖，見《九籥集》卷之六〈總敘宋氏世系〉所言：「余七世祖竹居公裒所贈竹居詩文成卷。」頁 552。又〔清〕宋徵輿撰：《林屋文稿》卷之三〈宋氏家乘序〉云：「吾宗自心遠公以力田起家，……竹居公、味梅公承其

公異之。另拓甲第於漕河之西，地半葑茳中有大潴，相傳爲蛟宮，時方臈月，一夕具百人持長戟刺潭，須臾水盡赤，乃負土平爲廳事，基人皆服其膽略。宋倫白手起家，創業有術，具過人膽識與經濟謀略，亦保有文人風骨。

三、曾祖——宋公望

宋公望，字天民，別號西莊（一作西庄），生於明英宗天順六年（1462 年）八月初八日，卒於明世宗嘉靖元年（1522 年）七月初八日，享年六十一歲。負才名，以諸生入國學，少通《春秋》，六試於鄉不偶，入爲國子生不仕，優游閭里，與東江顧公（顧清〔註 20〕，字士廉）、鶴灘錢公（錢福〔註 21〕，字與謙）、及名士王鶴坡（王良佐，字良弼）、戚龍淵（戚韶）、張一桂（張冕）之徒交契，時時延致結詩社，歌詠爲樂，數年卒，所著詩文藁，亡於倭亂。李延昰《南吳舊話錄》言公望善種植，連花神亦降臨偷窺，其著作有《種植集》〔註 22〕。元配張氏，生於明英宗天順八年（1464 年）五月二十五日，卒於明武宗正德十六年（1521 年）正月十二日，享年五十八歲。

宋公望爲人仁厚醇如，人犯之未嘗較，人毀之未嘗辨，即有欺之者，雖心知之，不忍面斥也，其與人共事，即所利務推，與人所不利以自處，其待人雖盡誠意，猶自以爲負之，即人有所負，亦不計也，務掩人之短，有短人於公側者，未嘗荅或起避之，即談人之善，則樂聽終日無所倦，其居里中，里中人無貴賤賢不肖，皆善待之，毋有所怨惡，既有儒行，又具儒節。

宋公望有德行，事親至孝，父倫以事下獄，公望叩御史臺鳴冤狀不得白，乃上疏闕廷，有旨下所司覆讞，而司讞者，竟不爲昭雪，終身抱恨。父既坐事，族人里中乘難欲奪據其產，訟鬪蠭起，公望一一爲理辯，卒完其產，不爲所奪據，俟東岡君長，均分受之，毫不徇私。幼與顧清同學，及其主試秋闈，深以失之爲恨，後知公望本不入試，歸里造慰曰：「何自遠乃爾？」答曰：「我兩人交厚，不得則損公衡鑒之明，得或疑公私我，惟引避可以兩全耳。」顧清歎服。李延昰《南吳舊話錄》將其二人交誼之事跡收錄於「豪邁部」〔註 23〕，點明其

後，……於是南野公、檜雪公兄弟登進士矣。」頁 289。味梅公、南野公、檜雪公三兄弟爲楙澄六世祖、七世祖爲竹居公，則竹居公當指六世祖之父親宋頤。

〔註 20〕〔明〕何三畏編著：《雲間志略》卷之十〈顧文僖東江公傳〉，頁 711～718。

〔註 21〕〔明〕何三畏編著：《雲間志略》卷之十〈錢翰撰鶴灘公傳〉，頁 695～700。

〔註 22〕〔清〕李延昰撰：《南吳舊話錄》卷二十一〈宋天民〉，頁 928～929。

〔註 23〕〔清〕李延昰撰：《南吳舊話錄》卷二十二〈宋公望〉，頁 965～966。

性格。而五倫中之父子、夫婦、兄弟、朋友間，公望均用心對待，雖無功名，但德行高潔。

四、祖父——宋坤

宋坤，字維簡，又字惟易，別號三江，約生於明孝宗弘治八年（1495 年），卒於明神宗萬曆元年（1573 年），享壽七十九歲〔註 24〕。弱冠補博士弟子員，屢入瑣院，文常當主司意矣，竟爲忌者所格。壯遊南太學，事竣旅於吳門，愛其風土，遂卜居焉，凡十有六年。家饒於貲，治一雀舫，容六七十人，養白馬其中，餵以酒漿，登高噴玉，聲振山林，集《女樂》一部，豔麗絕世。年四十後，遽謝聲伎，學養生術，精五禽戲，晚年深得靜理，至七十有八，猶能登匡廬絕頂，歸越一年而卒。所著文若干卷，未卒前與酒具同笥，盜并笥竊去，稿遂亡，今《九籥前集》卷之五，卷末收錄「附先王父三江公遺詩」十首。元配唐氏，生年不詳，卒於倭亂〔註 25〕，有二子宋堯咨及宋堯俞。側室謝氏，生年不詳，卒於明世宗嘉靖四十五年〔註 26〕（1566 年），有子宋堯明。

宋坤爲人饒逸趣，未嘗睚眥。素豪舉，非對數客則飲不歡，衣有微漬亦不復御，有晉人之風。其曾孫宋徵輿則推崇：「以孝義智勇聞。」〔註 27〕宋坤妙趣橫生，風流倜儻，飄逸豪放，好客喜飲，潔淨爽朗，放誕任俠，獨樹一格。

〔註 24〕有關宋坤卒年，《九籥集》卷之五〈叔父安遠令憲卿君本傳〉載有：「叔父避難四方，辛未再下禮闈，乃就廣文於江右德化，覽匡廬之勝，迎王父登之，未幾遷令閩之歸化，無何，而丁三江公之喪，服除補浙東松陽令，丁丑改調江右安遠，……」（頁 533）據辛未下禮闈下推，壬申迎王父登廬山及遷令歸化，癸酉丁三江公之喪，則宋坤之卒年約爲癸酉。反之再據丁丑調江右安遠往前逆推，丙子服除補松陽令，癸酉至丙子丁父喪三年，則宋坤之卒年應爲癸酉，即明神宗萬曆元年（1573 年）。再據《九籥集》卷之六〈先府君本傳〉記載：「先君會服既除，明年丁丑例計偕矣。」（頁 562）丁丑爲明神宗萬曆五年，服除應爲丙子，丁父喪應爲癸酉至丙子，則宋坤卒年應爲癸酉無疑。又《九籥集》卷之六〈王父三江公外傳〉記載：「年七十八，猶登匡廬絕頂，然自此委頓，不期年竟卒於家。」（頁 556）則宋坤享壽約七十九歲。再由其卒年上推七十九年，得其生年約爲明孝宗弘治八年。

〔註 25〕有關楙澄祖母唐氏卒年，《九籥集》卷之六〈先府君本傳〉載：「壬子舉於鄉，再歲島夷至，偕伯父奉唐孺人避苕溪，轉徙義興，尋還金陵，祖妣伯父相繼旅亡。」（頁 559）又《九籥集》卷之六〈王祖妣唐孺人外傳〉記：「孺人卒於義興。」（頁 557）島夷即倭寇，其進犯松江時間爲癸丑，即嘉靖三十二年。

〔註 26〕《九籥集》卷之五〈叔父安遠令憲卿君本傳〉云：「丙寅丁生母喪」，丙寅即明世宗嘉靖四十五年，頁 533。

〔註 27〕〔清〕宋徵輿撰：《林屋文稿》卷之十〈先考幼清府君行實〉，頁 361。

五、伯父——宋堯咨

宋堯咨〔註28〕，字中允，號婁城，爲宋坤長子，生年不詳，卒於明世宗嘉靖三十七年〔註29〕（1558年），亡於倭亂。父坤好遊，少旅於吳，母攜堯咨、堯俞歸於唐氏。母復以二子無歸爲請，舉族伯仲遂議迎歸守沐恩堂之廳事，爲最卑痺處，遂死守之。母通時藝於司馬氏《通鑑》、朱子《綱目性理大全》、《大學衍義補》，諸書無所不窺，堯咨始得受學於母親，弱冠以名儒起家，補博士弟子，試有司督學，與弟堯俞遞首諸生，時號兩宋。性喜著書，有文名早世，及卒，侍兒竊其稿以去，遂失之。元配吳氏，生卒年不詳。身後無子有二女。

堯咨具仁厚孝友之德行，父宋坤好遊，久客吳中，產盡廢，堯咨迎還故鄉，曲盡孝道，坤素通脫，自言見大兒必整肅以待，語及必泣下，目爲眞孝子。事母唐氏尤謹，偶入城忘謁，半道命迴船，還家入白狀，既出，衣汗如漿。弟堯俞年十六猶未受書，堯咨痛哭敦諭始就學，堯俞輒晨起誦書堯咨前，兄不倦於聽，弟不頓於聲，諸兄弟暨友人就正文藝，鑒如其辭，略不假借。至於弟堯明，亦爲之婚娶，卵翼之入庠序，其分產視先君等，信所謂至公無我者。

六、父親——宋堯俞

宋堯俞，字叔然，始號南華，中稱方林，晚年稱醒默，生年不詳，卒於明神宗萬曆七年四月〔註30〕（1579年）。少有才名，年十八補弟子員，爲諸生，

〔註28〕有關楙澄伯父之名諱，《九籥集》中未載，今比對嘉慶《松江府志》卷五十四〈宋堯咨〉（頁1221），及〔清〕韓佩金、張文虎等修：《奉賢縣志》（臺北：成文出版社有限公司，民國59年，清光緒四年刊本），卷十二，〈宋堯咨〉（頁642～643），得其名爲「堯咨」。以下凡引光緒《奉賢縣志》所列頁碼，均據此版本。

〔註29〕有關宋堯咨之卒年，李越深女士〈松江府宋氏家族世系及文學成就概述〉（《浙江大學學報（人文社會科學版）》第36卷第1期，2006年1月），文中已據何良傅〈祭宋允中〉及何良俊〈祭弟婦宋氏文〉，推斷出堯咨當亡於嘉靖三十七年，頁119。

〔註30〕有關宋堯俞之卒年，宋敬輿撰《林屋文稿》卷之十〈先考幼清府君行實〉云：「父諱堯俞，字叔然，號方林，……受知于江陵張文忠公，會江陵奪情，上書爭之，不獲聽，竟卒于京師，天下奇氣之士悼焉。府君其仲子也，十一歲而方林公卒，號泣居喪如成人子。」頁361。據此則堯俞當卒於楙澄十一歲時，即萬曆七年。徐朔方先生所編〈宋懋澄年譜〉認爲是明神宗萬曆六年，當誤。嘉慶《松江府志》卷六十四〈完節〉「贈大理寺少卿宋堯俞妻張氏」條所載：「堯俞舉於鄉，萬曆丁丑客燕，旅亡，訃至氏痛暈屢絕，時幼子懋澄方九歲。」頁1458，丁丑即萬曆五年。又〔清〕楊開第等修，姚光發等纂：《重修華亭縣

復從陸大宗伯（陸樹聲）、龔黃門（龔愷）受經書義。明世宗嘉靖三十一年（1552年）中壬子科鄉舉，再歲島夷至，倭亂平後，獨居別業，不入城市，以節俠著聞。嘗游南雍，值張居正爲祭酒，賞其文，拔置第一。及相，欲延以館席，屬徐文貞具裝遣之，堯俞謝不往。明神宗萬曆五年（1577 年）入京會試，以失文引，不得試。居正聞之，命諸子就拜，堯俞乃報謁，居正出就諸子舍見之，因留之曰：「君毋歸，老夫曩以文知君，君今獨不當以文課吾諸兒乎？」請就邸舍，明日致廩餼，堯俞不得已因留焉。會居正遭父喪奪情〔註 31〕，堯俞從諸子問奔喪期，則以重違兩宮對，堯俞上書諫之，責以大義。初居正欲以紫薇舍人官之，及得書，大拂其意。堯俞所上書，纚纚數千言，一時傳誦，稱爲先秦古文。堯俞默默不得志，當是時，弟堯明令安遠，仇家搆之陷獄，去京師甚遙，無能爲地，鬱鬱不樂，遂疽發背不起，卒於燕邸。所著有《皇明史編》及《竹與山人稿》、《薊門稿》若干卷。堯俞於清世祖順治十七年（1660年），以孫徵輿顯貴，贈大理寺少卿加一級〔註 32〕。有三子，長子闕名，次爲宋懋淡及宋楙澄，有二女。

堯俞爲人慨直，列孝廉二十餘年，未嘗私謁公府，非特其節介使然，亦其體骨不善柔媚也。性磊落自喜，雖釜魚甑塵，嘯詠自若。平生俶儻朗達，不屑細謹。個性豪邁，見人不法必加唾罵，能改更獎借之，面無諛語，亦無後言，交游告急，必勉力損貲，而尤急人之難，即非力所及，必以交遊解紛，事成則歸理於天，頗有節俠風範。

堯俞具德行，昔佃耕歲終負租，小民哀請，卒與之田而寬其負，且於租外無他索，有悲天憫人之襟懷。父自蘇返松，應接如常，以無傷父心爲己任。事母至孝，待兄至親，居母及兄喪，體不勝衣，杖而後起，視堯咨二女如己出。與堯明爲異母兄弟，其避難四方，救解不遺餘力，兄弟友愛之情，表露

志》（臺北：成文出版社有限公司，民國 59 年，臺一版，清光緒四年刊本），卷十八，〈節烈〉「贈大理少卿宋堯俞妻張氏，子舉人懋澄繼妻施氏」條亦載：「萬曆五年，堯俞客死京邸，懋澄方九歲。」頁 1352。二方志所載堯俞卒年爲萬曆五年均誤。以下凡引光緒《重修華亭縣志》所列頁碼，均據此版本。

〔註 31〕按明代律法，官員丁憂缺席必須辭官守制二十七個月，十五歲的神宗皇帝卻要求宰相張居正不許辭職，詔書慰留，此類情況稱之爲「奪情」。

〔註 32〕〔清〕宋徵輿撰：《林屋文稿》卷之十〈庚子八月初七日以　誥贈二代改題神主恭記先大夫行實後〉所載：「徵輿視學閩中……復遇　覃恩加一級，祖考方林府君贈中大夫大理寺少卿加一級，祖妣張氏贈淑人，……庚子秋七月接吏部咨，卜八月初五日祭告于主，改題贈階。」頁 364。

無遺。世宗末大饑疫，嘗諫於有司，移粥賑饑，民賴以全活者甚眾，其愛民、孝親、友愛之德行，有目共睹。

宋堯俞妻張氏，生於明世宗嘉靖二十八年（1549 年）五月五日，卒於明神宗萬曆二十九年（1601 年）十一月二日，享年五十三歲。三十一歲喪夫，時幼子楙澄方十一歲，母代父職，誨導甚嚴，澄奉慈訓，卒以成名。清世祖順治十五年（1658 年），以孫徵輿貴，誥贈淑人。張氏節行，詳參宋楙澄〈先妣張太孺人乞言狀〉及李維楨〈貞節宋母張孺人墓志銘〉〔註 33〕，有「孀婦之尼宣」稱號。嘉慶《松江府志・列女傳一》載有：

> 堯俞舉於鄉，萬曆丁丑客燕旅亡，訃至氏痛暈屢絕，時幼子懋澄方九歲，誨導甚嚴，惡衣畝食，惟恐少過。廉知嬉遊，必加檟楚，略不假借。澄幼即好持論，嘗戒之曰：「余聞之，夫子不德而辨，禍必及也；今孺子未嫺明德而擅訾古人，禍之招也。持此立心則刻，處世則隘，刻必得罪於天，隘必得罪於人，吾不知所終矣。」澄奉　慈訓，卒以成名，萬曆庚申，奉旨建貞節坊。　國朝順治十五年，以孫徵輿貴，　誥贈淑人。〔註 34〕

嚴母教子，用心良苦。此外，堯俞妻張氏事蹟散見於方志或文集，如《〔崇禎〕松江府志・賢媛》〔註 35〕載萬曆四十六年，子楙澄題請旌表事。光緒《重修華亭縣志・列女上》及光緒《奉賢縣志・列女志上》〔註 36〕載其事蹟。何三畏《雲間志略・雲間節婦傳》〔註 37〕列有其名。《古今圖書集成・閨媛典》〔註 38〕記張

〔註 33〕〔明〕李維楨撰：《大泌山房集》（臺南縣永康市：莊嚴文化事業有限公司，1997 年 6 月，《四庫全書存目叢書》本），卷之一百二，〈〈貞節宋母張孺人墓志銘〉，頁 69～71。以下凡引《大泌山房集》所列頁碼，均據此版本。

〔註 34〕見嘉慶《松江府志》卷六十四〈完節〉「贈大理寺少卿宋堯俞妻張氏」條所載，頁 1458 下葉。

〔註 35〕《〔崇禎〕松江府志》卷四十三〈賢媛〉「張氏」條載：「張氏孝廉宋堯俞妻，萬曆四十六年，子孝廉懋澄題請旌表。」頁 1141。

〔註 36〕光緒《重修華亭縣志》卷十八〈節烈〉「贈大理少卿宋堯俞妻張氏，子舉人懋澄繼妻施氏」條，頁 1352。光緒《奉賢縣志》卷十四〈節義〉「宋堯俞妻張氏」條，頁 772。

〔註 37〕〔明〕何三畏編著：《雲間志略》卷二十四〈雲間節婦傳〉載：「據所見聞記之，亦可備採擇者，如……宋氏孝廉宋堯俞之妻張氏……，已經奉　旨豎坊。」頁 1951。

〔註 38〕《古今圖書集成・明倫彙編・閨媛典》第二百一卷〈閨節部・列傳八十三〉，頁 15。

氏事蹟及建坊於米市里事。楙澄知交錢希言則爲澄母作賦〈宋母張太君節行篇〉〔註39〕。張氏節行，有目共見。

七、叔父——宋堯明

宋堯明，字憲卿（一作顯卿），號霞峰，生於明世宗嘉靖十一年〔註40〕（1532年），卒於明神宗萬曆二十五年（1597 年）十一月十三日，享年六十六歲。幼稟異質，七歲時嬉游庭前，有客詠隔簾看鏡詩，久而不得，忽應聲曰：「秦嶺望來雲冉冉，楚臺看去雨濛濛。」時胥臺袁公（袁袠）、貞山陸公（陸粲）、衡山太史（文徵明）皆戟掌嗟賞，目爲聖童〔註41〕。明世宗嘉靖四十三年（1564年）中甲子科鄉舉，任福建德化縣教諭，陞歸化縣令父，丁外艱，服除補浙東松陽令，明神宗萬曆五年，改知江西安遠縣，次年馮完獄起，堯明被劾，聽命於南昌，坐擅用庫錢，謫戍遼之鐵嶺。居鐵嶺五年，博士弟子以藝執門人禮日眾，尋遷開原，少司馬李公松聞其賢，延至廣寧，獲交大將軍李如松，因從出塞，斬虜首十七級，格於例，不得復官，僅釋伍聽歸。所著詩文數十萬言，才情橫溢，爲藝林所推，謫戍後，散逸殆盡。元配陸氏，生年不詳，卒於明世宗嘉靖四十五年（1566年）。有二子，長爲宋楙功，次子闕名，有一女。

堯明爲人信讒以喪名，終被謗以速禍。平生內察外疏，不能依違，而主斷少沈柔，故屢攖大難，非其以蕩，陵德由不察，無法自清，始終多爲人所賣。天性正直，惟疏於人情世故，致半生飄零。

堯明之德行，於去遼時得觀之，當是時，少司馬、繡衣使者暨大將軍、山海關吏皆給之符，非符不得度關，篆滿符上，非有才德，何得諸公知交若此。

八、堂叔——宋堯武

宋堯武，字季鷹，別號遜菴（一作遜庵），晚年自號「安蔬主人」〔註42〕，

〔註39〕〔明〕錢希言撰：《松樞十九山》（日本東京：內閣文庫，民國69年），《織里草・宋母張太君節行篇》題下有序：「爲叔意賦。」頁16～17。

〔註40〕有關堯明之生年，據《九籥集》卷之五〈叔父安遠令憲卿君本傳〉所載：「三十爲撻掖，又三年，甲子舉於鄉，……」（頁533）則堯明三十三歲時中甲子科鄉舉，復查嘉慶《松江府志》卷五十三〈宋堯明〉，則載：「嘉靖四十三年舉人」（頁1191），據此逆推，得知堯明生於明世宗嘉靖三十一年（1532年）。

〔註41〕聖童之說見嘉慶《松江府志》卷五十三〈宋堯明〉，頁1191。又見光緒《奉賢縣志》卷十一〈宋堯明〉，頁576。

〔註42〕見《〔崇禎〕松江府志》卷四十〈宋堯武〉，頁1045。

生於明世宗嘉靖十一年（1532 年）十一月二十一日，卒於明神宗萬曆二十四年（1596 年）十一月二十六日〔註 43〕，享年六十五歲。性寡諧，自少有出群之致。明穆宗隆慶元年（1567 年）中丁卯科鄉舉，隆慶二年第戊辰科進士，授知河南信陽刺史，改二廣之南雄通判，所司太平橋稅額八千有奇，官吏目爲利藪，堯武視事八日輒謝去，曰：「我不欲於中染指也。」尋擢知惠州府，巢賊李文表世爲惠患，堯武諭以禍福利害，文表心動感泣，立遣子入侍，其患遂平。林道乾者，揭陽黠吏也，負罪竄海外，連結島夷，往來閩廣間。萬曆六年春，挾四百艇突至，將士皆譁，堯武貽書千言諭之，道乾歎曰：「今明公以德言綏我，逆之不祥。」顧語健兒，搜檢所掠惠州女子十八人，遣還之。亡何丁母憂，服闋補知閩之福州守，晉江右憲副，司郵傳，尋掌北嶺道，晉參滇南，分守金滄道。居滇一年告歸，買城北隙地，雜蒔花木，不問戶外事。元配張氏，生於明世宗嘉靖十四年（1535 年），卒於明穆宗隆慶二年（1568 年），得年三十四歲。繼妻顧氏，生於明世宗嘉靖二十八年（1549 年），卒於明神宗萬曆三年（1575 年），得年二十七歲。有八子六女，文學以仲子宋茂韶最賢。

堯武爲人，寬仁雅度，言行和中，及處而至于耿介，風標則輓近所絕少，大要不立名，不樹黨，不交結權貴，具宋璟及宋瑛遺風，秉性剛直，清白自持，所任諸官，著有政聲，光緒《奉賢縣志》列堯武生平事蹟，入人物志「仕績」類。

堯武有德行，父衰憊日甚，入侍湯藥，略無怠容，後宋乾「以子堯武贈南雄同知」〔註 44〕，爲二世榮恩，顯揚父親，名留青史。母垂老而耽書史，必陳說古今善事，以資晨昏燕坐之聽，因善事父母，鄉里稱孝子。性友愛，

〔註 43〕有關宋堯武之生卒年，《九籥集》卷之七〈叔父參知季鷹公行略〉的記載爲：「詎意以脾疾不起，時丙申十一月二十六日也。……公生嘉靖壬寅十一月二十一日，享年六十有五。」（頁 571）嘉靖壬寅爲嘉靖二十一年（1542 年），丙申則爲萬曆二十四年（1596 年），生卒相減則堯武壽命爲五十五歲，與「享年六十有五」不合。另查嘉慶《松江府志》卷五十四〈宋堯武〉，頁 1191，以及光緒《重修華亭縣志》卷十五〈宋堯武〉，頁 1111，均載錄堯武之年歲爲六十五。又據《九籥集》卷之五〈叔父安遠令憲卿君本傳〉所載：「及哭叔父季鷹君曰：『朱顏自昔催青鬢，紅粉由來送白頭。』」（頁 537）則堯武當較堯明早卒，堯明卒於萬曆二十五年，故堯武卒於萬曆二十四年應無誤。據此前推六十五年，則堯武生年應爲世宗嘉靖十一年（壬辰，1532 年），「壬寅」與「壬辰」爲一字之差，推測爲楙澄筆誤，或爲刊刻之誤。

〔註 44〕見光緒《重修華亭縣志》卷十三〈封贈〉「宋乾」條，頁 994。另《〔崇禎〕松江府志》卷三十五〈宋乾〉條下云：「參政堯武父，贈同知。」頁 921。

致仕後事兄溟鶴君白首惟謹，尤敦族誼。仕宦三十年，愛民如子，以德服眾，屢屢化險爲夷，任福州守時，福人皆以堯武爲龍圖後，復築祠肖像祀之，才德兼備，廣受愛戴。

九、兄——宋懋澯

宋懋澯，字瀅父（或作瀅甫），號潔庵。長兄闕名，早卒。與弟宋楙澄爲同父異母兄弟〔註 45〕，生於明世宗嘉靖三十五年（1556 年），卒於明神宗萬曆二十六年（1598 年），得年四十三歲。七歲能屬歌詞，讀書數行俱下，年十八而晉陽褚先生督學江南，取貫多士，預試秣陵不利，侍先君遊燕，遘疾南還，未幾而訃至，痛哭嘔血，即時就道，不日抵燕，讀先君托孤之辭，誓無引避，煢然扶喪南歸。凡爲庠生者，十年而例入北雍，及文戰數奇，年幾強仕，從茲無意人間世。歸家杜門，不入城市，耕織以自樂，暇則樹花焚香，嘯傲風日而已。元配錢氏，生年不詳，約卒於明神宗萬曆四十三年（1615 年）。有一女，側出。

懋澯爲人豪邁至誠，慕樓君卿（漢朝樓護）之名節，原巨先（漢朝原涉）之名豪，或中夜告急，必展慮長思，期於屬厭而止，不則勿勿沈沈，寢食失故。卒前一日，先君之產悉歸楙澄，檢覈簿書，二十餘年皎如日月，絕無私心。

懋澯有德行，嘗痛先君之憂勤愓勵，卒以旅亡，慟哭竟夜。事母張孺人於禮無愆，色養寒暄，未嘗怠緩。至於敦睦宗親，友愛同氣，教誨楙澄，出於性生。當楙澄新婦楊氏之亡，延僧讖誨，祈往生西方，迨楙澄子暴亡，哭於先君之廟，不言笑者旬日，務使人倫無憾，其重情若此。

十、肆子——宋敬輿

宋楙澄有五子，長子協虎生於明神宗萬曆十八年（1590 年），卒於萬曆二十三年（1595 年），年僅六歲。次子龍媒，字君房，生於萬曆三十年（1602 年），卒於萬曆三十九年（1611 年），年僅十歲。參子存仁，生卒年不詳，楙澄作〈祭殤兒存仁文〉，言及「今以藥爲子之送迎」〔註 46〕，知其生命短暫。

〔註 45〕據〔明〕李維楨撰：《大泌山房集》卷之一百二〈貞節宋母張孺人墓志銘〉記載：「距生嘉靖己酉五月五日……」（頁 71），知澄母張氏生於明世宗嘉靖二十八年（1549 年）。再據《九籥集》卷之七〈先兄瀅甫君行狀〉云：「生於嘉靖丙辰。」（頁 572）則宋懋澯生於明世宗嘉靖三十五年（1556 年）。又楙澄母親與懋澯兩人相差七歲，故知懋澯生母非爲張氏。

〔註 46〕《九籥續集》卷之八〈祭殤兒存仁文〉，頁 700。

〈金粟如來記〉記有「余年四十八，無子。」〔註 47〕楙澄四十八歲爲萬曆四十四年。又〈將遷居金陵議〉載「重以兩兒云逝，冢嗣乏人。」〔註 48〕本篇作於萬曆四十年，「兩兒」云逝，指協虎及龍媒，未及存仁。萬曆四十一年作〈先妣張太孺人乞言狀〉，提及「又不能絕跡人世，蕃息先人之遺」〔註 49〕，則作此狀時尚無子嗣。因此，存仁生卒年約在萬曆四十二年至四十四年之間。

宋敬輿，又名徵岳，字轅生，小字金兒，號冠雲主人、冠雲詞客，生於明神宗萬曆四十五年（1617 年）六月十五日〔註 50〕，卒於清世祖順治十六年（1659 年）六月二十三日，年僅四十三歲。四歲喪父，生母沈氏已前卒，由嫡母施氏及徵輿生母張氏教養成人。少時意氣，豪宕自喜，延邵景說於家，事之如師，久之補博士弟子員，然經生言非其好，年三十後，不復以功名爲事，雅愛音樂，家僮數人皆能度南北九宮。順治十三年北遊，因入太學爲國子生，尋復南歸，順治十六年夏，棹舟至東郊，暴得末疾，亟扶還舍，翌日不起。習於詩文，尤長於詞曲，與邵景說及徐惠朗、張處中相倡和，有《芳洲集》行世。元配王氏，故膠州守王獻吉之孫女，生於萬曆四十三年，先敬輿卒。有一女，側出。

敬輿爲人好樂好酒，日晡後，輒與賓客彈棊飲酒，聽新聲爲樂。或獨居燕衎，自浮大白，率絲竹競奏以爲常。與人交不隨俗俯仰，其所當意，款接無倦，其意所不可，即貴顯若勿屑也。性不嗜利，錙銖不妄取。喜周人之急，族之孤寡若單貧者，歲時問遺，親友稱貸，多勿責償，論者謂慷慨然諾，有乃父風概。

十一、伍子——宋徵輿

宋徵輿，字轅文，一字直方，號林屋，別號佩月主人、佩月騷人，宋敬輿之弟，生於明神宗萬曆四十五年（1617 年），卒於清聖祖康熙六年（1667 年），享年五十一歲。四歲喪父，生母張氏及嫡母施氏教養成人。清世祖順治四年（1647

〔註 47〕《九籥續集》卷之二〈金粟如來記〉，頁 665。

〔註 48〕《九籥集》卷之八〈將遷居金陵議〉，頁 586。

〔註 49〕《九籥集》卷之七〈先妣張太孺人乞言狀〉，頁 576～577。

〔註 50〕有關宋敬輿生日，宋楙澄撰：《九籥續集》卷之二〈金粟如來記〉云：「敬輿至丁巳六月十五而誕。」頁 665。又〔清〕宋徵輿撰：《林屋文稿》卷之十〈亡兄太學生轅生府君墓誌銘〉云：「府君生于天命丁巳六月十六日。」頁 368。父子兩人的記載竟相差一日，今以爲人父宋楙澄的紀錄爲主。

年）第丁亥科進士，順治五年四月，除授刑部江西清吏，司主事，六年七月，陞刑部山西清吏，司員外郎，七年四月，陞刑部山西清吏，司郎中，本年九月，考陞福建布政使司右參議兼按察司僉事提調學政，遇　覃恩，考幼清府君贈朝議大夫福建布政使司右參議兼按察司僉事，妣楊氏贈恭人，生母張氏封大恭人。九年十一月，生母張氏卒，丁母憂，回籍守制，十年七月，禮部考覈稱職，同年八月，吏部題覆准陞五品京堂，俟服闋之日候缺補用。順治十二年二月服闋，任太僕寺少卿，同年十一月，題補尙寶司卿，十三年三月，陞四品京官，任大理寺少卿，十五年旅於吳，順治十六年六月二十三日，兄宋敬輿卒。順治十七年（1660 年）七月，時在松，遇　覃恩加一級，祖考方林府君贈中大夫大理寺少卿加一級，祖妣張氏贈淑人，考幼清府君進階中大夫大理寺少卿加一級，妣楊氏及生母張氏俱進贈淑人，華亭宋氏望族封贈二代僅宋徵輿一人〔註 51〕，於家族聲望有莫大貢獻。歷宗人府府丞，患腳氣病，上疏告假養病。清聖祖康熙五年（1666 年）晉都察院左副都御史，爲正三品，至康熙六年卒官。元配不詳，有四子，長子宋泰淵（一作太淵），字河宗（一作河中），次子宋祖年，字子壽，清世祖順治十一年（1654 年）中甲午科鄉舉，三子宋太麓（一作泰麓），字舜納〔註 52〕，幼子宋太羹（一作泰羹），字戒平。

徵輿少負雅才，工詩賦，與堂兄宋徵璧（字尙木）有大小宋之目，又與同里陳子龍（字臥子）、李雯（字舒章），稱「雲間三子」，有《雲間三子新詩合稿》及詞的合集《幽蘭草》梓行，嘗共選《皇明詩選》行世，學者宗之。

〔註 51〕查《〔崇禎〕松江府志》卷三十五〈封贈・兩世榮恩〉，楙澄六世叔祖宋瑛之父宋頤，封爲工部主事，頁 918；楙澄堂叔宋堯武之父宋乾，封爲南雄同知，頁 921。另查光緒《重修華亭縣志》卷十三〈宋懋昭〉（按：應爲宋懋詔，宋堯武次子），以子宋徵璧，贈中書舍人，頁 998，以上均爲宋氏家族封贈一代之例，之後僅見宋徵輿之父祖封贈二代，頁 998。

〔註 52〕宋徵輿二子宋太麓及宋太羹之名，見《林屋文稿》，二人爲校者，又見〔清〕葉夢珠撰：《閱世編》（台北：木鐸出版社，民國 71 年 4 月），卷五，〈門祚一〉，頁 121，其中載錄徵輿四子之名。至於「宋舜納」則爲徵輿少子，其名見吳偉業《梅村集》（臺北：臺灣商務印書館股份有限公司，民國 75 年 3 月，《景印文淵閣四庫全書》本），卷二十三，〈宋直方林屋詩草序〉云：「直方乃以名位大發聞於時，……貳爲天子之大臣矣，復不幸蚤沒，其少子舜納，哀其父平生之作，取首簡屬余。」頁 246～247。復查〔漢〕孔安國撰，〔唐〕孔穎達等正義：《尚書正義》（臺北：藝文印書館，民國 78 年 1 月，11 版，《十三經注疏》本），卷第三，〈舜典第二〉云：「納于大麓，烈風雷雨弗迷。」頁 34，取義於〈舜典〉，則舜納爲徵輿三子宋太麓無疑。

復與陳子龍編《唐詩選》，在閩又編《全閩詩選》。著有《林屋文稿》、《林屋詩稿》、《海閭倡和香詞》、《鳳想樓詞》、《瑣聞錄》。《四庫全書總目提要》有評曰：「徵輿爲諸生時，與陳子龍、李雯等倡幾社，以古學相砥礪，所作以博贍見長，其才氣睥睨一世，而精煉不及子龍，故聲譽亦稍亞之云。」〔註53〕

第三節　宋楙澄傳略

宋楙澄，又名尚新〔註54〕，字幼清，故字叔意，號稚源，一作自源或自原，室名九籥樓，有別號九籥生〔註55〕，又以禹成、禹期、湛兮、其蟎旅人等自稱，行三，松江府華亭縣蕭塘人（今上海市奉賢區莊行鎮鄔橋社區張塘村），後蕭塘屬於虹橋，又稱虹橋人，第宅在米市橋東南，生於明穆宗隆慶三年六月初九日（1569年），卒於明泰昌元年十一月十七日（1620年），享年五十二歲。其先世乃趙宋王朝宗室，後隨南宋遷居杭州，南宋滅亡以後，遂以國爲姓，改姓爲宋，一以避嫌，二則以紀念故朝。至明朝，舉家遷居松江府華亭縣之南橋，再遷蕭塘，世爲鉅族。

有關宋楙澄的名諱，在《九籥前集》及《九籥集》當中皆作「楙」澄，字用幼清，之後《九籥續集》十卷，每卷卷首下所列的著者爲「宋楙澄幼清甫著」，而內容凡用以自稱皆改用「懋」澄，至《瞻途紀聞》卷首下所列的著者改爲「宋懋澄自原甫著」，內容中未見用以自稱者。至於《九籥後集》，卷首下所列的著者仍爲「宋楙澄湛兮甫著」，內容中未見用以自稱者。顯而易見，以「幼清」爲字，使用最久，其他如「自原」、「湛兮」等，應爲晚年使用。而除了宋楙澄個人作品之外，在方志之中，或一般人提及他時，「楙」經常寫成「懋」，兩者混淆的情況由來已久，甚至宋楙澄之子宋徵輿所著〈先考幼清

〔註53〕〔清〕永瑢、紀昀等編纂：《四庫全書總目》（臺北：臺灣商務印書館股份有限公司，民國75年3月），卷一百八十一，《林屋文稿十六卷詩稿十四卷》，頁859。

〔註54〕楙澄取名尚新之緣由，見《九籥集》卷之六〈先府君本傳〉云：「楙澄，先君之不成子也，少從兄弟行名楙澄，澄與懋不合義，八歲將抵京，復命名尚新，曰：『庶而思義乎？』尋牽於昆仲，復名楙澄。」頁564。

〔註55〕「九籥生」的名號，非作者自號，首見於詹詹外史編《情史》卷十六〈珍珠衫〉，本篇引錄宋楙澄《九籥前集》卷之十一〈珠衫〉故事，卻將文末原署名「廢人」錢希言的評論，逕改爲「九籥生」，則〈珍珠衫〉的原本來自《九籥集》已不言自明，且將篇末評論依常理認定是作者爲之，故名爲「九籥生」。

府君行實〉，稱其先君亦用「懋澄」。查同輩兄弟的名諱中，「茂」、「楙」及「懋」字均有使用，楙澄的同父兄長宋懋澇則用「懋」字，「澇」字則爲水迴旋貌，據此推斷其名諱原爲宋「懋」澄，「澄」字則爲水靜止而清澈貌，如此兩兄弟的取名意義一致。但宋楙澄〈先府君本傳〉曾言：

> 楙澄，先君之不成子也，少從兄弟行名楙澄，澄與懋不合義。〔註 56〕

就字義而言，「茂」、「楙」相通，均爲林木茂盛貌，「懋」則指盛大的，是與「小」相對的形容詞，因此「楙」與「澄」的意義較合，均指大自然的景象。因此，儘管其本名爲宋「懋」澄，他還是在文字合義的堅持上，逕行自稱宋「楙」澄，也難怪在宋楙澄生前已刊刻的《九籥前集》及《九籥集》，本人所使用之名諱，悉以宋「楙」澄爲主。本論文既以宋楙澄爲主角，理當遵從主人的主張，一律以「宋楙澄」爲本，如此將產生與方志及後世使用的習慣不一致的情況，特此說明之。

人的一生中，總有幾番起伏波折。造成起伏波折的原因，可能是重大的考驗，抑或是困難的抉擇，過程雖然痛苦，但相對地，這些重大事件亦往往成爲生命旅程中的一個轉捩點，歷經轉捩點後，便從此進入一個嶄新的人生階段。宋楙澄的一生，所必需面對的人生重要課題，主要爲成家、折節爲儒及中舉三事，這三個轉折點將楙澄的人生歷程切割爲四個不同的人生階段，其生命軌跡及經歷，經整理可分爲四期，即童蒙苦讀期、啼聲初試期、壯游淬礪期及英雄病磨期。

一、童蒙苦讀期（自少年至明神宗萬曆十五年十九歲成家）

明穆宗隆慶三年六月初九日，宋楙澄出生於松江府華亭縣蕭塘里。少時即以機警絕倫，反應靈敏著稱，從騎黃孝廉一事可驗：

> 嘗侍飲于先君，坐皆父行也，孝廉某肥，素有黃犉之目，酒酣某父行抱不肖加於孝廉之頸，笑叩澄曰：「爾今坐此云何？」澄對曰：「騎。」復問曰：「騎誰？」對曰：「騎黃孝廉。」乃佯怒大呼，故欲傾澄墜地，於是府君亦佯怒，坐客亦佯來勸解，澄徐對曰：「吾言騎黃鶴耳。」舉座驚笑，以爲機驚絕倫，競起爲先君壽，先君亦自喜不勝。〔註 57〕

一個稚齡的孩童，面對眾位大人的動怒，尤其自身安危亦受到威脅的時刻，

〔註 56〕《九籥集》卷之六〈先府君本傳〉，頁 564。
〔註 57〕《九籥集》卷之七〈先妣張太孺人乞言狀〉，頁 574。

其反應非爲放聲大哭，而是臨危不亂，鎮定如常，隨即用機智化解危機，幼年便卓爾不群。

自幼即有佛緣，四、五歲時，受某胡僧青睞，幾隨之而去。五、六歲時，常於落日下見多佛雲及寶座獅象雲，小小年紀，便在觀雲中體佛，甚至到十歲，仍不改觀雲的興致。十二歲時，於夢中禮拜觀世音菩薩，觀世音菩薩是慈悲的象徵，楙澄常將一切現象構成的主因，回歸佛教主張事物賴以存在的各種因果關係，讓心靈得到解脫。

萬曆四年（1576 年）八歲時，楙澄首次離家，隨父親進京趕考，未料十一歲時，父親竟於京師病卒，楙澄孤身一人，獨自承受失怙的恐慌。而父親務求中式的遺訓，在幼小心靈中，烙下深刻的印記，終其一生，都在追逐科考，不敢一日或忘，彷彿成爲一種宿命，促使他無時無刻不在鞭策自己，不敢有一絲懈怠。

楙澄出生於蕭塘的宋氏家族，爲書香門第，家中的古今書籍藏書甚富，自然認爲萬般皆下品，惟有讀書高，因此個個敦品勵學。楙澄自幼即聰明穎異，七歲時，讀〈豫讓傳〉，在賓客面前發以議論，眾賓客均稱其不凡。八歲讀《資治通鑑》，之後隨父進京趕考，十一歲，遇喪父之慟，返家後，在兄長宋懋澇督促下，學習制藝，並研讀《左傳》及《韓非子》，特別喜愛《韓非子》的文詞，愛不釋手，常挑燈夜讀至半夜。十三歲，能做文章，私下研讀《史記》，尚未過半，即被藏書老奴索回，以免分心耽誤科考。十五歲，偶得《唐詩選》，讀之如醍醐灌頂，朝夕朗誦。此外，已能作古文，文章功力，日益精進。萬曆十五年（1587 年）十九歲，與華亭望族楊銓之侄女楊氏完婚。自成家後，即邁入人生的另一階段。

二、啼聲初試期（自萬曆十六年二十歲至萬曆二十五年二十九歲）

明神宗萬曆十六年（1588 年），楙澄二十歲，長於文章。早年父親因宰相張居正不守制而上萬言書規勸，如今張居正已於萬曆十年病卒，又於二年後遭抄家，爲相十年，如日中天，孰料卒後二年便一敗塗地，朝官同聲譴責。在一片肅殺之氣當中，楙澄不隨人搖擺，作〈相公論〉三首〔註 58〕，企圖表明宰相功勳，洗刷其冤屈，挾著初生之犢不畏虎的氣勢，仗義直言，所謂長

〔註 58〕今《九籥前集》卷之三收錄〈江陵張相公論一〉、〈江陵論二〉二首，當佚一首。

江後浪推前浪，英雄出少年，楙澄初試啼聲，文章一出，便使人驚豔。何三畏〈宋孝廉方林公傳〉描述：

> 公之子孝廉懋澄方弱冠，爲〈相公論〉三首，以白江陵之勳業，而洗其瑕，其持論有故有倫，良非漫語。嗟嗟！一江陵也，父抗之于天下所競趨，子原之于天下所共誹，皆出孤特之談，別是一具肝腸齒頰，而其所著論尤奇。余故述之，以愧世之箠死虎而啖困龍者。〔註59〕

何三畏對楙澄的評價，足以讓趨炎附勢或落井下石者感到羞慚不已。至於馮時可先生則認爲「其論亦嶒拔可喜」〔註60〕。馮先生與堯俞及楙澄父子相交，認爲楙澄的表現有峻拔不群之姿，頗爲堯俞後繼有人而喜。

萬曆十六年（1588 年）二十歲，與顧承學相交，又受當時文人士大夫好游的流風影響，開始游歷四方。十八年春天，發現自己身具佛性，與堂叔父宋堯武晉京。秋天，游北京，與太僕寺丞徐琰先生相交。冬天，生長子恊虎，生十日而元配楊氏因產而亡，楙澄奉母命南歸奔喪，鬱鬱不得意，與顧承學、于鼒先、趙佐結爲詩酒交。十九年，遊蘇州，入南京國子監，初識道家之學。二十年，游江蘇、浙北，爲寧夏哱拜叛亂之役作〈西師記略〉，又爲日本進犯朝鮮事，作〈雜書〉十首，並續娶吳縣施氏爲妻。二十一年，自南京北上，入北京國子監，與高承祚、劉玄度、劉曰寧、楊繼禮、張所望等賢士大夫相交，並爲明師援朝禦倭事，作〈東師野記〉。

萬曆二十二年（1594 年）二十六歲，皇長子及皇次子出閣講學禮次並均無差等，舉國上下爲建儲事爭論不休，楙澄即作〈上羅大宗伯暨　左右宗伯書〉，上書禮部尚書羅萬化，極言尊卑不可不辨，短短數百言，字字鞭辟入裡。吳偉業〈宋幼清墓誌銘〉記有楙澄因上書而一鳴驚人，轟動京城的事件：

> 乃即其牘，上宗伯羅公，書凡數百言，言甚剴切。神宗皇帝在宥四十餘年，士大夫所持國是，無如江陵奪情、光廟出講，一二大事，皆通國爭之。會暴有所摧折，士氣憂不振。公父子皆書生，先後游太學，持直節，發讜論，赫然名動京師。〔註61〕

〔註59〕〔明〕何三畏編著：《雲間志略》卷十七〈宋孝廉方林公傳〉，頁 1317。

〔註60〕〔明〕馮時可撰：《馮元成選集》（國家圖書館藏明萬曆間刊本），卷五十，〈宋貢士堯俞小傳〉，頁 56。以下凡引《馮元成選集》所列頁碼，均據此版本。

〔註61〕〔清〕吳偉業撰：《梅村家藏藁》卷弟四十七〈宋幼清墓誌銘〉（上海市：上海商務印書館，民國 56 年，上海圖書館藏清康熙九籥樓刻本），頁 210。以下凡引《梅村家藏藁》所列頁碼，均據此版本。

姚希孟〈書宋幼清事〉亦載楙澄上書內容，頗受羅大宗伯賞識：

> 幼清時氣方盛，亟草書上羅大宗伯，極言尊卑不可不辨，防微杜漸，一緜禮，若于序立起居之儀，定其隆殺，此建儲大助也。文既可觀，議又條達，見者皆驚，宗伯心是之，即羣小人莫能難，然欲以事中之矣，賴同鄉先達保持，得免於妖書之難。〔註62〕

從為張居正辯白，又為光廟出講發表議論，楙澄對政治與國事所表現的熱情，在此一覽無遺，而針砭時事的功力，與輿論抗衡的膽識，更毫不保留地呈現。如此熱情洋溢，熱血澎湃的有為青年，政治環境的殘酷無法給予等值的回報，無法提供施展抱負的空間，陳子龍〈宋幼清先生傳〉述及當時的困境：「先生亦上書大宗伯羅公，……娓娓凡數百言，書上，宗伯大驚。然時多忌之者，先生遂歸。」〔註63〕楙澄在理想與現實當中，感到極大落差，加以胃病犯噎，失意南歸，返家後旋即徙居村落，絕意世事，今年不與秋試。

萬曆二十三年（1595年），長子協虎夭殤，年僅六歲，哀痛莫名。二十四年，游江蘇，與錢希言初交，堂叔父宋堯武病逝，仕途亦不順，避世的思想滋長，故於夢中獲金仙授藥。萬曆二十五年二十九歲晉京，秋試失利，下第南歸，叔父宋堯明溘然長逝，傷痛接踵而至，內心愁苦不已。

楙澄交遊廣闊，鄙薄儒家經書而好習古兵法，且胸懷大志，欲以所學報效國家，雖於京師初試啼聲，對國事多所建言，但苦無建功立業機緣，落寞南歸居村。

三、壯游淬礪期（自萬曆二十六年三十歲至萬曆三十九年四十三歲）

明萬曆二十六年（1598年）三十歲，仲兄宋懋澇卒，後因母親張氏疾言督促，前往京師，為太學生，以繼承父親遺志，並折節為儒，致力於科考。張氏對楙澄的激勵，載於宋徵輿〈先考幼清府君行實〉中：

> 他日侍母太夫人張孺人，孺人從容言：「若父壯遊不返，齎志以歿，汝齒壯而足不出户，非肖子也。盍往京師，無忘若父所志矣。」先君俛首流涕，即日離家，時年三十矣，始折節，事制舉藝，……〔註64〕

〔註62〕〔明〕姚希孟撰：《松瘿集》卷之二〈書宋幼清事〉，國家圖書館藏明崇禎間（1928～1644）蘇州張叔籟刊本，頁文24之1。以下凡引《松瘿集》所列頁碼，均據此版本。

〔註63〕〔明〕陳子龍撰：《安雅堂稿》卷十三〈宋幼清先生傳〉，頁877。

〔註64〕〔清〕宋徵輿撰：《林屋文稿》卷之十〈先考幼清府君行實〉，頁362。

楙澄自萬曆二十二年旅燕遭忌，抱病南歸，返家後旋即徙居村落，除萬曆二十五年進京參加秋試外，將近五年時間，楙澄均在江蘇一帶活動，爲此母親張氏才對正值青壯年的楙澄加以訓斥，期望他前往京師，完成父親遺志，而楙澄亦虛心受教，即刻啓程。

萬曆二十七年，楙澄爲母親節行將上報朝廷事，南還省母，遭母親嚴厲斥責，之後攜婦施氏前往北京，與沈時來、楊繼禮交好。二十八年，留寓京師，秋試不利，阮囊羞澀，仍滯留北京，一心向佛。二十九年（1601年），單騎南下省親，旋復北返，未料相依爲命的母親於十一月病逝，又顛沛南還，楙澄悲痛欲絕。三十年，恩師高承祚辭世，次子龍媒誕生。三十一年，北上京師，秋試不利，作客燕中近五年。五年之中，楙澄主要與海內賢豪相結交，其中亦有佛門方外之友，游歷河北勝地，並爲秋試苦讀，可惜三十四年，秋試又不利。至三十五年，仍無施展抱負機會，因嘔血及母親靈柩未入葬而決意南還，並將父親牌位遷葬故里，於是返鄉家居，南歸途中，完成代表作〈負情儂傳〉。

萬曆三十六年（1608年），楙澄已屆不惑之年，客居蘇州虎丘，修行佛教清淨法門，並將父母合葬於瑤涇。三十七年，刊刻八年前南歸省母路途中所爲《南雲小言》詩一卷。再次北上京師赶考，雖決意背水一戰，但仍失利南歸。三十九年，往事輸漕，遭家奴侵盜，獨子龍媒隨行至蘇北病卒，再次遭逢喪子的傷痛，內外交迫是此時楙澄必須面對的人生試煉。

回顧本期十四年來，楙澄從壯年進入中年，他未錯過任何一次科考，卻屢試屢挫，屢挫又屢試。十四年中，幾乎非在燕，即在松，他熱衷於當時士人間風行的旅遊活動，也創作出爲數不少的遊記，豐富其著作的內容與篇幅。然而在旅遊與落第之外，親故的相繼亡逝、病痛的纏身、無子嗣的憂慮、父親遺志的難成，凡此種種，一再反覆折磨著他的身心靈，雖然措手不及，但仍堅強面對，經過一連串的淬礪與磨練，似乎更強化楙澄的韌性。

四、英雄病磨期（自萬曆四十年四十四歲至明泰昌元年五十二歲）

萬曆四十年（1612年），楙澄已四十四歲，與竟陵派譚友夏相交，之後遷居南京，秋天，拜謁江南督學熊廷弼先生，楙澄在因緣際會下，展露其辯才無礙之長才，事件始末見陳子龍〈宋幼清先生傳〉：

> 以久無所遇，歸而就試於江南。時大司馬熊公廷弼爲督學，已不錄，復同諸生求試。熊公性嚴急，有一生請謁，震惕，語失次，熊公怒，

欲鞭之。先生直前，徐道諸生所以不足罪，熊公顧謂：「若亦諸生耶？而敢代爲諸生言。」先生自言：「本太學生來求試，哀諸生無口，不覺爲言。」熊公曰：「奇士也。若何名？」即釋諸生，而送先生與京兆試。世皆服先生才辯，而嘆熊公大度，能知人也。是年舉於鄉，益溫溫下人，欲有所就。外似推方，而其爲俠實益甚。〔註65〕

幸而熊公有知人之明，楙澄蒙恩師以國士禮遇，得以參加南京秋試，終於一償宿願鄉試中舉，排名第一百二十五名，同年有白正蒙、黃元會、解學龍及姚希孟〔註66〕等，雖然未來能否進士及第，光宗耀祖，仍是未知數，但歷經無數次的鄉試，終於中舉，得以成名，當可稍稍告慰父母在天之靈。

萬曆四十一年，晉京參加禮部春試，未能及第，南歸返抵南京後，遭逢家難，舉家遷往吳縣。作〈先妣張太孺人乞言狀〉，懇請　聖上表揚母親節行，奉詔頒賜匾額。四十三年，游蘇北、河北。四十四年，第二次晉京參加春試，又不第，南還途中順道游覽山東。四十五年，居村養病，喜獲麟兒，連得二子，即宋敬輿及宋徵輿。或許因心情愉悅之故，沿長江遊歷華中，遊蹤自浙江杭州起，進入江西，又入湖南、湖北，再由湖北武昌隨長江向東而下，經安徽後，回到南京。

萬曆四十六年（1618年），楙澄五十歲，雖已是知天命之齡，且有子嗣，後繼有人，惟獨進士及第，取得功名的目標，尚未達成，因此益發勤奮惕勵。冬天爲明年春試晉京，兼遊薊左。再次爲母親張氏上書，題請建貞節牌坊。萬曆四十七年，第三次春闈考試仍未及第，此乃楙澄此生最後一次科考，造化弄人，只能飲恨而歸，且已是多病之軀。南還時，護送素不相識卻客死異鄉的同郡潘衷晙及沈鍠兩位孝廉棺木歸鄉，此舉頗爲時論所稱許。約與楙澄參加春試同時，明朝與後金在遼東的戰事亦呈現白熱化，後金大獲全勝，明朝自此逐漸步向衰亡。楙澄在京，對於前線傳來明軍潰師消息已有耳聞，南還後，病啖嘔血，仍念念不忘關心戰事發展，勉力完成〈東征紀畧〉，未料至

〔註65〕〔明〕陳子龍撰：《安雅堂稿》卷十三〈宋幼清先生傳〉，頁878～879。

〔註66〕〔明〕張朝瑞編：《南國賢書》（不分卷，國家圖書館藏舊鈔本，頁碼未標）記載：「萬曆四十年壬子科，……白正蒙（排名第十），通州，增生，《易》。……黃元會（排名十六），太倉，廩生，《春秋》。……解學龍（排名第二十），興化，增生，《易》。……姚希孟（排名第三十二），長洲，廩生，《春秋》。……宋懋澄（排名第一百二十五），華亭，監生，《春秋》。」以下凡引《南國賢書》，均據此版本。

交白正蒙病卒，楙澄弔唁歸家後，又嘔血數升，自知病況不能免，於是預作〈訓子書〉萬餘言，處分家事。〔清〕歸莊《歸玄恭文續鈔》曾載楙澄臨終前告戒子孫事：「松江宋懋澄，某科舉人，今副憲徵輿之父也。通讖緯之學，頗懷忠義。臨終時謂家人曰：『後幾十年，建州當主中國，我子孫不許仕於其朝。有違我戒者，不許上我墓。』又指在抱之兒曰：『是子恐不免。』即徵輿也。蓋茂澄夜夢胡服者入門，遂生徵輿，故預決之。」〔註67〕萬曆四十八年（1620年），奉旨建母親張氏之貞節牌坊於華亭米市里，楙澄自幼即因母親嚴厲之教誨而得以成名，生前得見貞節坊之建立，身爲人子，或可無憾，但未能進士及第，卻仍讓楙澄抱憾終生。不久，即於同年明泰昌元年十一月十七日病卒，享年五十二歲。

三十餘年來，楙澄參加十餘次的科舉考試，南北奔波舟車勞頓的辛勞，無法折損其意志，但英雄只怕病來磨，楙澄自云自二十三歲起多病，二十六歲病胃犯噎，二十九歲抱病進京趕考，三十九歲又因嘔血南還，幸而身體尙能負荷。晚年自從中舉後，爲春試投注更多心力，但體力畢竟大不如前，積勞成疾，初期則需村居養病，末期則數度嘔血，孱弱的身軀，載不動楙澄的雄心萬丈，終究不敵病魔，留下四歲幼子撒手而去。

楙澄堂侄宋徵璧精選《九籥集》作品錄入《皇明經世文編》時，曾表示：

> 徵璧幼時受經于先世父，每見世父談論今古如懸河瀉溜，頃刻不停，恨未展其用，齎志以歿。李本寧、陳眉公兩先生稱其有封侯之骨而不遇時，詎不信哉！〔註68〕

此事宋徵輿作〈宋氏家乘序〉亦有述及：

> 惟爾考幼清府君……，乃晚舉於鄉，旋即棄世矣。惟時之聞人李本寧、陳眉公皆爲之流涕，曰：「幼清有封侯之節而不遇時，有神仙之骨而不遇師。」蓋深惜之也。〔註69〕

宋徵輿所作〈亡兄太學生轅生府君墓誌銘〉篇末又附載此事〔註70〕，雖是一

〔註67〕〔清〕歸莊著：《歸莊集》（上海：上海古籍出版社，2010年1月，第1版），卷十　雜著，〈隨筆二十四則〉，「松江宋茂澄」條，錄自《歸玄恭文續鈔》，頁514。

〔註68〕〔明〕陳子龍、宋徵璧、徐孚遠、周立勳等編：《皇明經世文編》，五百二，《宋幼清《九籥集》》，〈東征紀畧〉卷末附宋徵璧記，頁679。

〔註69〕〔清〕宋徵輿撰：《林屋文稿》卷之三〈宋氏家乘序〉，頁289。

〔註70〕〔清〕宋徵輿撰：《林屋文稿》卷之十〈亡兄太學生轅生府君墓誌銘〉，頁368。

段往事，但記載宋楙澄受李維楨及陳繼儒賞識的事證，兩先生均認爲楙澄有封侯之相，豈料不遇於時，言下充滿造化弄人的感慨。

第四節　宋楙澄生卒年考論

有關宋楙澄生卒年，鄭平昆先生已在《中華文史論叢》1989 年第 2 期發表〈宋懋澄生卒年考〉、吳書蔭先生已於《國學研究》第十卷發表〈宋懋澄生卒年及其《九籥集》的刊刻〉、陸勇強先生亦於《明清小說研究》第 73 期（2004 年第 3 期）發表〈宋懋澄生卒年考辨及其他〉，文中均已精確地考辨出宋楙澄之生卒年，陸勇強先生並兼及其二子宋敬輿、宋徵輿之生卒年。兩人考辨之最主要依據，爲楙澄之子宋徵輿於《林屋文稿》卷之十〈先考幼清府君行實〉一文中之紀錄。就正確性而言，此一問題已獲得最終答案，無庸置疑，然而就綜論的角度而言，則可就筆者所搜集之材料，在前輩基礎上，做更豐富的詮釋。

一般而言，考證宋楙澄生卒年所依據的資料，主要爲宋徵輿好友陳子龍所撰〈宋幼清先生傳〉，以及吳偉業所撰〈宋幼清墓誌銘〉二文。

> 宋幼清先生名懋澄，……嘗三試宗伯竟不第，先是先生與晉陵白進士正蒙善，白有異術，能先知亡期，嘗謂先生曰：「與我若皆以某年月卒。」及期，白果卒，先生知不免，爲〈訓子書〉萬餘言，如期竟卒，年五十有一。（〈宋幼清先生傳〉）〔註 71〕

> 崇禎十有三年，吾友雲間宋轅生、轅文兄弟，葬其先君幼清公，偕配楊孺人、施儒人於黃歇浦之鶴涇，而屬余以書曰：「子固習知我公者也，不可以無銘。」嗚呼！公之亡距今十八年矣。余生也晚，則何由習公之深也？……（現聞）先生又泫然流涕曰：「幼清亡矣，余哭之，見其孤藐然也，甫四歲。」（〈宋幼清墓誌銘〉）〔註 72〕

由於上開二文均未言明確切的生卒年，以致後人在推斷楙澄生卒年時，「年五十有一」與「崇禎十有三年」（1640 年）前推十八年，便成爲可供參考的線索，但也因此出現眾說紛紜，莫衷一是的狀況。茲簡單臚列十筆宋楙澄生卒年資料如下：

〔註 71〕〔明〕陳子龍撰：《安雅堂稿》卷十三〈宋幼清先生傳〉，頁 875、879。

〔註 72〕〔清〕吳偉業撰：《梅村家藏稿》卷弟四十七〈宋幼清墓誌銘〉，頁 209、210。

（一）《中國歷代小說辭典》第二卷（侯忠義等主編，昆明：雲南人民出版社，1986～1994年）著錄爲「1573～1623」。

（二）〈記宋懋澄《九籥集》〉（朱鴻林撰，《漢學通訊》第5卷第2期=10期，民國76年12月）著錄爲「1573～1623」。

（三）《中國禁毀小說大全》（李時人主編，安徽省合肥市：黃山書社出版，1992年10月）「《九籥集》」條著錄爲「1569～1619」。

（四）《中國古代小說百科全書》（劉世德主編，北京：中國大百科全書出版社，1993年4月）著錄爲「1569～1622」。

（五）〈宋懋澄年譜〉及〈宋懋澄年譜（續）〉（《明清小說研究》1997年1期及2期，1997年3月及6月）著錄爲「1569～1622」。

（六）《明代小說史》（齊裕焜著，杭州：浙江古籍出版社，1997年6月）著錄爲「約1569～1620」。

（七）《中國歷代禁書》（雒啓坤、王德明主編，北京：九洲圖書出版社，1998年）「《九籥集》」條著錄爲「1659～1619」（生年當爲印刷錯誤，其原意應爲1569年）。

（八）《清代禁書總述》（王彬主編，北京：中國書店，1999年1月）「《九籥集》」條著錄爲「1569～1619」。

（九）《明代小說史》（陳大康著，上海：上海文藝出版社，2000年10月）著錄爲「1569～1622」。

（十）〈試論宋懋澄小說的紀實性〉（劉天振，《齊魯學刊》2002年第3期（總第168期），2002年）著錄爲「1568～1622」。

著錄楙澄生卒年之書目，當然遠不止上開十種，但就所列十筆資料分析，僅七筆資料之生年正確，一筆資料之卒年正確，正確率爲百分之四十，其餘皆屬臆測，且均與事實相悖。其中齊裕焜先生所推論者爲惟一生卒年均正確的資料，然而作者仍以一「約」字語帶保留，不敢妄下斷語。而考論宋楙澄生卒年最有力證據爲其子宋徵輿於〈先考幼清府君行實〉一文所保留的紀錄：

> 丁巳舉二子，時府君年四十九，……庚申秋，直指使者克以張太夫人之節上聞，奉旨建坊，坊既成，輿疾拜詔如禮，至十一月十七日，終于華亭之米市里，距己巳生六月初九日，享年僅五十有二耳。〔註73〕

此篇文章清楚記載楙澄生於己巳，卒於庚申的事實，己巳爲明穆宗隆慶三年

〔註73〕〔清〕宋徵輿撰：《林屋文稿》卷之十〈先考幼清府君行實〉，頁363。

（1569年），庚申爲明泰昌元年（1620年），是年原爲明神宗萬曆四十八年，七月，神宗駕崩，八月，明光宗即位，是爲泰昌元年，九月，明熹宗即位，以隔年爲天啓元年，楙澄卒於十一月，故應爲泰昌元年。其次，楙澄以五十二歲之齡辭世，陳子龍〈宋幼清先生傳〉所載之「年五十有一」並不正確。又因其卒後十八年，宋敬輿、宋徵輿兩兄弟安葬父母的時間爲明思宗崇禎十一年（1638年），與吳偉業〈宋幼清墓誌銘〉所載「崇禎十有三年」亦有誤差。作爲判別宋楙澄生卒年的重要依據既然存在錯誤，當然導致判讀結果偏離事實。

事實上，如能回歸楙澄《九籥集》的文本來尋索，即可獲得有關楙澄生年的可靠資料如次：

> 壬寅冬九月二十有九日，余舟次丹陽，有所俟，不至，乃與客王無功謀爲華陽遊，……夫君子於世，惟出處兩途。余碌碌人間，三十有四，……（〈遊華陽洞天記〉）〔註74〕
>
> 丙申秋日，侍師於眞州公署，時余年二十八矣。（〈日本刀記〉）〔註75〕
>
> 今上癸卯春，余以先慈權厝，家居不善治生，產日中落，以爲父兄羞，……因念托生以來，於今三十五年，自無知而有知，顚沛於識風之中。（〈發願斷酒文〉）〔註76〕
>
> 余年四十八，無子，適旅吳門，友人曰：「曷不祈于金粟，應如響。」余忻然辦齋，請嗣如來，……時丙辰九月十日也。（〈金粟如來記〉）〔註77〕

丙申爲萬曆二十四年，楙澄二十八歲；壬寅爲萬曆三十年，楙澄三十四歲；癸卯爲萬曆三十一年，楙澄三十五歲；丙辰爲萬曆四十四年，楙澄四十八歲，前推至一歲，均可明確推斷楙澄生於明穆宗隆慶三年，且與宋徵輿〈先考幼清府君行實〉呈現的紀錄一致。

考論楙澄生年，可就《九籥集》文本著手，但考論其卒年，當然無法從文本直接得知，但如就上述十筆資料所列的錯誤卒年來反思，眾位作者似乎均忽略他們手邊既有的重要線索，亦即吳偉業〈宋幼清墓誌銘〉所載：「（現聞）先生又泫然流涕曰：『幼清亡矣，余哭之，見其孤藐然也，甫四歲。』」

〔註74〕《九籥集》卷之一〈遊華陽洞天記〉，頁493。
〔註75〕《九籥集》卷之一〈日本刀記〉，頁505。
〔註76〕《九籥集》卷之四〈發願斷酒文〉，頁528。
〔註77〕《九籥續集》卷之二〈金粟如來記〉，頁665。

據此，則楙澄卒時，二子宋敬輿、宋徵輿僅四歲，故推論出宋敬輿、宋徵輿的生年，即可獲致楙澄卒年，而值得慶幸的是，《九籥集》文本當中，亦保留有關宋楙澄卒年的間接線索。

推敲宋敬輿的生年，〈金粟如來記〉云：「敬輿至丁巳六月十五而誕，小字金兒。」〔註 78〕又宋徵輿《林屋文稿》卷之十〈亡兄太學生轅生府君墓誌銘〉記載：「府君生于天命丁巳六月十六日，卒于順治己亥六月二十三日，享年僅四十有三。」〔註 79〕則知宋敬輿生於丁巳，即明神宗萬曆四十五年，天命爲後金太祖努爾哈赤所用的年號，丁巳爲後金天命二年，時明祚尚存，清朝未立，因此以萬曆年號稱述之。

至於宋徵輿的生年，〈金粟如來記〉云：「余年四十八，無子，適旅吳門，友人曰：『曷不祈于金粟，應如響。』……時丙辰九月十日也，歸十三夜遂妊，敬輿至丁巳六月十五而誕，……」楙澄向金粟如來祈子在萬曆四十四年丙辰，即四十八歲時，且隨即有妾懷孕。又於〈付各家人勿執陳慈并孫鯨弒逆書〉述及：「秋九月，房中有妾懷妊，……今春正月幸復妊一妾，……」〔註 80〕參照〈金粟如來記〉，萬曆四十四年九月及萬曆四十五年正月楙澄有二妾懷孕，而萬曆四十四年九月懷孕，至萬曆四十五年六月所生即肆子宋敬輿；萬曆四十五年正月懷孕，約當十月或十一月出生，則應爲伍子宋徵輿。再對照〈與張叔翹書〉云：「況弟一歲連舉兩兒」〔註 81〕，得證宋敬輿、宋徵輿生於同年，即萬曆四十五年。宋徵輿《林屋文稿・江南雜詩自序》亦自述：「不佞以萬曆丁巳生。」〔註 82〕則楙澄《九籥集》與徵輿《林屋文稿》的記載趨於一致。

既然楙澄二子宋敬輿、宋徵輿生於明神宗萬曆四十五年（1617 年），則二子四歲時爲萬曆四十八年（1620 年），即爲楙澄的卒年，而宋徵輿〈先考幼清府君行實〉則更精確指出爲庚申十一月十七日。據《明史・神宗本紀》記載：「四十八年七月，神宗崩。丁酉，太子……八月丙午朔，即皇帝位。……九月乙亥朔，崩於乾清宮，在位一月，……熹宗即位，從廷臣議，改萬曆四十八年八月後爲泰昌元年。冬十月，上尊謚，廟號光宗，葬慶陵。」〔註 83〕則

〔註 78〕《九籥續集》卷之二〈金粟如來記〉，頁 665。
〔註 79〕〔清〕宋徵輿撰：《林屋文稿》卷之十〈亡兄太學生轅生府君墓誌銘〉，頁 368。
〔註 80〕《九籥後集》楚遊下〈付各家人勿執陳慈并孫鯨弒逆書〉，頁 753。
〔註 81〕《九籥後集》楚遊下〈與張叔翹書〉，頁 752。
〔註 82〕〔清〕宋徵輿撰：《林屋文稿》卷之五〈江南雜詩自序〉，頁 312。
〔註 83〕〔清〕張廷玉等撰，〔民國〕楊家駱主編：《明史》（臺北市：鼎文書局，民國

楙澄卒年爲明泰昌元年（1620年）。運用宋徵輿《林屋文稿》的珍貴資料，來驗證楙澄《九籥集》的記載，有助於使楙澄個人資料更清晰而完整地呈現，加上宋徵輿爲人子的身分，因此《林屋文稿》中相關作品的存在，格外顯得意義非凡。

第五節　師　承

宋代古文運動的領袖韓愈，其〈詩說〉曾言：「師者，所以傳道、授業、解惑也。」因此，考論文人師承，可以探究學識源流，剖析思想脈絡，對於判別傳承與創新，亦有極大助益。楙澄好游，雖每與賢豪長者遊，但因未名留青史，其師生授受與交往之情況亦難查考。今則從《九籥集》的詩文作品中所述，略考其師生交往的概況。

一、馮時可

萬曆末年，楙澄作〈祭馮元成先生文〉：

> 澄生也晚，聞知者爲弇州先生，若李本寧、馮元成先生則從遊最久，三先生皆噓吸兩漢，吞吐六朝，其視前代，曾無有偶俱之者，而下士若渴，四方士歸之如大海之納百川。〔註84〕

楙澄與李本寧及馮時可兩先生從游最久，受學於兩先生的時間頗長，尤其是馮先生，與宋堯俞及宋楙澄父子倆相交，他曾爲堯俞作〈宋叔然先生薊門草序〉、〈祭宋貢士文〉、〈宋貢士堯俞小傳〉及墓志銘〔註85〕等，又與楙澄魚雁往返，作〈送宋叔意遊太湖〉、〈與宋叔意〉〔註86〕等。楙澄除作〈祭馮元成先生文〉外，尚有〈顧思之傳〉、〈敘徐文卿先生集〉、〈跋後〉均述及馮先生，兩人情誼自不一般。

68年12月），卷二十一，〈神宗二・光宗〉，頁82。以下凡引《明史》所列頁碼，均據此版本。

〔註84〕《九籥續集》卷之八〈祭馮元成先生文〉，頁701。

〔註85〕據嘉慶《松江府志》卷七十九〈贈大理寺少卿宋堯俞墓〉所載：「在瑤涇，馮時可志銘，子楙澄祔。」頁1776。瑤涇在今上海市奉賢縣。

〔註86〕〈宋叔然先生薊門草序〉、〈祭宋貢士文〉、〈宋貢士堯俞小傳〉、〈送宋叔意遊太湖〉、〈與宋叔意〉均見〔明〕馮時可撰：《馮元成選集》，依序爲卷之十三頁21～23、卷之四十五頁27、卷之五十頁52～56、卷之十頁36～37、卷三十七頁12～13。

馮時可，字元成，又字元敏，號文所，一說字敏卿，號元成，別號天池山人、天池居士等，松江華亭（今上海市松江區）人，爲大理寺丞馮恩第八子，約生於明世宗嘉靖二十年〔註 87〕（1541 年），卒於明神宗萬曆四十七或四十八年〔註 88〕（1620 年），明穆宗隆慶五年（1571 年）辛未科進士，授刑部主事，累官浙江按察使，敭歷中外，咸有治績，尤以著述爲海內所重，弱冠登第，遷轉刑兵兩曹，歷事五尚書，凡有建白，輒屬時可起草，肆力爲古文辭，日益有名，已由薊門歷河洛荊蜀入夜郎，去國益遠，作《西征集》，自粵而楚而浙，往來萬里，作《超然樓集》，里居及僑寄吳閶日，文譽四馳，作《天池集》、《石湖稿》，皆可繡霞《北征稿》諸集。晚年登太行陟羅浮，南踰金齒，汎舟彭蠡洞庭，作《續北征稿》、《燕喜堂稿》、《南征稿》、《武陵稿》諸集，他如《寶善編》、《藝海洞酌》、《易說》、《左氏論》、《左氏討》、《左氏釋》、《周禮筆記》、《詩臆》諸解，尤有關繫窺古作者。論者謂時可父兄忠孝，已獨以文章名世，雖文人相輕，或議其詩文汗漫，要其著書滿家，不失爲一時之冠，居鄉亦以長厚稱，《明史》有傳，附於馮恩後〔註 89〕。

有關馮時可的詩文評價，清姚弘緒《松風餘韻》有載：

> 時可，……下筆輒有風霜，不肯阿借，爲吾鄉詞人之冠。陳臥子云：「吾鄉元成，可方吳門劉子威。」李舒章云：「元成如海外野鳥，飲啄不馴，時炫五色。」宋轅文云：「元成筆甚鮮爽，苦其自立門户，遂不成大家，若刻意鎚鍊，所造應不止此。」小長蘆云：「元成詩極爲牧齋錢氏所詆，就全集而觀，甫田彌望，稂莠汙萊，獨五古一體尚有遺秉滯穗，可供捃拾，以比劉子威，翻覺勝之。」

〔註 87〕有關馮時可生年，據嘉慶《松江府志》卷五十四〈馮時可〉載：「隆慶五年進士，……弱冠登第。」（頁 1204）明穆宗隆慶五年（1571 年）馮時可二十歲，前推二十年，則其生年約爲明世宗嘉靖三十年（1551 年）。

〔註 88〕有關馮時可卒年，宋楙澄〈跋後〉云：「余己未南還，……夏月旅金昌，馮元成先生索聞見于邸報。」則萬曆四十七年四至六月，馮時可尚存。又楙澄作〈祭馮元成先生文〉，其卒年應在馮元成之後。楙澄卒於明泰昌元年（1620 年）十一月，因此，馮時可當卒於萬曆四十七年（1619 年）四月至泰昌元年十一月之間。又《古今圖書集成．方輿彙編．職方典》第一千二百五十六卷〈常德府部．大圍堤〉記載：「至明天啓元年，大水堤決兩道，馮時可、蔡復一專委、同知錢夢松身親督修。」頁 28～29。明熹宗天啓元年爲一六二一年，馮時可已歿，此筆記載當誤。

〔註 89〕《明史》卷二百九〈馮恩〉傳末附載：「時可，隆慶五年進士。累官按察使。以文名。」頁 1489。

〔註 90〕
姚弘緒、陳繼儒、李雯、宋徵輿、朱彝尊等人所評，大要爲不抄襲模擬，自成一家，著述甚富，難成大器，毀譽參半。有關他與宋楙澄的交往，楙澄〈跋後〉曾言：

> 夏月旅金昌，馮元成先生索聞見于邸報外，兼令陳之楮墨，……若元成先生禮士好問，眞可與言天下事矣。先生素以國士遇，余多病自廢，……〔註 91〕

馮先生素以國士禮遇楙澄，也是楙澄談論天下事的對象，師生情誼深厚。至於他對宋楙澄的影響，楙澄〈祭馮元成先生文〉又言：

> 朝寧之間，不知何意而沮尼三先生？……欲以偏師抗衡三先生，……尤有異焉，宗京山則攻瑯琊，宗華亭則攻京山，宗李禿、中郎、伯敬，則不持一挺，張空拳，奮夔足以侮三先生，騷人墨士從而效之，雅道淪亡矣。……無何王先生卒，兩先生浮沈仕路，文章之典刑，幾無以自存。〔註 92〕

主張擬古尚雅的王世貞、李維楨、馮時可三先生，受到宗法性靈尚俗的李贄、袁宏道、鍾惺等人的抗衡，致使文章的雅道淪亡。由此可知，馮、李兩位先生對楙澄最大的影響在於崇雅及嗜古的觀念，此部分留待《九籥集》「文編」再討論。

二、李維楨

除了馮時可先生外，楙澄從游極久的師長即爲李維楨先生。而他曾爲楙澄作〈九籥集序〉，又爲澄母作〈貞節宋母張孺人墓志銘〉，李宋兩家有通家之好。

李維楨，字本寧，京山（今湖北省京山縣）人。父裕，福建布政使。生於明世宗嘉靖二十六年（1547 年），卒於明熹宗天啓六年（1626 年），年八十。明穆宗隆慶二年（1568 年）戊辰科進士，選翰林庶吉士，除編修，萬歷時，《穆宗實錄》成，進修撰，出爲陝西右參議，遷提學副使。浮沉外僚，幾三十年。

〔註 90〕〔清〕姚弘緒編：《松風餘韻》（濟南：齊魯出版社，2001 年 9 月，第 1 版，《四庫全書存目叢書補編》本），卷第五，〈馮時可〉，頁 171～172。以下凡引《松風餘韻》所列頁碼，均據此版本。

〔註 91〕《九籥續集》卷之九〈跋後〉，頁 710。

〔註 92〕《九籥續集》卷之八〈祭馮元成先生文〉，頁 701～702。

天啓初，以布政使家居，年七十餘矣。會朝議登用耆舊，召爲南京太僕卿，旋改太常，未赴。聞諫官有言，辭不就。時方修《神宗實錄》，給事中薛大中特疏薦之，未及用。四年四月，太常卿董其昌復薦之，乃召爲禮部右侍郎，甫三月進尚書，並在南京。維楨緣史事起用，乃館中諸臣憚其以前輩壓己，不令入館，但超遷其官。維楨亦以年衰，明年正月力乞骸骨去。又明年卒於家，年八十。崇禎時，贈太子太保。維楨弱冠登朝，博聞強記，與同館新安許國（字維楨，諡文穆）齊名。館中爲之語曰：「記不得，問老許；做不得，問小李。」維楨爲人樂易闊達，賓客雜進。其文章，弘肆有才氣，海內請求者無虛日，能屈曲以副其所望。碑版之文，照耀四裔。門下士招富人大賈，受取金錢，代爲請乞，亦應之無倦，負重名垂四十年。《明史》的評價是：「文多率意應酬，品格不能高也。」〔註 93〕著有《史通評釋》、《黃帝祠額解》、《大泌山房集》等。

李維楨先生對楙澄最大的影響如前所述在於崇雅及嗜古的觀念，此不贅述。

三、高承祚

明神宗萬曆三十年，高承祚先生病卒，楙澄作〈祭高元錫太史〉：

> 不孝澄之以詞賦受知於先生，蓋甫束髮也，又十年而以文章受知於先生，不二年遊京師，乃獲交先生，始悉先生行誼，私心竊喜，爲國家柱石慶，……夫余之文賦渺焉，未獲筏也，即文賦之裨國家，猶白帝之鳴蟬，未一籟也。而先生不遺好之，并其人忘之，若硎焉，若礪焉，使澄得竭其興之所至，是先生於文賦有大造焉，……然先生之歿，孰非人亡之一大痛哉！澄小人也，既沐先生文章之好，有知遇之痛，復因文章而爲天下之抱道術，蘊政事，未獲當先生燮理之好者，抱深痛焉，……。〔註 94〕

楙澄約十五歲時以詞賦受到高太史知遇，又十年約二十四歲以文章再次得到知遇，至萬曆二十一年秋天（二十五歲）晉京，才得與之相交。楙澄曾爲高太史作〈秋日送高太史還朝〉、〈高太史〉、〈送高太史奉　使瀋藩歸省〉三詩，又爲高太史堂兄弟高承順夫婦作〈旭崖高徵君純孝序〉及〈尹孺人傳〉〔註 95〕，足

〔註 93〕《明史》卷二百八十八〈李維楨〉，頁 1995。

〔註 94〕《九籥集》卷之九〈祭高元錫太史〉，頁 589～590。

〔註 95〕《九籥集詩》卷之三〈秋日送高太史還朝〉，頁 624；《九籥集詩》卷之四〈高太史〉，頁 635；《九籥集詩》卷之四〈送高太史奉　使瀋藩歸省〉，頁 637；《九籥集》卷之二〈旭崖高徵君純孝序〉，頁 516～517；《九籥續集》卷之三〈尹

見高宋兩家情誼深厚。

高承祚，字元錫，號雪峰，別號鶴城，松江華亭（今上海市松江區）人，生於明世宗嘉靖三十五年〔註 96〕（1556 年），卒於明神宗萬曆三十年（1602 年）四月，年僅四十七。初名承禪，萬曆七年己卯科鄉試得薦，將發榜，主司及京尹以其名與試題舜命禹合，改名爲承祚，四上春官不第，萬曆二十三年（1595 年）乙未科進士，詔選翰林庶吉士。詔命下，尋丁父憂，服闋入都，臨朐馮文敏琦、公安袁宗道等，皆以公輔期之。萬曆二十八年，授翰林院檢討，明年分考會試，旋奉使冊封藩王，歸里得疾，踰歲不起，年僅四十七。好爲詩詞，自運機局，豪飲過人，不及於亂，其歿也，一時文盟酒社，不勝人琴之感，著有《知古堂集》、《石室餘論》等。

高承祚先生對楙澄最大的影響，誠如〈祭高元錫太史〉所述，在於文賦的磨練，以及知遇之恩。高先生對於文賦有專攻，教導的方式不是嚴峻苛刻，而是給予自由揮灑的空間。雖無法從楙澄作品中列舉具體的影響，但因爲知遇，楙澄有更足夠的信心寫作，且不斷激勵自己寫作，以報答恩師知遇之恩。

四、熊廷弼

楙澄於明神宗萬曆四十年中壬子科鄉舉，而得以中舉，乃得力於熊廷弼先生的舉薦，事載陳子龍〈宋幼清先生傳〉，詳見前述「宋楙澄本傳」，此事亦載於宋徵輿所撰〈先考幼清府君行實〉：

> 壬子北上，渡淮而復，遂就試于江南督學熊公廷弼，已不錄，復求試，與諸生晨入，諸生有請于熊公，不能舉其詞，熊公嚴急呵諸生，將夏楚焉。府君直前，徐道諸生所以不足罪，熊公奇之，顧問：「若亦諸生而敢代諸生言耶？」府君自言：「本太學生，來求試，哀諸生

孺人傳〉，頁 670～672。

〔註 96〕見〔清〕馮夢禎撰：《快雪堂集》（臺南縣永康市：莊嚴文化事業有限公司，1997 年 6 月，《四庫全書存目叢書》本），卷之十一，〈翰林院檢討鶴城高公洎配楊孺人墓志銘〉云：「辛丑二月，分校禮闈，稱得士。五月冊封瀋王，公爲正使，歸壽太孺人于堂下。……公素豪飲健飯，自使歸，七筋日損，壬寅四月，力疾之京口，上疏請告，遺長安諸君子書精采，猶奕奕滿大宅，歸途忽暴，下遂不支，臨終神色不亂。」頁 198～199。另嘉慶《松江府志》卷五十四〈高承祚〉云：「高承祚，……（萬曆）二十八年授檢討，明年分考會試，奉使冊封藩王，歸里得疾，逾歲不起，年僅四十七。」頁 1216。高承祚奉使瀋藩在萬曆二十九年，卒年爲明神宗萬曆三十年（1602 年），前推四十七年，得知高承祚生於明世宗嘉靖三十五年（1556 年）。

無口，爲置對耳。」因復理前論，熊公聽之釋諸生，因默識府君名，得送京尹試，是年舉于鄉。〔註97〕

明清科舉制度，各省學政周歷各府州，從童生中考選秀才及甄試欲應鄉試的生員，取入一、二、三等者，准送鄉試，稱爲「科考」。而熊廷弼即爲楙澄應試時之督學，由於楙澄辯才無礙，得到熊先生賞識，薦送鄉試，方得以於萬曆四十年中舉。熊先生的寬仁大度與識人之明，讓楙澄沒齒不忘。萬曆四十一年，楙澄作〈上熊芝岡老師書〉：

去秋敬謁起居，蒙待以破格之禮，款以家人之情，方欲朝夕侍側，以罄愚者之千慮，會榮冗多端，而客子迫于冬令，遂遄辭師臺，更蒙賜以厚儀，乏束修之敬，喜虛往而實歸，……遂踰更歲，六月始克渡淮，伏睹邇來時事，既不勝杞人之愚，更不勝肉食之鄙，仰天于邑，思一吐之，……豈不知遼之得以少延殘喘者，秋毫皆老師之力，其劈畫可當遼左萬里之長城，其料敵足爲遼左千秋之金，鑑澄意秉國鈞，掌司馬，操銓衡，司臺省者，必首舉老師，……澄感老師壬子國士之遇，故不揣迂疏，而陳其胸臆。〔註98〕

文中推崇恩師熊廷弼爲抗遼的將才，頗有敬慕之情。

熊廷弼，明末將領，字飛白，亦作非白、非伯，號芝岡，湖廣江夏（今湖北武昌）人，生於明穆宗隆慶三年（1569年），卒於明熹宗天啓五年（1625年），年五十七。明神宗萬曆二十五年（1597年）舉丁酉科鄉試第一，明年登戊戌科進士，授保定推官，擢御史。萬曆三十六年，巡按遼東。後督學南畿，嚴明有聲。萬曆四十七年，起大理寺丞兼河南道御史，宣慰遼東。旋擢兵部右侍郎兼右僉都御史，代楊鎬經略遼東。招集流亡，整肅軍令，造戰車，治火器，浚壕繕城，守備大固。明年遭誣劾去職。明熹宗天啓元年（1621年），清兵破遼陽，進廷弼兵部尚書，兼右副都御史，駐山海關，經略遼東軍務。與廣寧（今遼寧北鎮）巡撫王化貞不和，終致兵敗潰退，廣寧失守。魏忠賢袒護化貞，委罪於廷弼，天啓五年遭冤殺，傳首九邊。明思宗崇禎二年詔許其子持首歸葬，謚襄愍，著有《遼東書牘》、《熊襄愍公集》等，《明史》有傳〔註99〕。

楙澄受教於熊先生的時間不長，《九籥集》中僅錄往來書信一篇，推測對

〔註97〕〔清〕宋徵輿撰：《林屋文稿》卷之十〈先考幼清府君行實〉，頁363。
〔註98〕《九籥續集》卷之六〈上熊芝岡老師書〉，頁694～696。
〔註99〕《明史》卷二百五十九〈熊廷弼〉，頁1809～1813。

楙澄詩文的影響有限。

五、吳之甲

楙澄與吳之甲之往來，見〈賀茲翁吳老師司理雲間考蹟序〉及萬曆四十三年所作〈上房師司理　吳公論改金山衛建縣不便書〉〔註 100〕，二文所作時間當相距不遠，其中賀序以恭賀恩師治行考蹟優良，上書則力陳金山衛不宜自華亭縣分割，獨立建縣的內情。查《〔崇禎〕松江府志》，吳之甲任推官時間，自明神宗萬曆三十九年至四十四年〔註 101〕，約五年，則楙澄廁列吳先生門下的時間，應爲楙澄中舉後，吳之甲任推官的期間。謝廷讚曾作〈投贈吳元秉司理〉，詩下有註：「先生典試南畿，宋幼清先輩門下士。」〔註 102〕又錢希言作〈吳元秉理公自五茸城行部過吳趨枉駕小園攀留不及賦贈四首〉，第二首詩末有註文：「壬子科江南文武兩闈，皆公分校門下，最稱得士云。」〔註 103〕均爲明證。至萬曆四十五年，楙澄遊歷長江沿岸，至江西吳城，作〈吳城〉：

> 予經廬山下，時有雲封之，余師吳元秉先生約遊匡廬，竟以卜葬不果，山靈有知，當留竹林一席以待。〔註 104〕

楙澄行經廬山，憶及過去許下師生同遊的約定，當時恩師已去職，未能成行，不勝感慨，足見師生情誼深厚。

吳之甲，字元秉，號茲勉，江西臨川縣人，生卒年不詳，明神宗萬曆三十八年（1610 年）庚戌科進士，明年，推擇爲雲間司理，精心讞決，獄無冤民，僚屬將吏有小過，湔洗護持，亦不令人知也。視篆華上，刻錢穀冊，定兌軍令，以示後來。與諸士子閱藝品題，所收皆名雋，又體其願欲，爲置

〔註 100〕《九籥續集》卷之一〈賀茲翁吳老師司理雲間考蹟序〉，頁 659。《九籥續集》卷之六〈上房師司理　吳公論改金山衛建縣不便書〉述：「……以懋澄濫廁　老師門下，……又聞赴　闕有期，……老師五年清名自足，……」頁 693。自吳之甲任松江府推官之萬曆三十九年起算，至萬曆四十三年恰爲五年，且吳之甲萬曆四十四年亦已去職，故本篇當作於萬曆四十三年。

〔註 101〕據《〔崇禎〕松江府志》卷二十六〈推官・吳之甲〉所載：「茲勉，江西臨川人，庚戌進士，萬曆三十九年任。」下一任推官劉之待，則載「萬曆四十四年任。」頁 687。

〔註 102〕〔明〕謝廷讚撰：《步丘草》（國家圖書館藏明萬曆四十二年(1614)序刊本），卷之四，〈投贈吳元秉司理〉，頁 4～5。《步丘草》又名《謝曰可比部全集》。

〔註 103〕〔明〕錢希言撰：《松樞十九山・討桂篇》卷十〈吳元秉理公自五茸城行部過吳趨枉駕小園攀留不及賦贈四首〉，頁 38。

〔註 104〕《九籥續集》卷之十〈吳城・十〉，頁 717。

學田〔註 105〕，以賑貧窮。待人厚，持己嚴，時當行取之期，奏為最治平第一〔註 106〕，不減漢代吳漢，得一工部〔註 107〕。去後建祠，尸祝之於郡南。後視學兩浙〔註 108〕，自此而為按察司（掌司法）、布政使司（掌民政及財政），入為卿寺。為官清介，有明德清風之稱。何三畏《雲間志略》及嘉慶《松江府志》有傳〔註 109〕。

吳之甲與楙澄相處時間不長，對於楙澄詩文的影響，《九籥集》中尚無線索可尋。

六、董傳□、劉玄度、劉曰寧、曹學程

《九籥集》中，楙澄字裡行間曾述及的師輩，除前述五人外，尚有董傳□、劉玄度、劉曰寧及曹學程四人。有關董傳□的紀錄，見於〈涿州〉一文：

> 萬曆中，余鄉紳徐三重甲戌進士，……余師董鳳巖諱傳□，為徐受經弟子，徐諱三重，習《春秋》，號南孺先生。〔註 110〕

董傳□，字鳳巖，名諱遭剜去一字，生平事跡遍查史傳方志均不可得，應為嘉靖至萬曆年間董傳策、董傳教及董傳史〔註 111〕之同輩兄弟或堂兄弟。

有關楙澄與劉玄度、劉曰寧兩先生相交的紀錄，見宋徵輿〈先考幼清府君行實〉：

〔註 105〕見嘉慶《松江府志》卷三十一〈華亭婁縣儒學・學田〉所載：「（萬歷）四十一年，巡撫徐民式、推官吳之甲置田九十二畝有奇。」頁 689～690。

〔註 106〕〔明〕董其昌撰：《容臺集・容臺文集》（北京：北京出版社，2000 年），卷之三，〈賀郡司理吳茲勉最績序〉，頁 190。

〔註 107〕《古今圖書集成・明倫彙編・官常典》第二十二卷〈宗藩部・彙考十四〉記載：「按《明通紀》，（熹宗）天啓元年正月，賜三王府莊田，二月遣營繕郎王惟光、吳之甲督造惠桂二王府。」頁 41。

〔註 108〕《古今圖書集成・方輿彙編・職方典》第一千二十九卷〈處州府部・彙考三〉記載：「湯公祠，在牛山下相圃後，提學道吳之甲祀知縣湯顯祖。」頁 11。處州即今浙江麗水市。

〔註 109〕〔明〕何三畏編著：《雲間志略》卷之六〈吳司理茲勉公傳〉，頁 429～433。嘉慶《松江府志》卷四十二〈吳之甲〉，頁 910。

〔註 110〕《瞻途紀聞》之〈涿州〉，頁 730，其中徐受經的名諱為墨釘，據〔清〕趙弘恩監修，黃之雋編纂：《江南通志》（臺北：臺灣商務印書館股份有限公司，民國 75 年 3 月，《景印文淵閣四庫全書》本），卷一百六十三，〈徐三重〉載：「徐三重，字伯同，青浦人，萬歷甲戌舉禮部丁丑廷試。」頁 679，補入「三重」二字。

〔註 111〕董傳策、董傳教、董傳史各為明世宗嘉靖二十八年（1549 年）己酉科、三十一年壬子科、明穆宗隆慶元年（1567 年）丁卯科舉人，見《〔崇禎〕松江府志》卷之三十四〈鄉舉〉，頁 899、899、890。

至都爲太學生，然賢士大夫皆願與之游，最善者江右劉雲居、雲嶠兩先生，及同郡楊石廬，張叔翅公。〔註 112〕

另楙澄於明神宗萬曆四十五年，遊歷長江沿岸，至江西，作〈武昌寄和劉玄度〉二篇，篇末各注有「時雲居師已歿」及「玄度居百花洲南」〔註 113〕，據此可知，劉玄度，字雲居。惟無功名在身，生平事跡難稽。此外，楙澄曾作〈與劉二〉及〈與劉大劉二〉，與兩位先生書信往來：

彈夜光於碧漢，不可以爲星，沈昭華於清流，不可以爲月。（〈與劉二〉）

在昔京師，兩足下少而不肖壯，今不肖衰而兩君壯矣，豈無壯事以振臣精乎？（〈與劉大劉二〉）〔註 114〕

劉玄度與劉曰寧兩位先生爲楙澄游燕時結交的師輩，二人當爲兄弟。

楙澄作〈送劉太史奉太夫人歸豫章〉〔註 115〕，劉太史即劉曰寧先生。劉曰寧，字雲嶠，又字幼安，南昌人，明神宗萬曆十七年（1589 年）己丑科進士，改庶吉士，與陶望齡、焦竑、黃輝、董其昌才名相先後，授編修，奉母假歸，性至孝，痛父失養，母時年七十餘，入問寢，興依依無異童子時，復奉母入長安，會纂修正史，凡爲公卿名臣傳紀三百三十有六。進右中允，直皇長子講幄。時冊立未舉，外議紛紜。曰寧旁慰曲喻，依於仁孝，光宗心識之。礦使四出，曰寧發憤上疏，陳六疑四患，極言稅監李道、王朝諸不法狀。疏入，留中。以母病歸。起右諭德，掌南京翰林院，就遷國子祭酒。奉母歸，吏進羸金數千，曰「例也」，曰寧峻却之。尋起少詹事，母喪不赴。服闋，召爲禮部右侍郎，協理詹事府。道卒。贈禮部尙書。天啓初，追諡文簡。著有《雲嶠集》。《明史》及《江西通志》〔註 116〕有傳。

有關楙澄與曹學程相交的紀錄有〈與心洛曹侍御書〉，記惡奴宋文事蹟，懇求侍御曹學程能明辨是非。沈德符《萬曆野獲編》卷十七〈石司馬〉載有：「時曹心洛先已久繫，正坐論石得罪者，……曹名學程。」〔註 117〕則曹心洛即爲曹學程。此外，〈哭曹伯樂〉則載：

〔註 112〕〔清〕宋徵輿撰：《林屋文稿》卷之十〈先考幼清府君行實〉，頁 362。

〔註 113〕《九籥後集》楚遊下〈武昌寄和劉玄度〉，頁 749。

〔註 114〕《九籥前集》卷之十〈與劉二〉及同卷〈與劉大劉二〉，頁 420、427。

〔註 115〕《九籥前集詩》卷之五〈送劉太史奉太夫人歸豫章〉，頁 467。

〔註 116〕《明史》卷二百十六〈劉曰寧〉，頁 1539。《江西通志》卷六十九〈劉曰寧〉，頁 414。

〔註 117〕〔明〕沈德符撰：《萬曆野獲編》（北京：中華書局，1997 年），頁 436。

> 我師人中瑞，秉鑒南國文，鳳凰將九鶵，矯矯俱出群。六月息南溟，三年羽翼新，……一旦摧雙翮，含意不獲申，嗟我同門士，膠膝愧雷陳。……音容既永失，夢寐徒相親，功名匪介意，四海多未仁。南望肅晨風，杯酒聊奠君，攬衣步庭際，撫劍空傷神。(〈哭曹伯樂〉)〔註 118〕

本文作於曹學程先生卒後，楙澄爲先師之卒，悲傷痛哭。

曹學程，字希明，號心洛，廣西全州人，明神宗萬歷十一年（1583 年）癸未科進士，歷知石首、海寧，治行最，擢御史。帝命將援朝鮮，學程抗疏，疏入，帝大怒，逮下錦衣衛嚴訊，移刑部定罪，自是救者不絕，帝卒弗聽。繫獄十年，三十四年九月，謫戍湖廣寧遠衛。久之，放歸，卒。著有《緱城政略》，《明史》有傳〔註 119〕。

董傳□、劉玄度、劉曰寧及曹學程四先生均爲楙澄師輩，惟受教情形與詩文影響均未詳，錄之備考。

第六節　交　遊

宋楙澄天性俠烈，廣交四海之內群賢豪傑，友朋眾多，誠如《禮記・學記》所云：「獨學而無友，則孤陋而寡聞。」可知同儕友朋的影響往往不亞於師長，因此更彰顯出交遊的重要性。在《九籥集》子集下均列有該集校閱者，題爲「友人○○○○○甫校」，一般人便以此作爲其交友的直接資料，但自古以來校閱者不乏有掛名者或應酬之作，如果認定所有校閱者均爲作者朋友，似不盡然，因此校閱者在此僅作爲次級資料使用。茲以宋楙澄生平著作《九籥集》內容爲主，就其中詩文抽絲剝繭，交叉比對，校閱者爲附加資料，再輔以其他著作的相關資料佐證，整理出提及友朋姓名字號者有近二百人，又因其中頗多名諱不可考者，故不排除有重複而分列者。而其中出現頻率最高，亦即占據楙澄生命中最重要位置的至交好友，依序爲宋茂益、錢希言、洪子崖、陳繼儒、趙佐、陸肇修、焦周等七人，其中宋茂益（字謙之）爲楙澄堂兄，詩文中每每出現家二兄、謙之兄、謙之二兄、從兄等，頻率之高，無人可比，足見幼年喪父的楙澄，堂

〔註 118〕《九籥集》卷之八〈與心洛曹侍御書〉，頁 579～581。《九籥後集》楚遊下〈哭曹伯樂〉，頁 748～749。

〔註 119〕《明史》卷二百三十四〈曹學程〉，頁 1651。

兄宋茂益在他心中的地位是長兄如父，也是他生命中重要的人生導師。此外，楙澄外甥王大維，字孟張，爲伯父宋堯咨的外孫，亦爲楙澄次子龍媒之師，二人頗爲投契。由於宋茂益與王大維均爲楙澄至親，與朋友不同，在此帶過不表。另陸肇修的生平事跡無考，併入「其他」類中。以下就五位情誼深厚的至交，略述生平，並論其交誼，餘則製表備考。

一、錢希言（簡栖）

錢希言，字簡栖（或簡棲），初字象先，以今字行，江蘇常熟人，生卒年均不詳。少遇家難，辟地吳門（今蘇州），博覽好學，刻意爲聲詩，王穉登見其詩曰：「後來第一流也。」力爲延譽，遂有聲諸公間。薄遊浙東、荊南、豫章，屠隆（字長卿）、湯顯祖（字若士）諸公皆稱之，然不屑持行卷飾竿牘，追風望塵，僕僕于貴人之門，而又不能無所干謁，以是游道益困，卒以窮死，死後葬之于烏目山。所著《松樞十九山》，才情爛熳。徵古今劍事，撰《劍筴》；記明朝遼事始末，作《遼邸記聞》，又有《戲瑕》傳世。

錢希言是《九籥集》三序的作者之一，《九籥集》卷之四及《九籥續集》卷之十爲「友人錢希言簡栖甫校」，知其爲二卷校者，而楙澄亦爲錢希言《松樞十九山．荊南詩》卷下的校訂者〔註 120〕，二人初交約在萬曆二十四年〔註 121〕，一見如故，成爲知交，特別是萬曆二十九年，楙澄在燕遭逢喪母大慟，錢希言爲即刻趕來安慰的第一人，《九籥集》記有此事：

> 辛丑季冬，余以先慈之變，顛沛南還，瞻雲訟過，求死萬端，而四方之交，象先首辱，余時骨楚，聞象先來，霍然減半，秉燭乙夜，憶「留母不俱征」之詩，悲慟欲絕。……數日別去，中夜思錢郎文弱，每欲與余結維摩之社，……。(〈錢氏劍策序〉)

> 友人錢簡栖〈題詩贈別〉有曰：「攜家仍是累，留母不俱征。」蓋諷余也。余若早從簡栖之言，不孝之罪，何至上通於天乎？(〈先妣張

〔註 120〕〔明〕錢希言撰：《松樞十九山．荊南詩》卷下載：「甄胄錢希言譔　武林沈朝煥校　雲間宋懋澄訂」，頁 1。

〔註 121〕據《九籥集》錢希言〈九籥集敘〉云：「今戊申春，幼清自燕都還，訪余月駕園，與之譚論，因出篋中《九籥集》一編相定，則君旅食都門時，及跋涉津梁間，所著詩若文也。……余素聞奇節，一日解后吳趨市傍，把臂驩相得，轉盼之間，歷十二年如一日也。」頁 384、387。本序作於萬曆三十六年，逆推十二年，即爲兩人初識之萬曆二十四年。

太孺人乞言狀〉）〔註122〕

此詩另見錢希言《荊南集・宋三叔意移家薊門余方入楚贈別二十四韻》，詩云：「世道紛紜日，愁君復遠行，挈家仍是累，留母不俱征。」〔註123〕甚至錢希言又為澄母作賦〈宋母張太君節行篇〉〔註124〕。萬曆四十一年，錢希言喪子，事見〈聽濫志自敘〉所云：「癸丑春，兒環仙以豆殤。」〔註125〕楙澄亦作書安慰：

> 讀《聽濫志》，則纏綿淒愴，何異屈大夫重摛〈天問〉也。昔年兒亡，阿父抱痛，不減錢翁，但愧無奇文招魂耳。昔白香山、劉隨州俱晚年得子，足下亦何庸役役于此？世傳樂天無兒，多因為《長慶集》所誤也。〔註126〕

楙澄在萬曆二十九年，亦有喪子龍媒之痛，事見〈兒龍媒誌銘〉所述：「辛亥……北征，念兒未閑於訓，遂挈兒暨兒師與俱，……初夏復現似痘者百，且有毒如卵，出左手寸關間，醫又指為痘毒也，不虞今日而痘始見，……凡不食九日而亡，亡時呼父不已，……時五月六日戌夜也。」〔註127〕生離死別的傷痛，兩人各有遭遇，卻總是互相安慰，作為彼此心中的支柱，兩人均盡力而為，實乃深交。

《九籥集》中凡稱錢一、錢大均指錢希言，與楙澄常魚雁往返，詩文交流，如尺牘有〈與錢大〉、詩文有〈懷錢大暨趙二〉、〈與錢一辯西湖西子〉、〈與錢大作別，先夜夢隔岸之詠，醒而足之，因嘲其墨守西湖〉、〈寄錢大〉、〈和錢大虎丘茉莉曲〉、〈寄錢郎〉〔註128〕，〈金陵歲時記〉則載「錢簡栖有〈金陵

〔註122〕前引兩篇見《九籥集》卷之二〈錢氏劍策序〉，頁511～512；《九籥集》卷之七〈先妣張太孺人乞言狀〉，頁575。

〔註123〕〔明〕錢希言撰：《松樞十九山・荊南集》（日本東京：內閣文庫，民國69年，明萬曆二十八年刊本），卷上，〈宋三叔意移家薊門余方入楚贈別二十四韻〉，頁3～4。

〔註124〕錢希言撰：《松樞十九山・織里草・宋母張太君節行篇》，題下有序文云：「為叔意賦。」其內容有：「公族元稱宋，名家但數張，……」頁16～17。

〔註125〕〔明〕錢希言撰：《松樞十九山・聽濫志》之〈聽濫志自敘〉，頁2。

〔註126〕〔明〕錢希言撰：《松樞十九山・聽濫志》附錄〈宋孝廉幼清書〉，頁1，此篇尺牘乃《九籥集》中未載，可作為輯佚之用。

〔註127〕《九籥集》卷之七〈兒龍媒誌銘〉，頁577。

〔註128〕《九籥前集》卷之十〈與錢大〉，頁422、《九籥集詩》卷之二〈懷錢大暨趙二〉，頁619、《九籥集詩》卷之三〈與錢一辯西湖西子〉，頁623～624、同卷〈與錢大作別，先夜夢隔岸之詠，醒而足之，因嘲其墨守西湖〉、〈寄錢大〉，頁624、624、《九籥集詩》卷之四〈和錢大虎丘茉莉曲〉、〈寄錢郎〉，頁634、635。

明月〉篇」〔註 129〕。而錢希言亦有〈宋太學叔意書〉、〈答宋三叔意燕山見寄〉、〈送宋幼清孝廉計偕北上〉〔註 130〕，都是明證。楙澄〈春日雜興詩序〉曾分析兩人際遇：

> 與錢一簡栖交善，簡栖五七言古詩及五七言排律，往往超北地，信陽歷下瑯琊上，兩人相賞，如長慶之元白。無何，予客燕中十餘年，簡栖爲家嚴甘脆計，浮沈楚越間，兩人各疑長技如楮葉，錢棄而爲小說，至數十萬言，余勉就公車，自癸丑迄己未，三刖遂推撞思息機，而簡栖亦困于鏤其一家言，幾無以聊生，噫！使兩人各竟其長，雖終淪落，其于性靈，不大有可觀乎？今兩人之詞具在，簡栖已不愧古人，乃予則深負楮墨矣。〔註 131〕

兩人相知相惜，如元稹及白居易。錢希言作小說家言，無以聊生；楙澄追逐功名，未得一第，只能欷歔不已。錢希言《獪園》多載奇聞軼事，其中收錄〈賣筆人遇仙〉及〈落瘿道人〉〔註 132〕二則，故事梗概與宋楙澄〈呂翁事一〉〔註 133〕相同，而錢希言於〈賣筆人遇仙〉篇末則言：「聞于宋孝廉。」顯然以宋楙澄〈呂翁事一〉爲本。同書〈夜遊滇南〉以下十三篇皆記李福達諸多神異事跡，與宋楙澄〈李福達〉內容頗爲近似。而宋楙澄於稗編〈吳中孝子〉及〈珠衫〉均引述「廢人」錢希言的評論〔註 134〕，則二人對於稗官野史，具有相同的偏好，且經常切磋分享，互通有無，彼此相互影響，是無庸置疑的。

〔註 129〕《瞻途紀聞》之〈金陵歲時記〉，頁 739。

〔註 130〕《松樞十九山・織里草》附錄〈宋太學叔意書〉題下有序：「諱尚新，雲間人。」頁 2；《松樞十九山・討桂編》卷九〈答宋三叔意燕三見寄〉，頁 1；同書卷十〈送宋幼清孝廉計偕北上〉，頁 41，此詩作於萬曆四十年楙澄中舉，爲送楙澄北上參加隔年春闈所作。

〔註 131〕《九籥續集》卷之一〈春日雜興詩序〉，頁 650。

〔註 132〕〔明〕錢希言撰：《獪園志異》（書帶草堂藏板，出版年不詳，《知不足齋外書》），第一，〈賣筆人遇仙〉及同卷〈落瘿道人〉，頁 24～25。

〔註 133〕《九籥集》卷之十〈呂翁事一〉，頁 602。

〔註 134〕徐朔方先生〈宋懋澄年譜（續）〉認爲「廢人」乃宋楙澄自署（頁 176），經查宋楙澄好友錢希言所撰《松樞十九山・聽濫志》上、下二篇，篇名下均署名「廢人錢希言簡栖氏譔」（頁 1、32），則廢人當爲錢希言用以自稱，非宋楙澄用以自居。尤有甚者，錢希言乃〈九籥集敘〉之作者，且錢氏亦好爲小說，兩人交情匪淺，又喜好相同，故楙澄於篇末引用錢氏之語，亦不足怪。

二、洪　都（子崖）

洪都，字九淵，號子崖（一作子厓、紫崖），歙縣人，青浦籍（今上海市青浦區），生卒年不詳，明神宗萬曆二十二年（1594年）甲午科舉人，萬曆二十三年乙未科進士，選福建歸化知縣，擢南工部主事，遷郎中，歷官浙江台州知府，爲文法度可觀。袁宏道作〈送洪子崖之歸化縣〉，又作〈戊戌元日，潘景升兄弟偕諸詞客邀余及洪子崖知縣踏青眞州東郊，以雲霞梅柳句爲韻，余得度字〉〔註135〕，戊戌爲萬曆二十六年，潘景升兄弟指潘之恒、潘之怡兩兄弟，時洪都任歸化知縣。眞州在今江蘇省儀徵市。又據喻長霖等纂一百四十卷《台州府志》所載，洪都任台州知府在萬曆三十七年〔註136〕。清光緒五年修纂《青浦縣志》卷十九〈洪都〉及姚弘緒《松風餘韻》卷第五〈洪都〉〔註137〕有傳。

楙澄在〈顧思之傳〉中帶過洪子崖名諱〔註138〕，而《九籥集》中凡稱洪二，均指洪都，因曾任縣令，又稱洪令君；因曾任郎中，又稱洪水部。楙澄與洪都早年有尺牘及詩文往來，舉例如下：

> 自七歲以至今日，識見日增，人品日減，安知增非減而減非增乎？（〈與洪二〉）〔註139〕

> 丈夫無所志，所志在功名，丈夫無所恥，所恥在無成。少年百事了無預，獨守青衫髮如許，寒夜銀花倚玉山，黃昏螢火森珠樹，一朝振翼青雲中，火雲雜婭旌旗紅，……（〈送洪二北上〉）〔註140〕

〈與洪二〉此篇尺牘，是傳遞生活感受，〈送洪二北上〉推測是送洪都進京趕

〔註135〕〔明〕袁宏道撰：《袁中郎全集》（臺北：世界書局，民國53年2月），《袁中郎詩集》五言律下〈送洪子崖之歸化縣〉及五言律上〈戊戌元日，潘景升兄弟偕諸詞客邀余及洪子崖知縣踏青眞州東郊，以雲霞梅柳句爲韻、余得度字〉，頁133、85。

〔註136〕喻長霖等纂：《台州府志》（臺北：成文出版社有限公司，民國59年，民國25年鉛印本），卷十，〈知府〉「洪都」條載：「應天進士，舊志無年分，今據坊表題名在是年。」頁150。

〔註137〕〔清〕黎庶昌等修：《青浦縣志》（臺北：成文出版社有限公司，民國59年，清光緒五年刊本），卷十九，〈洪都〉，頁1217。〔清〕姚弘緒編：《松風餘韻》卷第五〈洪都〉，頁174。

〔註138〕《九籥集》卷之五〈顧思之傳〉載：「有某甲者，成萬曆乙未進士，與友人洪子厓同年，適思之過子厓，……」頁541。

〔註139〕《九籥前集》卷之十〈與洪二〉，頁422。

〔註140〕《九籥前集詩》卷之三〈送洪二北上〉，頁457。

考之作。其他如〈酬洪二〉、〈白下示洪二〉、〈月中寄洪二〉〔註 141〕都是詩文往來之作。而洪都果成進士，開始其仕宦生涯，彼此距離愈來愈遠，以致楙澄感慨萬千作〈與方五〉:

> 仲醇雲散而交道衰矣，子崖霞舉而意氣絕矣，茂潛日遠而無與作狂矣，周大星疏而無與言奇矣，人生情耳能無思乎？而況歲寒乎？是以吾之於今日諸君，如沈海得船也，嗟乎！不以詩也，不以文也，不以飲也，不以欲也，吾其誰歸。〔註 142〕

從本篇尺牘，顯示陳繼儒、洪都、焦周、周大（推測爲周叔宗）四人是楙澄心目中最重要的朋友，但都因故漸漸生疏，洪都則是中進士之故，直到兩人在京師會面，才又熱絡起來，楙澄作〈長安邸中同　洪令君守歲得年字〉、〈元日試筆同洪令君得思字〉、〈京中人日立春同洪令君之鷲峰寺禮旃檀佛歸惱張比部邀酌不踐〉〔註 143〕，長安泛指京師，守歲指除夕，元日指元旦，人日指正月初七，從年前到年後，兩人如膠似漆，形影不離。一直到洪都任郎中，楙澄持續作〈送張比部奉　使南還兼訊洪水部〉〔註 144〕互通消息。之後楙澄作〈張若侯雪廬詩草序〉，仍念念不忘當時兩人在冬夜暢談的往事：

> 昔於燕都與友人洪子崖冬夜論境情之所入，余謂緣境入情，不如緣情入境，緣情則雖境亦情，緣境則雖情亦境，故少年見月，情引月入，中年見月，則月引情出。子崖大笑，以爲名言。〔註 145〕

楙澄認爲緣情入境，則境隨情轉，可千變萬化；而緣境入情，則境引情出，有局限罣礙。如此論調，頗得洪都認同。類似這樣的交互討論，有助於觀念的釐清與識見的卓越，而收穫得自於摯友最多。

三、陳繼儒（仲醇）

陳繼儒，字仲醇，號眉公，又號麋公，自號空青，松江華亭（今上海市松江區）人，生於明世宗嘉靖三十七年（1558 年），卒於明思宗崇禎十二年（1639

〔註 141〕《九籥前集詩》卷之四〈酬洪二〉、〈白下示洪二〉、〈月中寄洪二〉，頁 459、頁 461、頁 461。

〔註 142〕《九籥前集》卷之十〈與方五〉，頁 428。

〔註 143〕《九籥集詩》卷之二〈長安邸中同　洪令君守歲得年字〉，頁 622。《九籥集詩》卷之三〈元日試筆同洪令君得思字〉，頁 628；同卷〈京中人日立春同洪令君之鷲峰寺禮旃檀佛歸惱張比部邀酌不踐〉，頁 627。

〔註 144〕《九籥集詩》卷之一〈送張比部奉　使南還兼訊洪水部〉，頁 616。

〔註 145〕《九籥續集》卷之一〈張若侯雪廬詩草序〉，頁 643。

年），享年八十二。幼穎異，能文章，同郡徐階特器重之。長爲諸生，與董其昌齊名。太倉王錫爵（字元馭）招與子衡（字辰玉，號緱山）讀書支硎山。王世貞（字元美，號鳳洲）兄弟亦雅重繼儒，三吳名下士爭欲得爲師友。繼儒通明高邁，年甫二十九，取儒衣冠焚棄之。與徐益孫隱居崑山之陽，搆廟祀二陸（晉朝陸機、陸雲二位雲間名士），草堂數椽，焚香晏坐，意豁如也。時錫山顧憲成講學東林，招之，謝弗往。親亡，葬神山麓，遂築室東佘山，自稱白石山樵，杜門著述，有終焉之志。工詩善文，短翰小詞，皆極風致，兼能繪事。又博文強識，經史諸子、術伎稗官與二氏家言，靡不較覈。或刺取瑣言僻事，詮次成書，遠近競相購寫，徵請詩文者無虛日。於是眉公之名傾動寰宇，遠而夷酋土司，咸丐其詞章，近而酒樓茶館，悉懸其畫像，甚至窮鄉小邑，鬻粔籹市鹽豉者，胥被以眉公之名，無得免焉。性喜獎掖士類，屨常滿戶外，片言酬應，莫不當意去。暇則與黃冠老衲窮峯泖之勝，吟嘯忘返，足跡罕入城市。董其昌爲筑來仲樓招之至。黃道周疏稱「志尚高雅，博學多通，不如繼儒」，其推重如此。侍郎沈演及御史吳甡、給事中吳永順諸朝貴，先後論薦，謂繼儒道高齒茂，宜如聘吳與弼〔註 146〕故事，屢奉詔徵用，皆以疾辭。郡守方岳貢聘修《松江府志》，時稱賅博。著有《陳眉公集》、《陳眉公先生全集》、《白石樵眞稿》、《眉公先生晚香堂小品》，喜鈔校舊籍，頗藏異冊，所輯《寶顏堂祕笈》多掌故、瑣言、藝術、譜錄之類。陳繼儒於詩文、戲曲、小說、書法、畫藝均有造詣，集文人、山人、畫家、書法家於一身，望重當世。《明史》、嘉慶《松江府志》、光緒《重修華亭縣志》、錢謙益《列朝詩集小傳》〔註 147〕等均有傳。

宋楙澄與陳繼儒相交甚早，可歸因於二家的第宅不遠，據〈雲間第宅志〉所載，二家宅第均列於「南門河東大街」〔註 148〕一段中，因此過從甚密。楙

〔註 146〕〔清〕清聖祖御定，張豫章奉敕編：《御選宋金元明四朝詩》（臺北：臺灣商務印書館股份有限公司，民國 75 年 3 月，《景印文淵閣四庫全書》本），《御選明詩・姓名爵里二・吳與弼》有傳云：「吳與弼，字子傅，臨川人，天順初以薦召見，拜左春坊左諭德，辭不就，有《康齋集》。」頁 30。

〔註 147〕《明史》卷二百九十八〈陳繼儒〉，頁 2063、嘉慶《松江府志》卷五十四〈陳繼儒〉，頁 1214、光緒《重修華亭縣志》卷十五〈陳繼儒〉，頁 1126～1127、錢謙益《列朝詩集小傳》丁集下〈陳徵士繼儒〉，頁 677～678。

〔註 148〕〔清〕王澐纂：《雲間第宅志》（臺北：新文豐出版股份有限公司，民國 74 年元月）載有：「南門河東大街，……淨土、米市二橋間，宋孝廉懋澄二宅，子敬輿徵輿分居，前爲友恭堂，後爲佩月堂。……自太僕宅東，陳徵君繼儒

澄最早的文集《九籥前集》卷之一〈夢記〉，便已見與其有關的記載：

> 慚而出門，出門而夢覺，則重茵浹汗，壁燈熒熒，因誦陳仲醇〈贈王崑崙夢鶴詩〉曰：「雲糊糢不可乎，北斗柄折海水枯，……。」〔註 149〕

在夢乍醒的混沌之際，尚能隨口誦讀陳繼儒詩作，可想見精熟的程度。而兩人爲減少佛家所謂殺生的業障，曾共同從事一項善舉，即買放赤蝦，爲此楙澄作〈又偈〉：

> 昔年與陳仲醇買放赤蝦，十貫錢動活五六十萬，……〔註 150〕

從放生的行爲來看，兩人信佛的基本概念是一致的。就年紀而言，陳繼儒長楙澄十一歲，且聲名卓著，是楙澄請益的對象，因此彼此魚雁往返，交換心得。楙澄曾作〈與陳二〉與〈答陳二〉：

> 病者小人所苦，而君子之幸，人若未死，惟病可以寡欲，某不患無得，惟恐病不嘗來。(〈與陳二〉)〔註 151〕

> 嗟我窮途日，憐君及念時，未能酬一飯，何以報睚眥。衰柳期春煖，枯魚幸雨私，壯年懷遠道，深愧問安危。(〈答陳二〉)〔註 152〕

《九籥集》中陳二均指陳繼儒而言。〈與陳二〉是病中體悟的分享，〈答陳二〉則可體會陳繼儒對楙澄前途的關切。而兩人交情深厚，亦可從同遊共宿來推敲，楙澄曾作〈春山同張大陳二〉及〈宿泖上塔同陳二送王大〉〔註 153〕，同遊春山，共宿泖上塔，交情匪淺。

此外，在爲好友顧承學作〈顧思之傳〉時，亦見陳繼儒事迹：

> 當是時，陳二仲醇爲太原相公、瑯琊司馬上客，孝節偉行，聳人聽聞，府縣諸公皆折節虛左，雖平原陸宗伯爲當世達尊，亦倒屣迎之，而獨喜交思之。〔註 154〕

除可一探陳繼儒在當時的威望外，又知顧承學與陳繼儒爲知交，二人同時又

宅，門有額曰山中宰相。」頁 19～20。

〔註 149〕《九籥前集》卷之一〈夢記〉，頁 391。

〔註 150〕《九籥前集》卷之四〈又偈〉，頁 403。

〔註 151〕《九籥前集》卷之十〈赤牘〉，頁 425。

〔註 152〕《九籥前集詩》卷之四〈五言律〉，頁 462。

〔註 153〕《九籥前集詩》卷之四〈春山同張大陳二〉及〈宿泖上塔同陳二送王大〉，頁 461。

〔註 154〕《九籥集》卷之五〈顧思之傳〉，頁 539。

是楙澄好友，彼此相互構成密實的交友網。另有〈眉如草序〉記陳繼儒、邵潛夫與宋楙澄三人因「眉」而聚首之事：

> 吾友有陳眉公者，其隱世人知之，其先憂後樂，世人信之，余與眉公、眉如皆有隱心，而隱之跡不同，設吾亦號爲眉，是有三眉矣。〔註155〕

三人同有隱心，可謂志同道合。至於楙澄的著名作品〈葛道人傳〉，是因爲陳繼儒的引介，方得見葛成本人，又因陳繼儒的督促，才得以完成此作，事見〈葛道人傳〉下之序：

> 當吳民擊黃建節時，懋澄適覲母南還，聞葛道人倡義，壯其事，賦〈葛成謠〉四章。後十七年，于友人陳仲醇家遇道人，讀當事功令，仲醇謂余子喜稗官家言，毋失此奇事，余廁仲醇交末，得覩異人，因作〈葛道人傳〉。〔註156〕

足見楙澄所作稗官家言，深獲陳繼儒肯定，方能囑託他爲葛成作傳。而此篇作品亦收錄在陳繼儒《白石樵眞稿・書葛道人》〔註157〕一文中。事實上，陳繼儒個人所輯《寶顏堂祕笈》，保存明以前小說、雜記與掌故資料。因此對小說與軼聞的偏愛，兩人可謂有志一同。而由於對陳繼儒的敬重，楙澄在〈呈鹽臺擬脩宋遼金三史狀〉中，特別推崇他：

> 思得華亭隱士陳繼儒者，孝弟性成，孤高天畀，萬卷之富，一目十行，八斗之才，五言七步，或譽之經天緯地，或稱之內聖外王，然而尚方靳欲緝之蒲輪，少府遲未宣之玄纁，……擬舉之以緝郡圖，薦之以修國史，……〔註158〕

楙澄推薦陳繼儒修纂前朝國史，顯然認爲其學養之高，足堪此大任。而對於萬曆四十七年遼東戰事的關注，兩人又同時表現出以國家興亡爲己任的態度，楙澄曾作〈跋後〉：

> 余己未南還，病咳嘔血，不聞東征事。……夜歸然燈，聊述燕薊南

〔註155〕《九籥續集》卷之一〈眉如草序〉，頁647。

〔註156〕《九籥續集》卷之三〈葛道人傳〉，頁673。

〔註157〕〔明〕陳繼儒撰：《白石樵眞稿》（北京：北京出版社，2000年1月，《四庫禁燬書叢刊》本），卷二十二，〈書葛道人〉載：「宋孝廉懋澄作，爲〈葛道人傳〉，云：『葛道人，崑山縣人也。……』」以下錄自宋楙澄〈葛道人傳〉，惟文字略有增刪。頁393～394。

〔註158〕《九籥續集》卷之五〈呈鹽臺擬脩宋遼金三史狀〉，頁686。

還所聞，因付剞劂，……所善陳仲醇，聞其備集遼事，貽之以識江漢之宗。〔註 159〕

從少年到老年，楙澄詩文中屢屢出現陳繼儒踪影，甚至陳繼儒亦爲《九籥前集詩》卷之一及《九籥續集》卷之一的校者，二卷均載「友人陳繼儒仲醇甫校」，可知兩人的交往年深日遠，歷久彌新。

四、趙　佐（文度）

趙佐（一作趙左），字文度，松江華亭（今上海市松江區）人，生於明神宗萬曆元年（1573 年），卒於明思宗崇禎十七年（1644 年），享年七十二歲。少工詩文，性豪曠，中秀才後不喜讀儒書，竟受處分，乃更名「左」，忘情榮祿，潛心繪事，詩畫以終。廬於邑之西郊，茅檐土銼，花藥盈階，與董其昌及陳繼儒爲畫友，董因疲於應酬，多令代筆，董自書款。趙佐與楙澄堂兄弟宋懋晉（字明之，宋茂益弟）俱學於宋旭，宋懋晉揮灑自得，而趙佐惜墨構思，不輕涉筆，其畫宗董源，兼有黃公望、倪瓚之意，神韻逸發，故爲士林所珍，吳下蘇松一派，乃其首創門庭也。詩文輯爲《大愚庵遺集》，清新俊逸，今已佚。

有關楙澄與趙佐的相交，清姚弘緒《松風餘韻・趙左》有記：

《九籥集》有「趙宋樂府」，宋懋澄與趙佐合作也，宋與文度友善，集中姓氏屢見，知佐爲文度無疑。意文度名左又名佐也，論畫井井，知其胸有邱壑，畫中詩，詩中畫，鷗波亭一脉，倘有代興者耶？〔註 160〕

《九籥前集詩》卷之一「樂府」下收錄趙佐與楙澄共作之「趙宋樂府」，經統計內含趙佐作品十首，包括〈渡江曲〉、〈風箏詞〉、〈清明詞〉、〈桃詞〉、〈石馬詞〉、〈相逢詞〉、〈鬑髻　詞〉、〈楊柳詞〉、〈花瓶詞〉、〈金陵詞〉、〈桑葉詞〉〔註 161〕，兩人同題共作，相互唱和，情誼自然非比尋常，而趙佐又是《九籥前集》卷之十的校者，卷目下載有「友人趙　佐文度甫校」。楙澄則於〈顧思之傳〉說明兩人相交經過：

余自庚寅遊燕，遭亡婦之喪，奉老母命南歸，鬱鬱不得意，與思之、

〔註 159〕《九籥續集》卷之九〈跋後〉，頁 710。

〔註 160〕〔清〕姚弘緒編：《松風餘韻》卷三十九〈趙左〉，頁 551。

〔註 161〕《九籥前集詩》卷之一〈趙宋樂府〉，自〈渡江曲〉至〈桑葉詞〉共十一首，頁 450～451。

季修、文度結詩酒交。〔註 162〕

庚寅為萬曆十八年，是年楙澄元配楊氏因產而亡，與顧承學、于鬯先、趙佐結為詩酒交。另錢希言《松樞十九山・織里草・訊趙二文度》有序言：「文度雲間人，去冬別余山陰道中。」〔註 163〕由此可知，趙佐、錢希言與宋楙澄三人友好，且知《九籥集》中所稱趙二，均為趙佐無疑。楙澄每每在詩文之中，透露對趙佐的思念之情，如〈支硎山懷趙二兼示上人〉、〈寄趙二〉、〈懷錢大暨趙二〉、〈早秋寄懷趙二〉〔註 164〕，從題名即知想念頗繁，其中〈懷錢大暨趙二〉則是趙、錢、宋三人友好的又一例證。至於與趙佐的書信往來，楙澄曾作〈與趙二〉，而在〈與胥十九〉的書信中，對諸人有一番評價：

> 如廁而悟口腹之妄，無及於嗜欲矣；將死而悟作為之妄，無益於身心矣，必也思之於臨食臨事之時乎？（〈與趙二〉）
>
> 罷大書如板上花，趙二書如短翅學長飛，禹成書如天邊好雲，不可想象。（〈與胥十九〉）〔註 165〕

楙澄評趙佐的書信讀來力有未逮，自評則為不可想象，所謂不可想象，從〈與趙二〉便可領悟，從如廁了悟口腹之妄，本即一絕，若「必也思之」句暗中嵌入顧承學的字號「思之」，那便絕之又絕，是否真有此意，恐怕需由作者本人才能確認。誠如楙澄所言，果然是不可想象。至於趙佐對楙澄創作的影響應屬有限，因其心力均投注於繪畫使然。

五、焦　周（茂潛）

焦周，字茂潛，南京旗手衛人，生卒年均不詳，為焦竑（字弱侯）次子〔註 166〕，事父孝，母朱氏，舉明神宗萬曆三十一年（1603 年）癸卯科鄉試

〔註 162〕《九籥集》卷之五〈顧思之傳〉，頁 539。

〔註 163〕〔明〕錢希言撰：《松樞十九山》（日本東京：內閣文庫，民國 69 年，明萬曆二十八年刊本），《織里草・訊趙二文度》，頁 16。

〔註 164〕《九籥前集詩》卷之五〈支硎山懷趙二兼示上人〉二首，頁 467；《九籥集詩》卷之二〈寄趙二〉及〈懷錢大暨趙二〉，頁 619、619；《九籥集詩》卷之四〈早秋寄懷趙二〉，頁 636。

〔註 165〕前引兩篇見《九籥前集》卷之十〈與趙二〉及〈與胥十九〉，頁 427、430。

〔註 166〕〔清〕陳作霖等纂：《金陵通傳》（臺北：成文出版社有限公司，民國 59 年），卷十九〈焦朱余顧傳第八十七〉云：「（焦）竑字弱侯，……竑子尊生，字茂直，萬曆二十五年貢生。尊生弟周，字茂潛，事父孝，舉萬曆三十一年鄉試，博洽好古，不干仕進，著有《說楛》七卷，周弟潤生。潤生字茂慈，號隨園。」頁 553～555。

〔註 167〕，博洽好古，能繼父學，不干仕進，約卒於萬曆四十年，著有《說楛》七卷。其上世本山東省日照縣人，明初，焦周五世祖焦朔隨大將軍徐達征戰，以軍功爲明太祖朱元璋賜名焦庸，進秩上都尉，世襲南京旗手衛千戶職，因占籍爲南京人。

楙澄與焦周的交往，從其爲摯友所作祭文〈祭焦茂潛〉，可略知梗概：

澄之少也好奇，其言行世人俱驚且怪，獨茂潛賞之，每一言出，輒抵掌以爲名理。當是時，不肖好言　國家事，往往上書執政，而茂潛以藏輝非之，無幾何時，而余以病出都門，越明年，茂潛遊三吳，盤桓累月別去，嗣後不通寒暄者數年。癸卯冬共襆被燕邸一夕，已而茂潛落羽歸，苦目眚，壬子余旅金陵十月，竟不得相視而笑，于是不肖之奇，若廣陵散矣。〔註 168〕

焦周特別欣賞楙澄的好奇，而楙澄好言國家事、上書執政、病出都門諸事，當發生於萬曆二十二年（1594 年），曾作〈上羅大宗伯暨　左右宗伯書〉，「越明年」焦周來訪，則爲萬曆二十四年。之後，萬曆三十一年，焦周秋試中舉，冬天與楙澄於北京會面，「已而茂潛落羽歸」，當指焦周隔年春闈不第。至萬曆四十年〔註 169〕，楙澄痛失摯友，而有「廣陵散」之歎，感歎人事凋零，彼此知交，已成絕響。

《九籥集》中凡稱焦三，均指焦周，與楙澄常有詩文書信往返，書信如〈與焦三〉二篇，另在〈與方五〉〔註 170〕的書信中提及：「茂潛日遠而無與作狂矣」，往昔的惺惺相惜，今日的日益疏遠，透露出一種悵然若失的感歎。而詩文如〈示焦三〉、〈送焦三〉、〈燕中別焦三〉三篇：

海內精誠薄，焦郎獨有神，桃花開兔影，珠澤媚龍唇。

曾對清溪月，相看白下人，兩心無可語，禪意好相論。（〈示焦三〉）

君行吳復越，夷險聽長年，疏螢飄野岸，遠水瀉平田。……（〈送焦三〉）

天無色，海無邊，瀰淪爾我於其間，各來長安有何意，兩人不得名

〔註 167〕〔明〕張朝瑞編：《南國賢書》記載：「萬曆三十一年癸卯科，焦周（排名第六十），南京旗手衛，監生，《禮記》。」頁碼未標。

〔註 168〕《九籥續集》卷之八〈祭焦茂潛〉，頁 699。

〔註 169〕李劍雄著：《焦竑評傳》（南京：南京大學出版社，1998 年 12 月），附錄〈焦竑年譜〉認爲焦周（茂潛）病逝於萬曆三十三年，當誤，頁 352。

〔註 170〕《九籥前集》卷之十〈與焦三〉、〈與焦三〉、〈與方五〉，頁 420、426、428。

其然。病中翳花忽一笑，流水春風歸去好，淨心勸阻了茫然，一曲驪歌綠芳草。君非作客我非歸，如霧如珠向地飛，芙蓉映水羸紅粉，明月臨秋化素衣。紅粉素衣非我事，朵朵蓮花有蓮子，其中因果知者誰，四顧無人我與爾。……（〈燕中別焦三〉）〔註171〕

從〈示焦三〉，楙澄表露對焦周的欣賞，很顯然兩人對佛教「禪」的偏好相同。與〈祭焦茂潛〉對照，則〈送焦三〉作於萬曆二十四年，〈燕中別焦三〉作於萬曆三十一年，兩人在他鄉（即燕邸）的會面，彼此均有浮沈人世的滄桑感，而這一切，只有回歸佛教的因果論，才可以釋然。

六、其　他

除了上述六人之外，宋楙澄《九籥集》中出現的友朋名號數量眾多，而楙澄又承襲唐人，習慣性地用姓氏加上排行的形式，或用姓氏加上官銜指稱友朋，增加比對眞實姓名或身分的困難度，部分尙可比對出姓名，並以下表呈現。至於資料呈現的方式，係依《九籥集》中出現之頻率由高至低排列，校對者不計入出現的次數，僅附帶呈現，頻率相同則依筆劃次第排列。其餘姓名不完整者，則維持《九籥集》中之稱引方式，依上列原則，在最末臚列。雖說《九籥集》中出現的人物，其出現頻率的高低，未必與宋楙澄的交往密切度呈正相關，但因現存可供佐證的資料有限，以《九籥集》的文本中出現頻率的高低來呈現，已屬目前較爲可行的方式。此外，就文人而言，交友最重要的意義，乃在於思想的交流，但要釐清彼此思想相互影響的脈絡，須待更充分的資料來印證，因此製表的意義並不在此，而在於提供他人在閱讀《九籥集》時查考上的方便。今彙整製表如下：

編號	名號／稱號	生　平	《九籥集》出現處	其　他
1	陸肇修元常 陸三	生平事跡無考。	《九籥前集》卷之二「友人陸肇修元常甫校」 《九籥前集》卷之十〈與周八〉：「聞足下日斜元常，……」 《九籥前集》卷之十〈餉陸三黃雀牛乳及魚豚〉、〈陸三爲我問此生於布袋和尙〉、〈與陸三〉、	

〔註171〕前引三首見《九籥前集詩》卷之四〈示焦三〉，頁463、《九籥集詩》卷之二〈送焦三〉，頁618、《九籥集詩》卷之一〈燕中別焦三〉，頁616。

			〈與周大陸三和藍進士邊庭四時歌〉二首、〈報陸三〉、〈戲陸三〉 《九籥前集詩》卷之五〈別陸三〉	
2	王世貞元美 鳳洲 弇州山人	太倉人，生於明世宗嘉靖五年，卒於明神宗萬曆十八年，中嘉靖二十六年丁未科進士，官至南京刑部尚書，與李攀龍並稱，同為後七子之代表，著有《弇州山人四部稿》、《藝苑卮言》、《鳴鳳記》、《豔異編》、《觚不觚錄》等。	《九籥前集》卷之十一〈劉東山〉：「曾見瑯琊王司馬親述此事。」 《九籥集》卷之五〈顧思之傳〉：「陳二仲醇為太原相公、瑯琊司馬上客，……」 《九籥集》卷之五〈袁微之傳〉：「袁履善……與李濟南、王瑯琊齊名，……」 《九籥續集》卷之八〈祭馮元成先生文〉：「澄生也晚，聞知者為弇州先生。」 《九籥前集》卷之十〈與麻二〉：「元美之駁用修也，確矣。」 《瞻途紀聞》之〈梁氏墓〉：「……而王元美先生辯其誣。」 《瞻途紀聞》之〈白溝河〉：「世傳王元美先生品襄陵酒第一。」	《明史》卷二百八十七〈王世貞〉 《明史》卷二百八十七〈汪道昆〉：「汪道昆，……晚年官兵部左侍郎，世貞亦嘗貳兵部，天下稱『兩司馬』。」
3	袁保德微之 袁三	吳之華亭人，以從戎更名度，唐藩左史袁履善先生季子，生年不詳，卒於萬曆三十二年正月十六日。	《九籥前集》卷之四「友人袁保德微之甫校」 《九籥集》卷之一〈游湯泉記〉：「癸卯……作書與微之約，遂鼓勇為遵化行。」 《九籥集》卷之五〈袁微之傳〉 《九籥續集》卷之九〈小論一〉：「袁微之歿，嘗思見微之不得，……」 《九籥集詩》卷之三〈送　袁三從軍〉 《九籥集詩》卷之四〈袁三〉	董其昌《容臺集・容臺詩集》卷之三〈送袁微之之唐藩〉 陳繼儒《眉公集》卷十七〈祭袁微之〉
4	顧承學思之 顧二	華亭人，約生於明世宗嘉靖三十九年，約卒於明神宗萬曆三十三年，為大學士顧清孫。	《九籥前集》卷之三「友人顧承學思之甫校」 《九籥前集》卷之十〈與顧二〉、〈恐顧二不來會葬〉 《九籥前集》卷之十〈與吳二〉：「思之老拳耽耽向沈生。」 《九籥集》卷之五〈顧思之傳〉	

5	吳忠美 吳大 吳乙	生平事跡無考。	《九籥前集》卷之十〈與吳大〉、〈與吳大〉 《九籥集》卷之五〈顧思之傳〉:「吳大忠美，號稱善酒。」 《九籥集詩》卷之一〈丈夫行贈吳大〉、〈射鶴行贈吳乙〉	
6	沈時來君大 號石樓 沈侍御	華亭人，約生於嘉靖二十八年，約卒於萬曆三十三年，萬曆十六年戊子科舉人，萬曆二十年壬辰科進士，除行人，考選御史，巡按江西，以暴疾卒於途，年五十七。	《九籥前集詩》卷之四「友人沈時來君大甫校」 《九籥集》卷之四〈薦沈楊兩公疏文〉:「己亥復客燕中，受知於沈侍御、楊宮諭兩公，結文酒之交，締忘年之好。」 《九籥集》卷之五〈袁微之傳〉:「時侍御沈君大先生甫受關」。 《九籥集詩》卷之四〈沈侍御〉	清嘉慶《松江府志》卷五十四〈沈時來〉 何三畏《雲間志略》卷之廿三〈沈侍御石樓公傳〉
7	周叔宗本音 周大	吳江人，周用之孫，好禪理，工眞草書。《御定佩文齋書畫譜》卷四十四〈周叔宗〉:「初名祖，以字行，入南成均，連蹶秋試，遂棄去爲山人，裝遊佛徒，間書法，初喜希哲，已學漫仕，又進學顏，晚遂一意山陰父子，書名大噪，然不輕爲人作。」	《九籥集》卷之二「友人周叔宗本音甫校」 《九籥集》卷之七〈先妣張太孺人乞言狀〉:「以故聞訃之夕，即欲不生，友人周本音以爲無益於母氏，而祗貽羞於先嚴，且以宗嗣未舉爲言，遂靦顏偷生以至於今。」 《九籥前集》卷之十〈與周大陸三和藍進士邊庭四時歌〉二首、〈與方五〉:「周大星疏而無與言奇矣。」	沈德符《野獲編》卷二十四〈宋時諱語〉:「本朝熟茶經者甚少。至近年芥茶盛行。……余所見馮開之祭酒、周本音處士，皆精此藝。」 憨山德清《紫柏老人集》卷之十五〈跋周叔宗書聽法華歌〉
8	唐文獻元徵 號抑所	華亭人，生於嘉靖二十八年，卒於萬曆三十三年，萬曆十四年丙戌科進士，皇太子出閣充講官，卒官，贈禮部尚書，天啓間贈太子少保，謚文恪，著有《占星堂集》。	《九籥集》卷之五〈袁微之傳〉:「若宗伯唐元徵……者，皆名節之羽儀，聞微之之卒，無不流涕。」 《九籥集》卷之九〈祭高元錫太史〉:「……而有休休如元徵先生闢其陋，……」 《九籥集》卷之九〈祭唐宗伯文〉	《明史》卷二百十六〈唐文獻〉 姚弘緒《松風餘韻》卷三十一〈唐文獻〉

9	堅林	生平事跡無考	《九籥集》卷之一〈白毫光記〉：「復夢延十二禪德誦《華嚴經》，而道友堅林預焉。」 《九籥續集》卷之十〈吳城·十〉：「又余道友堅林在歸宗寺訂作黃龍主人，……」 《九籥後集》楚遊下〈望匡廬寄道友堅林〉	道友、方外交
10	張所望叔翹 號七澤 張比部	上海人，居龍華里，生卒年不詳，萬曆二十九年辛丑科進士，除刑部主事，奉使榮襄靖江三國，年八十而卒，著有《梧潯雜佩》、《嶺表游記》、《幅員名義考》、《文選集註辨疑》、《龍華里志》、《閱耕餘錄》等書。	《九籥集詩》卷之一〈送張比部奉　使南還兼訊洪水部〉 《九籥集詩》卷之三〈京中人日立春同洪令君之鷲峰寺禮旃檀佛歸惱張比部邀酌不踐〉 《九籥後集》楚遊下〈與張叔翹書〉	清嘉慶《松江府志》卷五十四〈張所望〉 宋徵輿《林屋文稿》卷之十〈先考幼清府君行實〉：「至都爲太學生，……最善者……張叔翹公。」 徐爾鉉《核菴集》卷上〈同張七澤先生秋泛〉
11	楊忠裕長世 楊世叔	華亭人，生卒年不詳，爲侍御楊允繩孫，楊應祈子。萬曆十六年戊子科舉人，官薊州知府，終刑部員外，著有《杞說寒聞》、《奇服齋集》。	《九籥集》卷之二〈賀楊世叔先徵君暨太孺人孝節序〉 《九籥集》卷之五〈顧思之傳〉：「余家與楊世叔孝廉同里，孝廉之先與余家世爲婚姻，……」 《九籥續集》卷之一〈張若侯雪廬詩草序〉：「平侯少受知于袁非之、楊世叔……」	姚弘緒《松風餘韻》卷二十四〈楊忠裕〉
12	楊繼禮彥履 號石閭 楊宮諭 楊太史	華亭人，約生於嘉靖三十三年，卒於萬曆三十三年，年五十二，萬曆七年己卯科舉人，萬曆二十年壬辰科進士，授編修與修《實錄》，晉諭德，掌南京翰林院，著有《皇明後紀妃嬪傳》。	《九籥前集詩》卷之五「友人楊繼禮彥履甫校」 《九籥集》卷之四〈薦沈楊兩公疏文〉：「己亥復客燕中，受知於沈侍御、楊宮諭兩公，結文酒之交，締忘年之好。」 《九籥集》卷之八〈辯文章五聲〉：「昔余友人陸大行、楊宮諭，……」 《九籥集詩》卷之四〈楊太史〉	清嘉慶《松江府志》卷五十四〈楊繼禮〉 何三畏《雲間志略》卷之廿二〈楊宮諭石閭公傳〉 陳繼儒《陳眉公先生集》卷之四十六〈祭楊石閭諭德〉 宋徵輿《林屋文稿》卷之十〈先考幼清府君行實〉：「至都爲太學生……最善者……同郡楊石廬……公」

13	劉子元 劉中丞	生平事跡無考	《九籥集》卷之一〈游湯泉記〉：「癸卯……會友人袁微之為盧龍劉中丞裨將，……遂鼓勇為遵化行。」 《九籥集》卷之五〈袁微之傳〉：「中丞劉□□先生素聞微之之才，拔自儔伍，薦之於朝。」 《九籥後集》楚遊下〈寄懷劉中丞〉	馮時可《馮元成選集》卷七〈寄訊劉中丞子元〉 姚希孟《松癭集》卷之二〈書宋幼清事〉：「劉中丞鎮遵化，幼清往謁，劉先與幼清相知，……」
14	方應明伯晦號旦心 方公祖 方侍御	河南光州人，萬曆三十二年甲辰科進士，歷知壺關洪洞，萬曆三十八年，遷松江郡丞，督運有方，著為令甲，擢南京戶部郎中，歷嘉湖兵備，轉參政，補順天司理，轉工部郎中。著有《治壺論》、《日中碑》諸刻。	《九籥集》卷之八〈約建侍御方公祖生祠啓〉、〈約建本府方公祖生祠啓〉 《九籥續集》卷之一〈方公祖宦遊稿序〉	清光緒《光州志》卷八〈方應明〉 《〔崇禎〕松江府志》卷三十六〈同知・方應明〉：「萬曆三十八年任。」次列〈黃朝鼎〉：「萬曆四十一年任。」方應明任松江府同知近四年。 陳繼儒《白石樵眞稿》卷之三〈與方旦心公祖〉
15	王伯稾	生平事跡無考。	《九籥續集》卷之九〈小論一〉：「惟王伯稾可與言微之。」 《九籥續集》卷之九〈小論二〉：「壬子冬同伯稾北上。」 《瞻途紀聞・盱眙》：「余友王伯稾有《三朝會盟錄》二百卷。」	
16	王穉登伯穀一字伯固、百穀	長洲人，大學生，生於嘉靖十四年，卒於萬曆四十年，善書法，詩古文詞名海內，萬曆中邑令陳繼疇聘修邑志，典贍可觀，稱南中名志，著有《燕市》、《客越》、《王百穀全集》、《吳郡丹青志》、《吳社編》、《吳騷集》諸集。	《九籥集》卷之五〈顧思之傳〉：「太原王先生百穀聞之笑曰……」 《瞻途紀聞・新城》：「又有晏公，亦江河神，王伯穀指為晏子，不知何據。」 《九籥集》卷之一〈游湯泉記〉：「轉讀一記，乃太原王伯子感慨戚將軍，亦大有會。」	《明史》卷二百八十八〈王穉登〉 王穉登為錢希言作〈西浮籍序〉 錢希言《織里草・午日臥病閒居敬簡百穀先生凡三十韻》 屠隆《由拳集》卷之七〈贈王百穀〉

17	藍進士 藍痴	生平事跡無考	《九籥前集》卷之十〈與周大陸三和藍進士邊庭四時歌〉二首、〈與藍痴〉 《九籥集詩》卷之四〈和藍進士箕仙邊庭四時歌〉	
18	于鼒先季修 于二	生卒年不詳，以詩文雄於詞壇，有不羈之才，與宋楙澄、顧承學、趙佐爲詩酒交，與馮時可等人有詩文往來。	《九籥集》卷之五〈顧思之傳〉：「余自庚寅遊燕，遭亡婦之喪……南歸……與思之、季修、文度結詩酒交……思之幼與于二鼒先善，……鼒先好遊，……」 《九籥前集》卷之十〈與于二〉	馮時可《馮元成選集》卷三十四〈與于鼒先〉
19	白正蒙爾亨	南通州人（今江蘇省通州市），約生於萬曆十二年，卒於萬曆四十七年，少孤貧篤學，過目能誦。萬曆四十年舉人，萬曆四十一年進士，授行人，才名譟一時，興故豪飲可百斗，操筆成文，若有神助，兩奉命至蜀及汴，疾歸，卒年三十有六，著有《大夢齋集》、《吹劍篇》、《燕中草》、《征西草》。	《九籥續集》卷之一〈白爾亨制義序〉及〈白爾亨制藝序〉	清康熙《重修通州志》卷第九〈白正蒙〉 清光緒《通州直隸州志》卷十三〈白正蒙〉 姚希孟《松癭集》卷之二〈書宋幼清事〉：「白爾亨未遇時，……夜泊江邊，幼清適同泊……遂成知交。」 陳子龍《安雅堂稿》卷十三〈宋幼清先生傳〉：「先是先生與晉陵白進士正蒙善，……」
20	如鯨	北京城西圓覺庵湧峰禪德之侍者，生平事跡無考。	《九籥集》卷之四〈圓覺庵募緣文〉：「湧峰禪德與某稱方外交有年，……其侍者如鯨，頗習薰修。」 《九籥集》卷之四〈薦沈楊兩公疏文〉：「如鯨虔敦法眾爲兩公誦諸品經若干部，……」	方外交
21	李應選進卿	武昌人，生平事跡無考。	《九籥後集》楚遊上〈遊洪山寺記〉：「會友人李進卿招飲，因請挈榼洪山，進卿許諾。」 《九籥後集》楚遊上〈巴河觀紅樹記〉：「是夜托宿於長年李氏，李氏昆仲皆少年，具壺漿雞黍執主人禮，……」 《九籥後集》楚遊下「武昌李應選進卿甫校」	

22	杜開美玄度 號象南	上海人，杜獻璋子，神宗時授中書舍人，以母老乞歸。生有異才，於書無所不覽，下筆數千言立就，尤長尺牘，著有《秋水遠游》、《扣舷貂裘》、《潤州白門》、《敝帚行藥》、《蜩甲閒居》諸草行世。	《九籥集》卷之二〈送杜玄度乞恩終養序〉 《九籥續集》卷之三〈周孺人傳〉：「周太孺人者，中秘杜君玄度之母，故光祿公城南之配也。」	清嘉慶《松江府志》卷五十五〈杜開美〉 姚弘緒《松風餘韻》卷三十七〈杜開美〉
23	袁之熊非之	唐府長史袁福徵第五子，終太學生，長於古文辭，名重南雍，負才而艱於遇。	《九籥前集》卷之七〈與袁非之書〉 《九籥續集》卷之一〈張若侯雪廬詩草序〉：「平侯少受知于袁非之。」	姚弘緒《松風餘韻》卷十四〈袁之熊〉 陳繼儒《白石樵眞稿》卷之八〈祭袁非之太學〉
24	袁福徵履善 袁太史	華亭人，嘉靖二十三年甲辰科進士，授刑部主事，與李攀龍、王世貞、宗臣同官，有小詞林之號，晉郎中，謫知沔陽州，攝黃州府同知，遷唐府左長史，以發僞疏忤中貴意褫職下獄，事白歸，以詩文棊酒自寄。	《九籥集》卷之一〈遊華陽洞天記〉：「昔袁履善先生云：『山行舉兩袖若翼，可以從風。』」 《九籥集》卷之五〈袁微之傳〉：「余悲履善先生與微之，皆懷奇負俗，而俱不獲竟其施，故爲之敘，次其隱。」 《九籥集詩》卷之四〈應袁太史燕中祠白太傅蘇學士有懷故園四時歌〉	清嘉慶《松江府志》卷五十三〈袁福徵〉 馮時可《馮元成選集》卷三十四〈與袁內史履善〉
25	高承順孝卿 號旭崖	華亭人，少有至性，母施氏暴卒，哀慟經月不能起。父旅邸遘危疾，承順省視所過神祠，百拜祈禱，疾遂愈。遇倭寇露刃向父，乃以身擁蔽。父沒盡以財產讓兄弟，妻貧寡養之終身。	《九籥集》卷之二〈旭崖高徵君純孝序〉 《九籥續集》卷之三〈尹孺人傳〉：「尹孺人者，華亭高君旭厓之配。……里中稱旭崖公爲孝子，而孺人爲賢婦，……」	清嘉慶《松江府志》卷五十三〈高承順〉 陳繼儒《眉公集》卷十六〈祭高旭崖文代〉

26	張京元無始	泰興人，萬曆二十八年庚子科鄉舉，萬曆三十二年甲辰科進士，以文章字學名海內，天啓間任左參議，歷官江西提學副使，所拔士悉豫章名宿。	《九籥前集》卷之一「友人張京元無始甫校」 《九籥續集》卷之一〈王和聲制藝敘〉：「昔年以時藝質張無始，……」 《九籥續集》卷之六〈上熊芝岡老師書〉：「適友人張無始丈云：『有便郵。』」	《〔康熙〕泰興縣志》卷之三〈張京元〉 《江南通志》卷四十七〈左參議・張京元〉：「泰興人，進士，天啓間任。」
27	湧峰	生平事跡無考，卒於萬曆三十一年。	《九籥集》卷之四〈發願斷酒文〉：「今上癸卯春，……遂策蹇復遊長安，寓城西庵之圓覺，禪德號湧峰者，戒律精嚴，……」 《九籥集》卷之四〈圓覺庵募緣文〉：「湧峰禪德與某稱方外交有年，癸卯秋示寂之日，……」	方外交
28	謝廷諒友可 號九紫山人 謝大行 謝大	金谿（今江西金谿縣）人，生卒年不詳，萬曆二十三年乙未科進士，授南京刑部主事，終四川順慶知府。與湯顯祖友善，著有《清暉館集》、《帶礪編》、《起東草》、《薄遊草》、《逢掖集》等書，及傳奇《紈扇記》。	〈九籥集序〉作者 《九籥集》卷之五〈袁微之傳〉：「大行謝友可……皆名節之羽儀，聞微之之卒，無不流涕。」 《九籥集詩》卷之三〈送謝大行　使河粵兩藩〉 「其他」篇幅過長，借錄於此：湯顯祖《湯顯祖全集》第四卷「問棘郵草之二」〈晚霽，友可俱謝孝廉來。友可才氣縱橫，孝廉謹重，余并喜之〉、〈友可便欲求仙去，次韻賞之〉、〈送謝廷諒往華蓋尋師〉、〈送謝大遊池陽便過金陵〉	《明史》卷二三三〈謝廷讚兄廷諒〉 湯顯祖《湯顯祖全集》第二卷「紅泉逸草之二」〈秋從白馬歸，泛月千金口問謝大〉、〈聶家港園飲謝大就別〉、〈送謝大東安〉、〈眞珠潭逢謝大〉、第三卷「問棘郵草之一」〈謝廷諒見慰三首，各用來韻答之〉
29	謝廷讚曰可	金谿人，生卒年不詳，萬曆二十六年戊戌科進士，授刑部主事，詔二十八年春舉行冊立、冠婚之禮，將屆期，疏請建儲，帝震怒，褫職爲民，廷讚歸，僑寓維揚，授徒自給，久之，卒，天啓中，贈尙寶卿。著有《綠屋遊草》、《書經翼注》等。	《九籥續集》卷之一〈謝曰可幻遊草序〉 《瞻途紀聞・楊州》：「謝曰可云『錦城絲管』，至今日紛紛也。」 「其他」篇幅過長，借錄於此：謝廷讚《步丘草》卷之四〈何士抑司理姜神超王徵美楊元章三先輩招同宋幼清先輩沈山人集芝園……〉、〈賀宋幼清夫人四十初度時重九後一日〉、〈同諸德祖宋幼清姜神超薛更生沈山人唐聖符王令則集俞彥直青齋之作〉、〈秋夜盧子占座上同張大木秦京宋幼清諸君子分得微字〉、〈北風怒	《明史》卷二三三〈謝廷讚〉 謝廷讚《步丘草》卷之一〈宋幼清載酒東園晚別遇雨〉、〈何士抑堂中同姜神超宋幼清王徵美沈山人楊元章夜集限燭字次神超韻〉、〈同宋幼清沈山人東園賦得芙蓉〉、卷之二〈霞起閣歌〉、卷之三〈賦得一日不見懷幼清〉、〈同宋幼清誠

			號霞起閣咫尺不相過懷幼清誠之昆季〉、〈同宋幼清誠之瑞伯漢臣諸君子登高元申水明樓……〉、〈次宋幼清先輩韻贈倩花錄事……〉、〈冬日王徵美招同宋幼清於康孟修小輞川看紅梅不克赴喜幼清有榆引霜痕杏醉楓酡之句次韻和之〉、〈李節之招同陸振愚宋誠之夜集鶴城清舍黃郎在座用宋幼清韻爲壽〉、〈至日姜神超先輩招同李節之范伯忻諸德祖徐伯雨諸文學夜集坦君宋敬夫在座用幼清壽節之韻〉、〈一日同宋幼清訪陸元長……〉	之過朱敬韜文園看黃花石笋次沈山人韻〉、卷之七〈同宋幼清陸元章宋誠之遊康孟修小輞川八首……〉、卷之九〈十一月初六日飄風三日偶閱魯逸仲梅花詞有才與風流賦稱清艷多情惟宋之句喜次韻和之懷宋幼清先輩〉、卷之十九〈柬宋幼清〉
30	徐女郎	生平事跡無考。	《九籥集詩》卷之四〈徐女郎與余締兄妹之盟，愧不能如虬髯之于一妹，冬日將別賦此〉 《九籥集詩》卷之四〈賦得長相思五首〉有序：「戊申遇平康一女郎，……愧無鍾鼎之勳，遂負絲蘿之託。」	
31	太虛	生平事跡無考。	《九籥集》卷之一〈遊石排山記〉：「己酉南歸，嘗棲遲金山之盤陀石者累月，時與老僧太虛盤桓龍王廟前，……」	方外交
32	毛上池	生平事跡無考。	《九籥續集》卷之十〈飛虎〉：「友人毛上池、暨爾受，親爲余言。」	
33	王和聲	生平事跡無考。	《九籥續集》卷之一〈王和聲制藝敘〉	
34	王無功	劇曲家，王元壽弟，生平事跡無考。	《九籥集》卷之一〈遊華陽洞天記〉：「壬寅冬……乃與客王無功謀爲華陽遊，……，而無功夙擅畫圖，……」	祁彪佳《遠山堂劇品》作王元功，但於品評時，則作「無功」。
35	王逸季	生平事跡無考。	《九籥集》卷之九〈祭王逸季文〉	陳繼儒《陳眉公集》卷之十七〈祭王逸季〉
36	王懋錕伯高	生平事跡無考。	《九籥集》卷之七「友人王懋錕伯高甫校」 《九籥集》卷之一〈遊石排山記〉：「余友人王伯高謂余言……」	

37	王獻吉徵美	華亭人，王善繼孝沖子，萬曆三十四年丙午科舉人，順天解元，崇禎三年官膠州知府，幹練有吏才，具遠識，以勞疾卒於官，祀名宦祠。	《九籥後集》楚遊下〈與張叔翹書〉:「金陵得徵美兄書，……」另:王獻吉孫女爲宋楙澄子宋敬輿妻。見宋徵輿《林屋文稿》卷之十〈亡兄太學生轅生府君墓誌銘〉:「府君……娶王氏，故膠州守王公諱獻吉之孫女。」	謝廷讚《步丘草》卷之一〈何士抑堂中同姜神超宋幼清王徵美沈山人楊元章夜集限燭字次神超韻〉、卷之四〈何士抑司理姜神超王徵美楊元章三先輩招同宋幼清先輩沈山人集芝園……〉、〈冬日王徵美招同宋幼清於康孟修小輞川看紅梅不克赴……〉 清道光《膠州志》卷二十二〈王獻吉〉
38	白五郎（妓名）	生平事跡無考。	《九籥集詩》卷之四〈白氏第五女郎長齋十二絕句〉	
39	朱本洽叔熙號咏白	朱大韶侄，萬曆二十五年丁酉科舉人，四十一年癸丑科進士，官刑部主事，歷任眞定右府，永平副使	《九籥後集》楚遊下〈發章江寄朱叔熙〉	姚弘緒《松風餘韻》卷第八〈朱本洽〉
40	朱國盛敬韜號拜石齋	上海南匯縣人，朱泗子，初從母姓盛名國華，萬曆二十二年甲午科舉人，三十八年庚戌科進士，繇河郎轉參政，漕儲道，歷布政，以河漕功陞太常卿，累官至工部尙書。爲松江畫家。著有《南河記》、《拜山齋春秋手抄》。	《九籥續集》卷之四〈建呂公祠疏〉:「友人朱敬韜心熱于沃焦之海，無寒不煖，與之交者，皆披鄒生之律，各饜而去。」	姚弘緒《松風餘韻》卷第八〈朱國盛〉 謝廷讚《步丘草》卷之三〈同宋幼清、誠之過朱敬韜文園，看黃花石笋，次沈山人韻〉 董其昌《容臺集·容臺詩集》卷之三〈送朱敬韜水部〉
41	吳希聖	生平事跡無考。	《九籥集》卷之六〈贈昭勇將軍桃溪吳公暨朱淑人傳〉:「余遊秣陵獲交公次君希聖……」	

42	李紹文節之	華亭人，為李豫亨次子，生卒年不詳，為名諸生，抱卓犖之才，與楊繼禮及高承祚結七子社，以文學受知於熊劍化，終以著述隱。曾仿《世說新語》體例作《皇明世說新語》，另著有《雲間人物志》、《雲間雜志》。	《九籥續集》卷之一〈李節之雲間雜志敘〉	姚弘緒《松風餘韻》卷三十五〈李紹文〉謝廷讚《步丘草》卷之四〈林中翰招同李節之宋誠之泛舟北郭望三泖九峰諸勝賦謝〉、〈李節之招同陸振愚宋誠之夜集鶴城清舍黃郎在座用宋幼清韻為壽〉、〈至日姜神超先輩招同李節之范伯忻諸德祖徐伯雨諸文學夜集坦君宋敬夫在座用幼清壽節之韻〉
43	邵潛夫眉如	生平事跡無考。	《九籥續集》卷之一〈眉如草序〉	
44	姜雲龍神超姜大	上海縣學，萬曆二十五年丁酉科舉人，考選撰文中書舍人，纂修兩朝《實錄》，加太僕寺少卿。	《九籥前集》卷之十〈與姜大〉：「神超固是逸足，日入可行萬里，何況斜曛？」	姚弘緒《松風餘韻》卷三十一〈姜雲龍〉謝廷讚《步丘草》卷之一〈何士抑堂中同姜神超宋幼清王徵美沈山人楊元章夜集限燭字次神超韻〉、卷之四〈何士抑司理姜神超王徵美楊元章三先輩招同宋幼清先輩沈山人集芝園……〉、〈同諸德祖宋幼清姜神超薛更生沈山人唐聖符王令則集俞彥直青齋之作〉、〈至日姜神超先輩招同李節之范伯忻諸德祖徐伯雨諸文學夜集坦君宋敬夫在座用幼清壽節之韻〉
45	姚士慎仲含號岱芝	華亭人，生卒年不詳，登萬曆三十二年甲辰科進士，選庶吉士，改吏科給事中，歷尚寶司丞，陞光祿寺卿，	《九籥續集》卷之九〈跋後〉：「余己未南還，……遇尚寶岱芝、姚先達，始聞喪師之詳……」	清嘉慶《松江府志》卷五十四〈姚士慎〉姚弘緒《松風餘韻》卷十九〈姚士慎〉

		丁艱起大理少卿，尋擢通政使，晉南京刑部尚書，致仕。		
46	姚先達	生平事跡無考。	《九籥續集》卷之九〈跋後〉:「余己未南還，……遇尚寶岱芝、姚先達，始聞喪師之詳……」	
47	秋朗	生平事跡無考。	《九籥續集》卷之一〈敘秋朗詩〉	方外交
48	范象先	生平事跡無考。	《瞻途紀聞・鄭花巖》:「余友范象先葬兩尊人於鈴下，……」	陳繼儒《晚香堂記》卷之四〈梅花樓記〉:「吾友范象先，有園在橫澇野塘之南，……」
49	郁承彬孟野郁大	《青浦縣志》:「郁承彬，三十八保人，萬曆十三年例貢。」	《九籥前集》卷之八「友人郁承彬孟野甫校」 《九籥集詩》卷之四〈郁大〉	屠隆《白榆集》卷之四〈留別郁孟野〉
50	徐琰彥文文卿	徐陟子，以父蔭仕至太僕寺丞，負節俠，交遍海內，慨言事，上四疏，一劾中官，一止選宮人，一請尚方劍誅貴重臣，直聲大震。	《九籥續集》卷之一〈敘徐文卿先生集〉	
51	徐爾鉉九玉號核菴	華亭人，太僕丞徐琰之子，萬曆四十年壬午科副榜，著有《核菴集》。與董其昌、莫廷韓友善。	《九籥續集》卷之一〈敘徐文卿先生集〉:「其令嗣九玉，九玉少孤，年未弱冠，已有聲埶林，……」	徐爾鉉《核菴集》卷上〈訪宋幼清適歸雲間不遇〉
52	朗若	生平事跡無考。	《九籥後集》楚遊上〈遊洪山寺記〉:「寺僧朗若稱九峰洪山之勝，……」	方外交
53	秦京	生平事跡無考。	《九籥續集》卷之二〈醉香庵記〉:「以佛之醉香欺秦京，……」	謝廷讚《步丘草》卷之四〈秋夜盧子占座上同張大木秦京宋幼清諸君子分得微字〉
54	高元申高五	生平事跡無考。	《九籥集》卷之五〈顧思之傳〉:「高五元申、吳大忠美，號稱善酒，……」	謝廷讚《步丘草》卷之二〈霞起閣歌〉有序:「宋誠之招集霞起閣，時高元

				申、幼清、瑞伯俱在座中，有巧笑歌以紀之。」
55	淨上人	生平事跡無考。	《九籥前集詩》卷之七〈示淨上人〉	方外交
56	張翬翔之	生平事跡無考。	《九籥前集詩》卷之七「友人張　翬翔之甫校」 《瞻途紀聞·白溝河》:「友人張翔之諾我，賃一人荷二經……」	
57	盛坤重之	上海人，母病心痛，刲左臂肉調羹以進，後復病，復刲右臂，母卒，廬墓三年。	《九籥集》卷之五〈盛重之傳〉	
58	許賓如	生平事跡無考。	《九籥集》卷之一〈游湯泉記〉:「入微之之邸，握手道故，而友人許賓如在焉。」	
59	陸萬鍾元量號敬齋	約生於嘉靖二十一年，約卒於萬曆二十年，嘉靖四十三年甲子科鄉舉，四十四年乙丑科進士，授杭州府推官，召爲刑部主事，改浙江道御史，巡按廣西，晉湖廣少參、廣東副使，陞江西參政，病歸。	《九籥續集》卷之一〈歸愚菴二集序〉:「元量少孤，遇難不困，而借難以發其硎，……」	姚弘緒《松風餘韻》卷四十九〈陸萬鍾〉 何三畏《雲間志略》卷之十七〈陸大參敬齋公傳〉
60	陸樹聲與吉號平泉謚文定	華亭人，嘉靖二十年辛丑科進士，選庶吉士，授編修，起南京司業，起左諭德，起太常卿，神宗嗣位，即家拜禮部尚書。	《九籥集》卷之二〈壽大宗伯平翁陸公九十序〉	《明史》卷二百十六〈陸樹聲〉 何三畏《雲間志略》卷之十三〈陸文定平泉公傳〉
61	景萬齡延卿	生平事跡無考。	《九籥續集》卷之一〈景延卿詩稿序〉 《九籥前集詩》卷之六「友人景萬齡延卿甫校」	

62	黃元會經甫一作經父	太倉人，萬曆四十年壬子科舉人，四十一年癸丑科進士，著有《仙愚館雜帖》。	《九籥續集》卷之一〈敘黃經甫春秋秇〉	
63	黃仲通	生平事跡無考。	《九籥集》卷之五〈盛重之傳〉：「余聞之友人黃仲通，……」	
64	解學龍石帆言卿	揚州興化人，萬曆四十一年癸丑科進士，歷官金華、東昌二府推官、刑科給事中、右給事中、戶科都給事中、太常少卿、太僕卿、右僉都御史、南京兵部右侍郎、兵部左侍郎、刑部尚書等。	《九籥續集》卷之一〈解言卿窓秇序〉	《明史》卷二百七十五〈解學龍〉
65	僧無垢	生平事跡無考。	《九籥前集》卷之十〈戲僧無垢〉	方外交
66	暨爾受	生平事跡無考。	《九籥續集》卷之十〈飛虎〉：「友人毛上池、暨爾受，親爲余言。」	
67	鄭洛禹秀	安肅人，嘉靖三十五年丙辰科進士，除登州推官，出四川參議，遷山西參政，入兵部右侍郎，以功加兵部尚書兼右副都御史，洮河用兵，召兼右都御史，謝病歸，卒贈太保，謚襄敏。	《九籥前集詩》卷之五〈鄭大司馬經略還朝簡寄兩公子〉 《九籥續集》卷之一〈敘徐文卿先生集〉：「不日而鄭大司馬遂承　命經略，司馬素諳夷情……」 《九籥續集》卷之九〈東征紀畧〉：「嘗聞之鄭大司馬郎君云……」	《明史》卷二百二十二〈鄭洛〉
68	隱竹	生平事跡無考。	《瞻途紀聞・虎丘寺》：「老僧隱竹爲余言……」	方外交
69	魏中山知宇	生平事跡無考。	《九籥續集》卷之二〈松石記〉：「丁巳遊金陵，與魏公子知宇交……」	
70	譚友夏元春號鵠灣	湖廣竟陵人，生於萬曆十四年，卒於崇禎十年，	《九籥集》卷之六「友人譚元春友夏甫校」 《九籥續集》卷之一〈白爾亨制	《明史》卷二八八〈袁宏道〉下附〈譚元春〉小傳

		年五十二。明熹宗天啓七年中丁卯科鄉舉，卒於會試途中。與鍾惺合稱「鍾譚」，同爲竟陵派創始者。著有《嶽歸堂稿》、《鵠灣集》、《譚子詩歸》等。	藝序〉：「壬子春讀竟陵譚友夏詩，緣情偶觸，而心靈爲之一變，因作二詩送之，語語不與友夏同，……」	錢謙益《列傳詩集小傳》丁集中〈鍾提學惺附見譚解元元春〉有小傳
71	顧女郎	生平事跡無考。	《九籥後集》楚遊下〈贈平康顧女郎節〉	
72	宇女郎	生平事跡無考。	《九籥後集》楚遊下〈約宇女郎聽歌先所歡至喜贈〉	
73	蔣義	生平事跡無考。	《九籥後集》楚遊下〈付各家人勿執陳慈并孫鯨弒逆書〉：「我初不解其故，已而詢之同伴蔣義，……」	
74	顧仲卿	生平事跡無考。	《九籥續集》卷之十〈陳氏鐵符〉：「友人顧仲卿述。」	
75	薛宣漢臣	生平事跡無考。	《九籥前集》卷之十一「友人薛　宣漢臣甫校」	謝廷讚《步丘草》卷之四〈同宋幼清、誠之、瑞伯、漢臣諸君子登高元申水明樓、別去送誠之就姜倩白龍潭居〉

在《九籥集》中與宋楙澄有往來紀錄的朋友當中，僅存姓及排行，闕名，生平事跡目前尚無法考證，出現五次者，有樂二；出現三次者，有王大（或指王獻吉）、王五；出現二次者，有大令（或指洪都）、李比部、金山僧、范大（或指范伯忻）、張大、楊三（或指楊元章）、朱大（指朱敬韜或朱叔熙）、周千侯、周五、張若侯、曹大、趙五、劉侍御、子晉；出現一次者，有卜十、乜二、井大、元七、戈五、方五（或指方應乾）、王比部、王先生、王祠部、田二、申二、白二、白大、伍八、仲一、仲二、印二、朱二、朱孝廉、米三（或指米萬鐘）、艾一、艾七、何大、吳二、吳大行、李一、沈一、沈二、沈君、來一、周二、周八、周先生、孟大、昌一、松石君、武三、姚九、皇甫七、胥十九、英六、叚二（或指叚尚繡）、唐七、徐三（或指徐爾鉉）、徐大（或指徐伯雨）、徐比部、晁領軍、祝五、荀二、袁先生、商七、屠二、戚五、許侍御、陳工部、陳六、陸二、陸大行、陸天倪、鹿三、麻二、勞二、

程一、程七、黃比部、黃四、黃君、黑三、楊大、溫二、萬儀部次公、鄒九、褚二、趙八、劉七、劉使君、樊一、潘舍人、蔣六、蔣孝廉、衛四、諸七、諸大（或指諸德祖）、鄭二、鄭都官、鄧大、璩三（或指璩之璞）、薊一、鍾離五、韓二、韓求、龐千里、藺二、顧八、權五，總計有一百一十二人，錄之備考。

第七節　人格特質

人格特質指每個人在成年之後，會在個人行事風格以及人際關係上面，有一定的表現方式或模式，而人格特質亦是影響每個人行爲風格及人際模式相當重要的心理層面。爲能對於宋楙澄有進一步的瞭解，有必要從認識其人格特質著手，方能掌握其成長方向與人際關係。綜觀楙澄一生的行爲表現，可以歸納出其人格特質主要爲使酒任俠、輕財重仁、仗義持節、喜交好游四者，而這樣的特質也織就宋楙澄不平凡的一生。

一、使酒任俠

俗語說：「人不輕狂枉少年」，年輕的心，血氣方剛，對於外在事物，總有最直率，最眞切的看法，而使酒任俠，則是楙澄在少年十五二十時，最醒目的人格特質，與楙澄的生命歷程長相左右。楙澄曾於〈顧思之傳〉述及與顧承學等人結爲酒黨，藉酒放縱的事蹟：

> 當乙未丙申之交，……居嘗與思之痛飲於庭前椿樹下，一呼輒盡六七十卮，然余竟不能敵思之，往往堅壁以待，乃思之則從横酒鎗，如入無人之境，……惟余差能突起不測，如伏兵猝發於背水之間，幸不奔北者屢矣，以故社中號思之爲酒將，而里中醇謹之夫，皆目我輩爲顛閒，相攜至火葬處，拾枯髏作盃飲之，瀝以臂血，使有生氣，醉後擇生方，深埋而奠之曰：「汝自爲枯髏已來，腦骨豈復侵酒氣耶！今日得吾輩勝□□東陵間，死魂澆酒土上，夜深直爲狐狸作噴也。」〔註172〕

以火葬場爲席，以髑髏頭作杯，既不懼怕得罪亡者，反認爲有助亡者再次感受酒氣，簡直駭人聽聞，一干酒徒卻不以爲意。宋徵輿〈先考幼清府君行實〉

〔註172〕《九籥集》卷之五〈顧思之傳〉，頁539。

〔註 173〕亦有類似記載，茲不贅述。

酒與俠，便似焦孟一般，形影不離，酒可以催化豪俠之氣，俠則可以提升飲酒之興，以故好酒者多任俠，任俠者亦多好酒。任俠是指崇尚氣節有擔當而樂於助人，楙澄人格特質中任俠的一面，可從其今人不足友，而尚友古人的態度來印證。他特別推崇春秋時代的趙相虞卿，認爲他拋棄個人榮辱，解除相印以救魏齊，具有豪俠風範，於是奉祀虞卿於家廟之左，作〈虞相國祠堂記〉，私心仰慕不已。楙澄深受影響，爲人亦有慷慨俠烈之風，豪放恣肆之舉。陳子龍所作〈宋幼清先生傳〉有載：

> 生十三年而能文章，喜交遊，稍習經生家言即棄去，顧好爲俠，慕戰國烈士之風，祠趙相虞卿於家，所以見志也。私習古兵法，散家結客，欲以建不世功。〔註 174〕

楙澄同年姚希孟〈書宋幼清事〉則載錄：

> 幼清少年不事經生家言，使酒任俠，鄉曲非之，不顧也。尤喜面折貴人，以故人往往欲陷之。幼清多智數，莫能害，私習孫吳兵書，又散財結客，思建不世功乃值。〔註 175〕

楙澄年少時，不局限於呆板枯燥、陳舊保守的經學主流思想中，反而另闢蹊徑，鑽研孫武與吳起兵法，輕財好客，企圖創造一番烈烈轟轟的功業。顯然其任俠豪情，萌芽甚早。吳偉業爲楙澄所作〈宋幼清墓誌銘〉，亦稱楙澄爲具有俠烈奇節之人：

> 初余游京師，從現聞姚先生商榷人物，余進曰：「今天下漸多事矣，士大夫顧浮緩養名，無一人慷慨俠烈以奇節自許者，先生詎有其人乎？」先生慨然曰：「吾同年生宋幼清，俠烈士也。」因談幼清生平，甚悉先生，善持論，慎許與，與人言者，吐如洪鐘，其談幼清，尤磊落可喜，倜儻非常。……雲間好濡緩，而公獨以俠聞，志行果決，跅弛不羈，嘗以丈夫生世，與其隱囊麈尾以送窮年，不如犬馬陸博可糜壯志，乃益跌蕩於酒以自豪。……刻趙虞卿之像，就其家設祠堂事之曰：「虞卿烈士，棄萬乘之相，而狥一人之窮，眞吾友也。」〔註 176〕

〔註 173〕〔清〕宋徵輿撰：《林屋文稿》卷之十〈先考幼清府君行實〉，頁 361。
〔註 174〕〔明〕陳子龍撰：《安雅堂稿》卷十三〈宋幼清先生傳〉，頁 876。
〔註 175〕〔明〕姚希孟撰：《松瘿集》卷之二〈書宋幼清事〉，頁 24 之 2。
〔註 176〕〔清〕吳偉業撰：《梅村家藏藁》卷第四十七〈宋幼清墓誌銘〉，頁 209～210。

楙澄爲人坦蕩磊落，行事倜儻不羈，不迎合世風，忠於自己，展現出自我獨特風格。

楙澄在青年時期，便與杯中物結下不解之緣，因此在詩文中不時散發濃濃酒氣：

> 澄少年嗜酒任誕，婦心弗是也，間進隱語，……亦稍稍改節。然喜陳孟公之爲人，日置酒邀客，無客則趺坐橫腳，仰面嚬呻。(〈亡婦楊氏誄有序〉)〔註 177〕

> 生於此中，頗稱耐久，燈下相親，恩同姬妾，便致媾嫌，不若處仲後房，一時驅盡也。(〈答蔣孝廉勸禁酒〉)〔註 178〕

楙澄天性好酒好客，將美酒比喻成骨肉及姬妾，有令人溺愛而不忍釋手的意味。儘管親友相繼規勸，仍無法遠離酒鄉。對於無法戒酒的原因，以及喝酒的理由，酒徒自有一番說辭：

> 恨時有客來，不免出酒，對酒如對兄面。(〈戲從兄〉)

> 謝絕肥甘，疏遠苦醴，胸中無思。(〈與范大〉)

> 少年善飲，每致宣揚壯氣，二十五已來，恐其露志傷生，稍稍節飲，濡首攢眉，動肖女子。二十六來，頗有微會，復徐開此興。(〈與諸二〉)〔註 179〕

因爲有客來訪，因爲可以豐富思緒，因爲不喝酒，舉止如女子。林林總總，都是喝酒的藉口罷了。尤其人生不如意時，往往借酒澆愁，企圖暫時自目前的困境解脫：

> 河北非吾土，江南別有天。……題柱從來志，低回濁酒前。(〈遠況〉)〔註 180〕

> 酒入愁顏罷放歌，西風寒雨鴈聲多。(〈蘸先君〉)〔註 181〕

> 抽簪寫字酒杯中，大小相思字不同，更把淚痕傾向酒，一身心事口

〔註 177〕《九籥前集》卷之六〈亡婦楊氏誄有序〉，頁 409～410。
〔註 178〕《九籥前集》卷之十〈答蔣孝廉勸禁酒〉，頁 420。
〔註 179〕前引三篇見《九籥前集》卷之十〈戲從兄〉、〈與范大〉、〈與諸二〉，頁 424、424、425。
〔註 180〕《九籥前集詩》卷之四〈遠況〉，頁 460。
〔註 181〕《九籥前集詩》卷之七〈蘸先君〉，頁 475～476。

邊逢。(〈悼亡新婦〉)〔註 182〕

楙澄一生困厄，每於夜闌人靜時，念及年歲漸長，壯志未酬，父命難成，友別親亡等等，都讓他心事重重，難以自遣，在心力交瘁的當下，惟有酒入愁腸，或酒壯雄心，才能暫時寬解內心的鬱悶與苦痛。被酒氣浸潤的感傷，有著深沈難解的無奈感。

二、輕財重仁

名與利是古往今來的人汲汲營營追求的目標，擁有名，可以擁有成就感，甚至獲得權力。而擁有利，則可衣食無虞，享受榮華富貴。楙澄獨不然，他認為錢財乃身外之物，名在仁前，顯得微不足道。對於輕財與重仁，他在日常生活中身體力行，特別是急人之難及為同鄉處理後事二事，便是最有力的印證。姚希孟〈書宋幼清事〉記載甚詳：

> 出人患難，如赴身首之急，資人窮乏，出諸自然之懷，揮千金而不顧，蹈白刃而不畏，古之所謂賢豪長者耶！何其壯也。……己未之役，余受鹵莽知，而幼清失意南歸，其時同鄉孝廉一曰沈煌，一曰潘衷俊皆病卒，旅資既失，奴僕並散，喪不能歸。此二人雖有才藻，而先與幼清不甚相知，……幼清慨然曰：「某雖落羽，豈可使二公露骨京師哉！」于是經紀其喪，護至兩家，至欲為幼清立生主，幼清謝不敢當也。周黃等咸服其德誼。〔註 183〕

陳子龍〈宋幼清先生傳〉中亦有著墨：

> 先生性沈毅，激卬輕財，人有急，夜半叩門求子金，無不立應者，……然或顯人有所求，非其意，一介不與。……為人多感概，急人之難，不問識與不識。……計偕京師有同郡潘君、沈君，俱以公車前後卒，不成喪，此兩君與先生無素，慨然為經紀，甚至且護其喪南還，士論義之。〔註 184〕

宋徵輿〈先考幼清府君行實〉中亦未遺漏：

> 故己未之役……不得第。時海上潘衷俊、松陵沈煌俱以公車先後卒，喪不成且不能歸，府君傷之，為具棺斂，護其喪南下經紀，甚至此

〔註 182〕《九籥前集詩》卷之七〈悼亡新婦〉，頁 479。

〔註 183〕〔明〕姚希孟撰：《松癭集》卷之二〈書宋幼清事〉，頁 24 之 2、之 3、之 4。

〔註 184〕〔明〕陳子龍撰：《安雅堂稿》卷十三〈宋幼清先生傳〉，頁 879～881。

兩人非有素也，時論高之。……夜半叩門，求千金濟緩急，無勿應者，即不足，我母施孺人助之，蓋府君雖不言俠，實自喜爲俠，惟孺人雅知其意云。〔註 185〕

對於窮困的人，不論認識與否，總是適時伸出援手，甚至不惜傾囊相助，賢妻施氏對楙澄的俠義之舉亦給予支持，展現人飢己飢，人溺己溺的襟懷。雖然失去錢財，卻獲得助人之樂。此外，面對同場應試卻客死他鄉的潘衷晙及沈鍠〔註 186〕，其後事乏人照料，楙澄與兩人雖不熟識，但有不忍人之心，便毅然決然挑起扶柩南歸的責任，並婉拒死者家屬立生祠的心意，如非眞正有仁心之人，如何能這般大愛無私？不求回報，才是重仁的眞正表現。楙澄輕財重仁的人格特質所表現出的德行，不管在當時或今日，都讓人推崇。

三、仗義持節

義是合於正道正理之事，也是傳統儒家思想所強調的核心觀念之一，而楙澄的思想與作風，每每將「合於義」三個字發揮到淋漓盡致。身爲一介文人，但行事風格卻彷彿一俠士，在判斷事理時，往往訴諸正義。神宗朝前期宰相張居正在位十年內，其地位是一人之下，萬人之上，卒後不到兩年，竟被奪官，抄家，家屬流放邊疆，成爲罪人。對於前宰相的處境，楙澄秉持公理正義作〈江陵論〉三首，企圖爲宰相辯白，今《九籥前集》卷之三僅收錄〈江陵張相公論一〉及〈江陵論二〉二首，第三首當已佚。馮時可先生曾爲楙澄父親作〈宋貢士堯俞小傳〉，兼述楙澄爲宰相辯白的事迹：

有間江陵遭父喪，……公乃上相公書曰：……僕愚以爲相國留，天子蒼生幸甚；相公去，天下萬世幸甚，……初江陵留公，欲以紫薇舍人官之，及得書，遂落落遇公，而公默默不得志，竟自遠。然自公上書後，江陵終不自安，而戚大將軍繼光在薊門，亦以奪情爲非，馳騎勸相公亟歸，……江陵嘆曰：「戚君愛我深矣，曩宋生言若此，想人心盡然也。」……公沒數年，幼子尚新方弱冠，……曾爲〈相公論〉三首，以白江陵動而洗其瑕，其持論有故，非漫語。嗟乎！

〔註 185〕〔清〕宋徵輿撰：《林屋文稿》卷之十〈先考幼清府君行實〉，頁 363、364。

〔註 186〕有關潘衷晙及沈鍠的名諱，據〔明〕張朝瑞編：《南國賢書》記載：「萬曆四十年壬子科，……沈鍠（排名第一百一十），吳江，附生，《書》。……萬曆四十三年乙卯科，……潘衷晙（排名第一百四十四），青浦，增生，《詩》。」頁碼未標，故以同時代所作《南國賢書》爲準。

一江陵也，父抗于天下所競趨，子白於天下共誹，皆蹇蹇諤諤，自為肝腸齒頰，奇士哉！〔註187〕

嘉慶《松江府志·拾遺志》對於宰相奪情，宋氏父子在不同時空不同情境下，皆本於事理而仗義直言的表現，給予正面評價：

張江陵之奪情也，宋孝廉堯俞上書規之，……江陵不能用，且尼之。堯俞沒數年，江陵敗，子孝廉懋澄方弱冠，著論三篇，以原其情而洗其釁。夫一江陵也，父抗之於天下所共趨，子原之於天下所共棄，皆出之孤特之談，述之以愧後世之炎涼勢利者。〔註188〕

父子倆人不人云亦云，反而逆向操作，本諸士人的良心與節操，發表持平之論，因此格外顯得孤高不群，更令後世趨炎附勢者感到羞愧。可以說，楙澄不僅有乃父之風，甚至青出於藍而勝於藍。至於吳偉業〈宋幼清墓誌銘〉，則載父子倆人先後名動京師的過程：

父諱堯俞，嘉靖中鄉進士，上書張文忠，諫奪情不得第，著《薊門集》以卒。公其仲子也，……神宗皇帝在宥四十餘年，士大夫所持國是，無如江陵奪情、光廟出講一二大事，皆通國爭之，會暴有所摧折，士氣憂不振，公父子皆書生，先後游太學，持直節，發讜論，赫然名動京師。〔註189〕

堯俞為報答知遇之恩，不惜賭上個人仕途，直言勸諫宰相依禮守喪，在宰相地位如日中天的當口，如此建言無疑是忠言逆耳，並未被採納。至於楙澄，則在宰相身後遭遇清算，眾人避之惟恐不及之際，甘冒被牽連的危險，獨排眾議，仗義直言，企圖為宰相洗刷罪名，在草木皆兵的現實環境下，楙澄的發聲，需要極大的勇氣，而所謂勇氣，是為正義奮不顧身，且義無反顧。《論語·為政》篇有言：「見義不為，無勇也。」《孟子·公孫丑上》亦言：「其為氣也，配義與道，無是餒也。」勇氣有正義與正道作後盾，當然是正氣凜然。這樣超凡的志節，楙澄自許是身為文人必須具備的，因此持節的理念，已內化為其價值觀的一部分，表現出的外在行為當然是慷慨豪壯。難怪熊廷弼〔註190〕及馮時可同稱其為「奇士」，吳偉業稱其「慷慨俠烈，以奇節自許」、「為

〔註187〕〔明〕馮時可撰：《馮元成選集》卷五十〈宋貢士堯俞小傳〉，頁53、55、56。
〔註188〕嘉慶《松江府志》卷八十二〈拾遺志〉，頁1869。
〔註189〕〔清〕吳偉業撰：《梅村家藏藁》卷第四十七〈宋幼清墓誌銘〉，頁210。
〔註190〕〔明〕陳子龍撰：《安雅堂稿》卷十三〈宋幼清先生傳〉，頁878。

人落拓，有壯節，好奇計」〔註 191〕，楙澄侄宋徵璧與陳子龍、徐孚遠、周立勳等人同編的《皇明經世文編》，則用「閎覽負奇」〔註 192〕四字來表彰宋楙澄的氣質，凡此均為其具有仗義持節的人格特質使然。

四、喜交好游

楙澄天性有俠義之風，而俠義經常與「交游廣闊」四字密不可分，俗話說：「在家靠父母，出外靠朋友」，出門在外，朋友是最重要的後盾，其重要性幾可與父母相提並論，《論語・顏淵》篇亦曰：「四海之內皆兄弟也。」而楙澄身體力行的成效是，伴隨其遊歷面積的拓展，所結交的賢豪之士愈多，從其與友朋書牘往來的數量，即可窺知一二。此外，受到晚明旅遊風氣興盛的影響，上自為官者，下至一般士人，均不能免俗地沾染旅遊的風氣，甚至平民百姓亦受流風所及，仿效文人雅士進行簡易的旅遊。可以說，旅遊在晚明已成為士大夫們熱衷的社交方式，楙澄則自然而然地攀住流行的趨勢，結合個人喜交好游的天性，在來來往往的旅途當中，成就個人的光與熱。

楙澄曾於〈積雪館手錄序〉自謂：「平生雅好遊，興之所至，輒竟千里，雖於陸風雨，于水波濤，靡間晝夜。會有天幸，得不死於盜賊險阻，然以母在，興盡即還，與世之因利而行，失利不歸者異。」〔註 193〕遊興一來，不遠千里，風雨無阻，是真正好遊之人的最佳寫照，且與逐利而遊的庸俗之人大異其趣。姚希孟〈書宋幼清事〉亦言：「幼清好遊，未嘗終月在家。」〔註 194〕一語道破楙澄好遊的人格特質，雖說未曾整月在家的說法略有誇大，但亦不難想見其客居異鄉的頻率，竟逾百分之六十，簡直匪夷所思。吳偉業〈宋幼清墓誌銘〉有記：

> 又負奇略，規摹九邊形勢，親歷險塞，與其賢豪長者遊。生平居燕者十之五六，居吳門者十之三四，若齊、若秦、若汴、若豫章、若楚越，皆居焉。〔註 195〕

楙澄少時喜讀兵書，壯年好遊，遊歷的最重大收穫，在於活用兵學與結交同

〔註 191〕〔清〕吳偉業撰：《梅村家藏藁》卷第四十七〈宋幼清墓誌銘〉，頁 209、210。

〔註 192〕〔明〕陳子龍、宋徵璧、徐孚遠、周立勳等編：《皇明經世文編》，姓氏爵里總目，〈宋懋澄〉，頁 98。

〔註 193〕《九籥集》卷之二〈積雪館手錄序〉，頁 512。

〔註 194〕〔明〕姚希孟撰：《松癭集》卷之二〈書宋幼清事〉，頁 24 之 3。

〔註 195〕〔清〕吳偉業撰：《梅村家藏藁》卷第四十七〈宋幼清墓誌銘〉，頁 210。

道。他經常在遊歷時，從兵學角度觀察地形地勢，甚至親臨要塞，以驗證兵書或軍事分析，且胸懷偉略，以備有朝一日能報效朝廷。此外，又藉遊歷之便，結交賢豪長者，不但可切磋詩文，增廣見聞，又可排遣寂寞，甚至解決困難，難怪朋友得以與君臣、父子、夫婦、兄弟並稱爲五倫，其重要性不言而喻。楙澄性喜交友，所交之友亦不乏顯宦如楊宮諭繼禮、沈侍御時來、唐宗伯文獻等；詩酒交如顧承學、于鳦先、趙佐等；親交如宋懋觀、宋茂益、宋茂韶、王大維等；同年交如白正蒙、黃元會、姚希孟、解學龍等；師友交如馮時可、李維楨、高承祚、吳之甲、劉曰寧、熊廷弼等；山野交如陳繼儒；同郡交如李紹文、袁保德、楊忠裕、張所望等；方外交如太虛、湧峰、堅林等，不勝枚舉。交游廣闊，豐富其文章與生命，因此交友與游歷在其生命中占有極重要的分量。

陳子龍〈宋幼清先生傳〉曾就楙澄生命中的重要經歷，凸顯楙澄喜交好游的性格：

> 年三十餘，始折節爲儒，北遊京師，爲太學生，所交皆海內賢豪士。……屏居歲餘，復北上，聞母張太夫人訃，奔還，……服除，又將北遊，親故多止之，先生泫然流涕曰：「我安忍親在而出，親沒而處乎？」卒客燕者五年。……生平好遊，凡秦楚、燕齊、汴宋、吳越之區，無不至，至輒交其豪傑，顯僚大帥罔不郊迎，置之客右，資其籌策，恒出橐，中裝自給，終未嘗有所私請。〔註196〕

約自三十歲起，楙澄便開始過著四處漂泊，四海爲家的生活，每與豪傑將帥相交，爲其運籌帷幄，因此交友滿天下。他遊歷的範圍遍及明朝最富庶的省份，包含京師、河北、山東、湖廣、江西、南京、浙江等地。宋徵輿〈先考幼清府君行實〉有更詳盡的描述：

> 孺人從容言：「……汝齒壯而足不出户，非肖子也。盍往京師，無忘若父所志矣。」先君俛首流涕，即日離家，時年三十矣，……至都爲太學生，然賢士大夫皆願與之游，……適直指使者將以張太夫人貞節聞于朝，府君因南還省母，擬建旌節坊，……遂復北上。居歲餘，張太夫人卒，兼程奔喪，……服除將挈家以北，親故多止之，……卒復客燕者五年。……性好游，未嘗終歲居家，旅燕者十之五六，

〔註196〕〔明〕陳子龍撰：《安雅堂稿》卷十三〈宋幼清先生傳〉，頁876、877、878、880。

旅吳門者十之三四，若齊、若秦、若汴、若豫章、若楚越，皆有邸居，又遍覽九邊，規形勢焉，所至必與其賢豪長者游，故交滿天下。〔註197〕

楙澄喜交好游，除受流風影響及天性使然外，最重要的因素便是嚴母的督促。她曾以「爾父以一經復十世之業，爾毋以十世之業狥一身」〔註198〕的名言規勸楙澄，期許他出外闖蕩，求取功名，有朝一日功成名就，既完成父親的遺願，又光耀門楣。嚴母的諄諄教誨，迫使他無法違背母願，一生奔波於松江與京師間近三十年，寧願背負「上通於天」〔註199〕的不孝重罪，只爲完成雙親的遺願。固知楙澄一生碌碌舟車間，實有馬不停蹄的憂傷在其中。

第八節　著　述

所謂觀其書可知其人，宋楙澄雖熱衷於著述，惟產量有限，據嘉慶《松江府志》卷五十五〈宋懋澄〉傳云：「宋懋澄，字幼清，華亭人。……有《九籥集》、《別集》行世。」〔註200〕其著作目前有《九籥集》及《九籥別集》二書存世，保存宋楙澄一生用盡心力寫下的詩、文及稗編作品。此外，就《九籥集》詩文中搜檢，可得其著作尚有《南雲小言》一卷，以及《靡蕪館手錄》、《積雪館手錄》、《偏憐客》三書，惜已不得見。另楙澄堂高祖宋詡作《宋氏家要部家儀部家規部燕閒部》〔註201〕，包括〈家要部〉三卷、〈家儀部〉四卷、〈家規部〉四卷、〈燕閒部〉二卷，合計十三卷，是書載華亭宋氏家族日常生活的規範或守則，每卷卷首下著錄：「華亭宋　詡久夫甫著，從玄孫懋澄稚源甫校」，則知宋楙澄爲本書校者，亦可見其對家族事務的關心。

一、《九籥集》

現存《九籥集》中收錄《九籥前集》十一卷、《九籥前集詩》八卷（含詞

〔註197〕〔清〕宋徵輿撰：《林屋文稿》卷之十〈先考幼清府君行實〉，頁362、363、364。

〔註198〕《九籥集》卷之七〈先妣張太孺人乞言狀〉，頁575。

〔註199〕同前註，〈先妣張太孺人乞言狀〉云：「余若早從簡栖之言，不孝之罪，何至上通於天乎？」頁575。

〔註200〕嘉慶《松江府志》卷五十五〈宋懋澄〉，頁1230。

〔註201〕〔明〕宋詡著，〔明〕宋懋澄校：《宋氏家要部家儀部家規部燕閒部》，北京：書目文獻出版社，1988年。

一卷）、《九籥集》十卷、《九籥集詩》四卷、《九籥續集》十卷、《九籥中集》一卷、《瞻途紀聞》一卷、《九籥後集》二卷，合計四十七卷。其中《九籥中集》一卷僅錄祭文一篇，即〈祭馮元成先生文〉，該篇另見《九籥續集》卷之八，爲重複收錄之作，應不計入，故實際卷數則爲四十六卷。

《九籥集》有李維楨、謝廷諒、錢希言三序。錢希言〈九籥集敘〉云：「今戊申春，幼清自燕都還，訪余月駕園，與之譚論。因出篋中《九籥集》一編相定，則君旅食都門時，及跋涉津梁間，所著詩若文也。」〔註 202〕則錢序作於戊申春，即明神宗萬曆三十六年（1608 年），且錢希言此序所見《九籥集》，乃部分稿本而已。李維楨〈九籥集序〉雖未署年月，但其《大泌山房集》卷之十三〈李仍啓集序〉云：「雲間二才子，曰宋幼清、李仍啓，皆以壬子舉南北京兆試。幼清余同榜中人猶子，識之未第時，爲序其《九籥集》。」〔註 203〕查《明史・李維楨》傳云：「李維楨，字本寧，京山人。……維楨舉隆慶二年進士。」〔註 204〕再查《九籥集》卷之六〈先府君本傳〉云：「從叔父遜菴以戊辰成進士。」〔註 205〕遜菴指楙澄堂叔父宋堯武，戊辰即明穆宗隆慶二年（1568 年），李維楨與宋堯武爲同榜進士，猶子指侄子，故稱楙澄爲「同榜中人猶子」。李維楨爲《九籥集》作序當在楙澄未第前。又宋楙澄〈將遷居金陵議〉云：「是以壬子之役，義不復渡江，……儌天之衷，壬子借一于南都，不捷，當僦數廛于金陵，彙墳典，誦讀其中，……」〔註 206〕據李維楨〈貞節宋母張孺人墓志銘〉所載「澄以通家謁余，金陵相得甚歡，尋舉京兆試。」〔註 207〕再據楙澄作〈呂翁事九〉所記：「壬子於金陵謁客聚寶門尹氏」〔註 208〕，則楙澄遷居金陵、拜謁李維楨、李維楨作〈九籥集序〉，應發生於同一時點，即萬曆四十年秋試前，以故推測李維楨〈九籥集序〉當作於萬曆四十年秋試之前。謝廷諒〈九籥集序〉序末署「萬曆壬子孟秋望日」，則謝序作於明神宗萬曆四十年。從李序謝序均作於萬曆四十年，又謝序序末有「榜中得人甚盛」〔註 209〕之語，

〔註 202〕《九籥集》卷首，〔明〕錢希言撰〈九籥集敘〉，頁 384。
〔註 203〕〔明〕李維楨撰：《大泌山房集》卷之十三〈李仍啓集序〉，頁 573。
〔註 204〕《明史》卷二百八十八〈李維楨〉，頁 1995。
〔註 205〕《九籥集》卷之六〈先府君本傳〉，頁 560。
〔註 206〕《九籥集》卷之八〈將遷居金陵議〉，頁 586。
〔註 207〕〔明〕李維楨撰：《大泌山房集》卷之一百二〈貞節宋母張孺人墓志銘〉，頁 70。
〔註 208〕《九籥集》卷之十〈呂翁事九〉，頁 604。
〔註 209〕《九籥集》卷首，〔明〕謝廷諒撰〈九籥集序〉，頁 383。

推測《九籥集》之刊刻，應即萬曆四十年宋楙澄中舉後不久事。而錢、李、謝三序，均未言及宋楙澄前此有已刊之書，則《九籥前集》詩文的刊刻，應與《九籥集》詩文同時。一般而言，《九籥集》的刻刊時間均因謝序作於萬曆四十年而定位於是年，如國家圖書館《九籥集》的書目資料，以及日籍岡崎由美等，均持此說法。但楙澄作〈先妣張太孺人乞言狀〉載：「先慈微節，未膺　天子一命，稽顙籲天，於今十有三年矣。」〔註 210〕其母卒於萬曆二十九年，則〈先妣張太孺人乞言狀〉應作於萬曆四十一年，本狀是《九籥集》中可以繫年的最晚作品，且是年澄母張氏受旌，意義重大，故推測《九籥集》初版時間可能即爲明神宗萬曆四十一年（1613 年），且初版應僅包括《九籥前集》、《九籥前集詩》、《九籥集》及《九籥集詩》四部分。據《九籥後集》之〈與張叔翹書〉之記載：「至于金陵，則弟壬子已有〈遷居金陵議〉矣，刻在拙稿可覆。」〔註 211〕〈將遷居金陵議〉收錄於《九籥集》卷之八，則知《九籥集》及以前的作品已先行刊刻，集中清諱不避，如「虜」字等，明諱如明熹宗朱由校的「校」字，明思宗朱由檢的「檢」字，亦均不避，其爲萬曆間刊刻無疑。且《九籥前集》詩文及《九籥集》詩文四種，刻本體式及字體相同，明顯爲一時之刻。至於《九籥續集》、《九籥中集》、《瞻途紀聞》及《九籥後集》四集，應於《九籥集》初版刊刻後，再將中舉後的作品陸續補入，而於《九籥集》再版時收錄。此四集刻本體式及字體各有異同。《九籥續集》、《九籥中集》、《瞻途紀聞》之字體相同，《九籥後集》則與《九籥前集》詩文及《九籥集》詩文四集相同，版式則《九籥集》各集均相同，可見《九籥續集》等四集付梓時間不一。

有關其著作命名之由來，《九籥集文》目錄後之附記云：「鮑參軍〈升天行〉云：『五圖發金記，九籥隱丹經。』余好養生家言，故以名篇。一名《天籥》者，以斗宿下有天籥八星，而余生斗分也。」〔註 212〕楙澄表明「九籥」二字取材於鮑照〈升天行〉中「九籥隱丹經」之句。至於「九籥」的意義，《文選》李善及劉良的注文爲：

> 善曰：「《抱朴子》曰：『余聞鄭君言道書之重，莫尚於《三皇文》、《五岳眞形圖》也。』又曰：『鄭君唯見授金丹之經。』又曰：『仙經《九

〔註 210〕《九籥集》卷之七〈先妣張太孺人乞言狀〉，頁 577。

〔註 211〕《九籥後集》楚遊下〈與張叔翹書〉，頁 752。

〔註 212〕《九籥集文》目錄最後的附記，頁 490。

轉丹》、《金液經》皆在崑崙之五城之內，藏以玉函。』《尚書》曰：『啓籥見書。』鄭玄《易緯》注曰：『齊、魯之間名門户及藏器之管曰籥，以藏經。』而丹有九轉，故曰九籥也。」良曰：「采芝法有五，故云五圖，出《太清金匱記》。發，開也，仙經有《九轉金液丹法》，籥可以盛書，故云『隱丹經』。」〔註213〕

經查葛洪《抱朴子內篇‧遐覽》云：「抱朴子曰：『余聞鄭君言，道書之重者，莫過於《三皇文》、《五岳眞形圖》也。』」〔註214〕鄭君指鄭隱，爲葛玄弟子，葛洪之師。又《抱朴子內篇‧金丹》言：「江東先無此書，書出於左元放，元放以授余從祖，從祖以授鄭君，鄭君以授余，故他道士了無知者也。」〔註215〕又《抱朴子內篇‧地眞》曰：「仙經曰：『《九轉丹》、《金液經》，守一訣，皆在崑崙五城之內，藏以玉函，刻以金札，封以紫泥，印以中章焉。』」〔註216〕玉函指玉質的書匣，多用以珍藏貴重的物品。《尚書‧周書‧金縢篇》載：「啓籥見書，乃并是吉。」〔註217〕鄭玄注《易緯乾鑿度》曰：「齊魯之間，名門戶及藏器之管爲籥，以藏經。」〔註218〕而丹有九轉，故曰九籥也。西漢戴聖《禮記‧月令》云：「孟冬之月，……脩鍵閉，慎管籥。」〔註219〕籥與鑰通。綜合言之，好養生之道者爲珍藏《九轉丹》、《金液經》等仙經，而用玉函藏經，並以鑰匙保護。簡言之，九籥當指用鑰匙珍藏保護《九轉丹》等仙經。楙澄於〈白雲山房記〉自謂：「會中年多病，稍習養生家言。」〔註220〕因身體孱弱多病，於是研究養生家言，也因當時心境的影響，截取鮑照〈升天行〉的「九籥」二字，作爲其著作集的名稱，藉此表明其嘔心瀝血的著作値得被珍藏與

〔註213〕〔梁〕昭明太子蕭統撰，〔唐〕李善等註：《（宋本）六臣註文選》（臺北：廣文書局，民國53年9月），第二十八卷，〈鮑明遠樂府八首‧升天行〉，頁533。

〔註214〕〔晉〕葛洪撰：《抱朴子內篇》（臺北：新文豐出版股份有限公司，民國74年元月，《叢書集成新編》本），卷之十九，〈遐覽〉，頁174。

〔註215〕〔晉〕葛洪撰：《抱朴子內篇》卷之四〈金丹〉，頁136。

〔註216〕〔晉〕葛洪撰：《抱朴子內篇》卷之十八〈地眞〉，頁172。

〔註217〕〔漢〕孔安國撰，〔唐〕孔穎達等正義：《尚書正義》（臺北：藝文印書館，民國78年1月，11版，《十三經注疏》本），卷第十三，〈周書‧金縢第八〉，頁187。

〔註218〕〔漢〕鄭玄注：《易緯乾鑿度》（石家莊市：河北人民出版社，1994年12月，《緯書集成》本），卷上，「易編」，頁3。

〔註219〕〔漢〕鄭玄注，〔唐〕孔穎達等正義：《禮記正義》（臺北：藝文印書館，民國78年1月，11版，《十三經注疏》本），卷之十七，〈月令〉，頁340、342。

〔註220〕《九籥集》卷之一〈白雲山房記〉，頁504。

細心呵護的心志。

至於《九籥集》別名《天籥集》的原因，楙澄解釋是因爲「斗宿下有天籥八星，而余生斗分也。」中國古代天文學中有二十八星宿，可歸納爲四大星區，並以動物的名稱命名稱爲「四象」，每一個方位有星區七宿，即東方青龍（包括角、亢、氐、房、心、尾、箕七宿）、北方玄武（包括斗、牛、女、虛、危、室、壁七宿）、西方白虎（包括奎、婁、胃、昴、畢、觜、參七宿）、南方朱雀（包括井、鬼、柳、星、張、翼、軫七宿）。玄武是北方七宿的總稱，玄武七宿的第一宿爲斗宿，有六顆星，又稱南斗六星，因與北斗七星位置相對，故稱南斗。東漢以後，道教重視斗星崇拜，稱「南斗注生，北斗注死」，凡是人從投胎之日起，便從南斗過渡到北斗。人之生命壽夭均由北斗主其事，而南斗是注生之神，民間稱爲延壽司。至於「天籥八星」，《晉書・天文上》記載：「天籥八星在南斗柄西，主關閉。」〔註221〕天籥八星在南斗杓第二星西，主開閉門戶。或許因楙澄出生的時辰與斗宿出現的時間相合，而有「余生斗分」之說。斗宿又名南斗，南斗則是道教崇拜的延壽神，與楙澄好爲養生家言，所注重延年益壽的精神一致。又因斗宿下有天籥八星，主關閉門戶，與九籥之「籥」字所指「鑰匙」字義相吻合，因此有《天籥集》的別名。

有關《九籥集》各集的寫作時間，《九籥前集》詩文與《九籥集》詩文雖同時出版，但事實上是兩個分開的作品集，據韓南〈〈蔣興哥重會珍珠衫〉與〈杜十娘怒沈百寶箱〉撰述考〉所考，《九籥前集》詩文「代表其早年之作，包括了大約到一五九六年以前的作品。《九籥集》收輯他後來的作品，序於一六一二年。」〔註222〕韓南先生以萬曆二十四年（1596年）及萬曆四十年（1612年）作爲分界點，就《九籥前集》詩文及《九籥集》詩文可繫年的篇章來看，萬曆二十四年確爲一個清楚的分野。至於《九籥集》詩文與《九籥續集》及其他詩文的寫作時間，則在楙澄萬曆四十年中舉後互有交錯，其分野並不明確，《九籥前集》及《九籥集》的初刊已因〈先妣張太孺人乞言狀〉而定於萬曆四十一年，但寫作時間與刊刻時間未必一致，《九籥集》的寫作時間至萬曆四十一年止，而《九籥續集》及其他則自萬曆四十年起，尚無法強行割裂兩

〔註221〕〔唐〕房玄齡等奉敕撰：《晉書》（臺北：啓明書局，民國51年），卷十一天文上，〈天文經星〉，頁49。

〔註222〕王秋桂編：《韓南中國古典小説論集》（臺北：聯經出版事業公司，民國68年9月），〈〈蔣興哥重會珍珠衫〉與〈杜十娘怒沈百寶箱〉撰述考〉，頁99。

者的寫作時間。綜而言之，《九籥前集》及《九籥前集詩》約作於萬曆二十四年以前，《九籥集》及《九籥集詩》約作於萬曆二十四年至萬曆四十年或四十一年之間，至於《九籥續集》、《九籥中集》、《瞻途紀聞》、《九籥後集》則約作於萬曆四十年以後。

二、《九籥別集》

宋楙澄《九籥別集》四卷係由太倉吳偉業〔註 223〕選錄。本書刊刻時，吳偉業於書首目錄下備註：

全集卷帙甚富，燬于兵火，今先梓《別集》行世，全集嗣出。〔註 224〕

兵火指明清之際的鼎革世變。很顯然地，吳偉業先選錄《九籥集》的部分作品，集結成《九籥別集》刊刻印行，並預告全集的出版計畫，惜未見《九籥集》的清刻本。有一點值得留意，由於吳偉業選編的《九籥別集》中亦收錄除《九籥前集》及《九籥集》以外的作品，如《九籥續集》卷之三〈葛道人傳〉，因此上引吳偉業所寫的備註透露出一個訊息，即所謂「全集」，已包含目前所見的《九籥集》完整版本，而非初刻本，間接證實《九籥集》再版時的完整版本，在明末時已出版，時間約在明熹宗或思宗二朝間，但很遺憾地燬於改朝換代的戰火。吳偉業此語對於《九籥集》的再版時間，提供有利的證據。

《九籥別集》共四卷，除卷之一選錄「赤牘」外，其餘卷之二至卷之四均爲「稗」編，茲將《九籥別集》之內容與《九籥集》相比對，則《九籥別集》所選錄之作品均散見《九籥集》各集之中。參照陳子龍〈宋幼清先生傳〉對宋楙澄文章的評價：

先生文章俊拔，尤工尺牘及稗官家言。〔註 225〕

據此可知，吳偉業關注於《九籥集》中最爲人所稱道的「赤（尺）牘」及「稗」二類作品，經其精挑細選後，集結成爲《九籥別集》。由此可說，《九籥別集》

〔註 223〕吳偉業，字駿公，號梅村，江南太倉州人，生於明神宗萬曆三十七年（1609年）五月二十日，卒於清聖祖康熙十年（1671 年）十二月二十四日，年六十三。明思宗崇禎四年（1631 年）辛未科進士，授翰林院編修。著有《梅村家藏藁》、《春秋地理志》、《春秋氏族志》、《綏寇紀略》、《秣陵春樂府》、《臨春閣樂府》、《通天臺樂府》等。

〔註 224〕〔明〕宋楙澄撰：《九籥別集》（北京：北京出版社，2000 年 1 月，《四庫禁燬書叢刊》本），頁 756。以下所引《九籥別集》之內容及頁碼，均指此本。

〔註 225〕〔明〕陳子龍撰：《安雅堂稿》卷十三〈宋幼清先生傳〉，頁 882。

乃《九籥集》之精選集。再經詳細比對，《九籥別集》部分作品內容業由吳偉業加以增刪。一般而言，他刪去許多《九籥集》原本中較爲華麗的詞藻，尤其具有類似賦體之形式者。以〈負情儂傳〉爲例：

> 至潞河，附奉使船，抵船而金已盡，女復露右臂生綃，出三十金曰：「此可以謀食矣。」生頻承不測，快倖遭逢，於時自秋涉冬，嗤來鴻之寡儔，詘遊魚之乏比，誓白頭則皎露爲霜，指赤心則丹楓交炙，喜可知也。行及瓜州，舍使者艅艎，……女亦以久淹形跡，悲關山之迢遞，感江月之交流，乃與生携手月中，……生既飄零有年，攜形挈影，雖鴛樹之詛，生死靡他，而燕幕之棲，進退惟谷，羝藩狐濟，既猜月而疑雲，燕喙龍漦，更悲魂而啼夢，乃低首沈思，辭以歸而謀諸婦，……〔註226〕

此外，他刪減與文本情節相關性較低的部分評論文字，且大部分在篇末。如〈葛道人傳〉：

> 宋懋澄曰：「當楚寺被逐，陳增投環，　上意猶未弛也。及眾討建節，始驚詫曰：『三吳亦復騷動耶！』嗣後遂不復遣，死不再補。其計于今，直贅龐耳，而礦採亦竟絕跡。一夫語難，萬里帖席，厥績丕矣。雖然鬻拳兵諫，顧法自戕，此余四謠卷卷于一死也，然道人卒以不死，明　天子無冤獄，雖古從容就義，奚以加焉？余獨悲王秩爲眾拯死，爲國解紛，脩矛止戈，萃于一人而卒斃，狴犴敖禎爲肉食代謀，至不得與噬民之郭岩同死牖下。悲夫！幼于以言取禍，邦有道，危言危行，尼宣殆欺余耶！余讀撫臺已下功令，知人心不死，猶在縉紳，　天子萬年之頌，其在斯與？其在斯與？」〔註227〕

具底線文字乃《九籥別集》中未見者，亦即爲吳偉業刪去的文字，或許其用意在於更符合廣大群眾的閱讀能力，或促使讀者更關注於稗編情節而非作者評論。

《九籥別集》除選錄《九籥集》作品之外，就現有目錄來看，書末有「附錄」一篇，篇名爲〈宋幼清先生傳〉，但《別集》中僅存篇名，內容已失。就篇名來看，與收錄於陳子龍《安雅堂稿》卷十三〈宋幼清先生傳〉同名，推測《九籥別集》中所附原即指此篇作品。本篇作者陳子龍（1608～1647年），

〔註226〕《九籥集》卷之五〈負情儂傳〉，頁549～550。

〔註227〕《九籥續集》卷之三〈葛道人傳〉，頁674～675。

曾與李雯（1607～1647 年）及宋徵輿合編《皇明詩選》。陳氏與宋楙澄之子宋徵輿爲莫逆交，爲明末幾社領袖之一，明思宗崇禎十年（1637 年）丁丑科進士，明亡後，曾先後接受福王、唐王及魯王的職銜，助南明抗清，清世祖順治四年，結太湖兵起義，事露被擒，乘間投水死。由於陳子龍抗清殉節的身分敏感，推測本篇遭抽燬即因作者陳子龍之故。而陳子龍等編的《皇明經世文編》亦屬違礙書目〔註 228〕，則可見一斑。

三、亡佚著作

宋楙澄勤於著述，但現存的著作僅《九籥集》及《九籥別集》，事實上其著作應不止此。遍查《九籥集》，知其著作尚有《蘼蕪館手錄》、《積雪館手錄》、《偏憐客》、《南雲小言》等書，惜已亡佚。茲參考《九籥集》中碩果僅存之〈蘼蕪館手錄序〉、〈積雪館手錄序〉、〈偏憐客序〉、〈南雲小言序〉，略可得各書寫作的宗旨。

> 華亭春申浦之南九里爲余故鄉，去所居東三百餘武，有大水通朝夕潮。晨餐後，輒放舟柳下，觀水之去來，……感水之盈縮，……時余居喪，方苦胃疾，飲食日廢，得水之適，稍減半焉。已復自悔，不止於讀《禮》而浸淫他書，不死於伏苫而留連一水，余名教之罪人矣。抑語不云乎？苟有過，人必知之，敢題諸簡端以識我過。曰蘼蕪館者，言宛在水中央也。（〈蘼蕪館手錄序〉）〔註 229〕

> 迨庚子文弗式，……及春而婦妊，……婦竟緣病墮娠，乃天不慭遺老母，遂於是冬謝世。聞訃之後，悔恨欲顛，行止如夢，……及克抵家，而悲勞麕至，寢食交忘。越不兩月，自分死矣，苦無以餞日，遂取古今書讀之，遇奇事即錄。在舟曰《蘼蕪》，在陸曰《積雪》。積雪者，取吾家大夫積雪之句，有其名而無是館也。（〈積雪館手錄序〉）〔註 230〕

> 丁未因病，將事南歸，……無几席可以延客，終日杜門思從前，皆成往事，不待秉燭，而蝴蝶已栩栩目前。慮作客者蹈余前轍，而指

〔註 228〕據《清代禁燬書目四種》（〔清〕英廉、〔清〕軍機處等編，〔清〕榮柱刊，長沙：商務印書館，民國 30 年），〈違礙書目・應繳違礙書籍各種名目〉列有：「《皇明經世編》，明陳子龍選。」頁 136。

〔註 229〕《九籥集》卷之二〈蘼蕪館手錄序〉，頁 512。

〔註 230〕《九籥集》卷之二〈積雪館手錄序〉，頁 512～513。

妄緣爲眞境，因戲列人情，間及它事，以博作客者一笑，所謂曾爲宕子偏憐客也。令它日彌留，得清淨如今日，亦不悔此遠行矣。(〈偏憐客序〉)〔註231〕

己酉春將遊四方，苦無羔鴈，檢笥中有《南雲小言》一卷，乃辛丑歸省道中作也。惜其爲絕筆之詞，故先梓之，并以識余之于詩未嘗解如此。(〈南雲小言序〉)〔註232〕

《南雲小言》乃萬曆二十九年南還省母途中所作的詩篇，並於萬曆三十七年付梓，以作爲拜見公卿大夫的見面禮。《蘼蕪館手錄》、《積雪館手錄》二書當作於楙澄遭逢喪母大慟，自燕返家後的萬曆三十年，自認爲「名教之罪人」，因爲他觸犯至聖先師孔子在《論語・里仁篇》所說：「父母在，不遠遊」的不孝重罪，在自責與悔恨的揪心痛楚下，楙澄藉讀書度日，每得奇事即錄。在舟中所錄，成爲《蘼蕪館手錄》，在陸上所錄，成爲《積雪館手錄》。至於《偏憐客》，則作於萬曆三十五年，記錄個人作客的心情及所面對的人情世故等，藉以作爲繼起作客者的借鏡。上開四書，均爲楙澄在不同的生命歷程與人生際遇下的嘔心瀝血之作，可惜均已亡佚。

四、《九籥集》與《九籥別集》的版本問題

《九籥集》目前較爲普遍的版本爲二〇〇〇年出版之《四庫禁燬書叢刊》本及二〇〇二年出版之《續修四庫全書》本，其中《四庫禁燬書叢刊》集部第一七七冊收錄《九籥集》四十七卷，爲上海辭書出版社、中國科學院圖書館藏的明萬曆刻本；《續修四庫全書》第一三七三及一三七四冊亦收錄《九籥集》四十七卷，乃據明萬曆刻本影印，原書版框高二〇五毫米，寬二九〇毫米，經詳加比對，兩刻本爲同一版本，其版式均爲每半頁十行，行十九字，左右雙欄，版心白口，單黑魚尾，中縫均上刻卷數，下刻頁碼，書口及每卷卷端均題子集書名，如《九籥前集》、《九籥前集詩》等，藏印則兩書不同，由此推知二書當爲同一版本，但來自不同收藏家。就清晰度而言，《續修四庫全書》本較《四庫禁燬書叢刊》本略勝一籌，部分《四庫禁燬書叢刊》本字跡模糊之處，可由《續修四庫全書》本補入，惟墨釘則兩書相同。就子集編排次序而言，《四庫禁燬書叢刊》本之次序爲《九籥前集》、《九籥前集詩》、《九籥集》、

〔註231〕《九籥集》卷之二〈偏憐客序〉，頁513。
〔註232〕《九籥集》卷之二〈南雲小言序〉，頁514。

《九籥集詩》、《九籥續集》、《九籥中集》、《瞻途紀聞》、《九籥後集》，而《續修四庫全書》本則爲《九籥前集》、《九籥中集》、《九籥後集》、《瞻途紀聞》、《九籥前集詩》、《九籥集詩》、《九籥續集》、《九籥集》。《四庫禁燬書叢刊》本係以寫作時間排序，而《續修四庫全書》本大約先列文集，再列詩集，但《九籥續集》十卷均爲文集，卻又置於詩集之後，且詩文分開後，亦未依時間排序，編排次序較無章法，以故《四庫禁燬書叢刊》本之編排次序應較接近原本。因此本論文之寫作，以影印本編次順序與寫作時間較爲吻合的《四庫禁燬書叢刊》本《九籥集》爲主，以《續修四庫全書》本爲輔。

除《四庫禁燬書叢刊》本及《續修四庫全書》本《九籥集》外，一九八四年，王利器據所藏舊鈔本爲之校錄出版，計收《九籥集》文十卷，吳偉業選《九籥別集》四卷，及王氏輯錄《九籥集詩》八十八首，合題《九籥集》〔註 233〕。國家圖書館亦藏《九籥集》一部，書目資料爲：三十一卷，明宋楙澄撰，明萬曆壬子（四十年）刊本。其內容計有《九籥前集詩》六卷，《九籥前集》文十一卷，《九籥集詩》四卷，《九籥集》文十卷。據朱鴻林先生〈陸　記宋楙澄《九籥集》〉註②推斷，「其書恐與內閣文庫所藏爲同本」〔註 234〕，惟《九籥前集詩》脫漏二卷。日本內閣文庫所藏《九籥集》，據朱先生同篇文章所述，爲《九籥前集》文十一卷，《九籥前集詩》八卷，《九籥集》文十卷，《九籥集詩》四卷，此四集美國普林斯頓大學葛斯德圖書館均有內閣文庫原藏複印本，且與《四庫禁燬書叢刊》本及《續修四庫全書》本同集之卷數相同，不同之處在於日本內閣文庫本並無《九籥續集》十卷、《九籥中集》一卷、《瞻途紀聞》一卷、《九籥後集》二卷。如前所述，此四集應於《九籥集》初版刊刻後，再將萬曆四十年後之作品陸續補入，而於《九籥集》再版時收錄。因此，國家圖書館及日本內閣文庫所藏《九籥集》均爲初刻本。

《九籥中集》與諸子集並列，頗爲突兀，原因在於各集一般均以體裁分卷或分類，其下收錄詩或文若干篇，惟《九籥中集》未分卷分類，又僅錄祭文一篇，此篇實爲《九籥續集》卷之八「祭文」三篇中的一篇，爲重複收錄之作，似無存在必要。茲將《九籥中集》與《九籥續集》所收錄的〈祭馮元成先生文〉

〔註 233〕〔明〕宋懋澄撰，王利器輯：《九籥集》（北京：中國社會科學出版社，1984 年 3 月），頁 338。

〔註 234〕朱鴻林著：《明人著作與生平發微》（桂林：廣西師範大學出版社，2005 年 9 月），頁 76。

詳加比勘，兩處刻版格式不同，其最大差異在於抬頭的使用，此篇在《九籥續集》中，遇有稱引本朝國家、朝廷、君王時，則用最敬畏的平抬，亦即換行頂格再寫，而在《九籥中集》中，僅用挪抬，亦即原行空一格再寫。此外，此篇在《九籥續集》中有二處墨釘，特別是「而縉紳之偏師亦罕墨守」〔註235〕一句，當中的「亦罕」二字為墨釘，為闕文處，然而在《九籥中集》中，卻完整保留，其中因由不得而知。《九籥續集》使用平抬，足為刊刻於當朝（明朝）的明證，至於《九籥中集》使用挪抬，應非刻於當朝，或許為清初刻本亦未可知。又或為吳偉業於刊刻《九籥別集》時所述「全集嗣出」中所指的清刻本全集的局部？在未發現更具體的證據前，此一問題只能存疑備考。

二〇〇〇年出版之《四庫禁燬書叢刊》集部一七七冊及二〇〇二年出版之《續修四庫全書》第一三七四冊，其中收錄的《九籥別集》，均採用現存於中國科學院圖書館所藏的清初刻本。其版式均為每半頁九行，行二十字，左右雙欄，版心白口，單黑魚尾，中縫均上刻卷數，下刻頁碼，書口及每卷卷端均題書名《九籥別集》，藏印為「中國科／學院圖／書館藏」朱文方印。另有王利器輯錄《九籥別集》四卷，所據為舊抄本，文字內容與上述刻本相同。《九籥別集》為《九籥集》的局部內容呈現，是《九籥集》存在的另一種形式，在論述宋楙澄的生平及著述時，仍以原始著作《九籥集》為主。

五、《九籥集》在清代的禁燬

清高宗乾隆三十七年（1772 年）下詔各省采進天下遺書及本朝著作，次年開設「四庫全書館」，不但網羅大量的御用「人才」，而且透過《四庫全書》這部空前龐大叢書的編纂，大規模地銷毀一切反抗外族統治與民族壓迫、反對封建專制的歷史文獻和其他書籍，企圖消滅漢族人民的反清思想和反封建精神。乾隆皇帝藉修《四庫全書》以銷燬違禁書籍，又藉銷燬違禁書籍剷除「異端」、「邪說」，此乃不爭的事實。此舉造成自乾隆三十九年（1774 年）八月起至乾隆五十八年（1793 年）約二十年間，凡被認定違礙、悖謬、抵觸清廷及詞意媟狎、有乖雅正的書籍均被篡改、刪削或禁燬。據統計，各省及四庫館在此期間，全燬書籍達三千一百餘種、十五萬一千七百餘部，禁燬書版更高達八萬塊以上。雖美其名為修書，實屬古今圖書之一大劫厄。但持平而論，如此浩大的圖書集中彙刊工程，對文化的傳承與發展亦存在一定的貢獻。

〔註235〕《九籥續集》卷之八〈祭馮元成先生文〉，頁 701。

有關宋楙澄《九籥集》被進呈入四庫全書館的紀錄，詳見《四庫採進書目・江蘇省第一次書目》，其中著錄：「《九籥集》〔三十九卷，明宋楙澄著。案：《禁書總錄》入全燬類〕」〔註 236〕。宋楙澄相關著作在清代的禁燬，約在清乾隆五十三年（1788 年），被軍機處奏准列入全燬書目〔註 237〕，其批詞爲：「書中〈東征紀略〉以下，語皆詆斥，應請銷毀。」〔註 238〕此外，雷夢辰所著《清代各省禁書彙考・兩江凡二十三次共奏繳三百五十六種》則載：「（七）乾隆□□□年□月□□日奏准。兩江總督薩載奏繳十四種。」其中列有「《九籥集續集》，明華亭宋懋澄著。」〔註 239〕再據王彬主編《清代禁書總述》所列「《九籥集續集》，明宋懋澄撰。此書爲兩江總督薩載奏繳，乾隆年間奏准禁毀。」〔註 240〕此處《九籥集續集》應指《九籥集》、《續集》，包括初版的《九籥集》全部及之後的《九籥續集》。而兩江總督薩載奏繳並奉准禁燬的時間，經查中國第一歷史檔案館編《纂修四庫全書檔案》之〈六三六　兩江總督薩載奏續解《九籥集》等違礙書籍板片摺（附清單一）〉，薩載奏繳的時間是「乾隆四十四年七月初九日」，奉准禁燬的時間是在「乾隆四十四年七月二十三日奉硃批：覽。欽此。」依其所附清單所列：「《九籥集》、《續集》共二本。明華亭宋楙澄著。此書內《東征紀略》及《遺事》二篇，語多觸犯。」〔註 241〕因此，《九籥集》、《九籥續集》早在清高宗乾隆四十四年（1779 年）便奉准禁燬。另孫殿起所著的《清代禁書知見錄》中，《九籥集》相關著作的記載如下：

> 《九籥文集》十卷：明華亭宋懋澄撰　無刻書年月約崇禎間刊　又一部作二十四卷

〔註 236〕楊家駱編：《四庫大辭典》（臺北：中國學典館復館籌備處印行，鼎文總經銷，民國 66 年），〈四庫採進書目・江蘇省第一次書目〉，頁 22。

〔註 237〕軍機處奏准時間係據《清代禁燬書目四種》〔〔清〕英廉、〔清〕軍機處等編，〔清〕榮柱刊，長沙：商務印書館，民國 30 年〕，〈禁書總目〉所附奏文載：「乾隆五十三年五月初四日奉上諭」，頁 37，推測而得。《九籥集》列入全燬書目見同書〈軍機處奏准全燬書目〉載：「《九籥集》，明宋懋澄撰。」頁 44。

〔註 238〕王彬主編：《清代禁書總述》（北京：中國書店，1999 年 1 月），頁 246。

〔註 239〕雷夢辰著：《清代各省禁書彙考》（北京：書目文獻出版社，1989 年 5 月），頁 62。

〔註 240〕王彬主編：《清代禁書總述》（北京：中國書店，1999 年 1 月），頁 246。

〔註 241〕中國第一歷史檔案館編：《纂修四庫全書檔案》（上海：上海古籍出版社，1997 年 7 月，第 1 版），〈六三六　兩江總督薩載奏續解《九籥集》等違礙書籍板片摺（附清單一）〉，頁 1068～1069。

《九籥別集》四卷：明華亭宋懋澄撰　太倉吳偉業選　無刻書年月

約康熙間刊〔註242〕

綜上所述，《九籥集》、《九籥續集》、《九籥文集》及《九籥別集》均難逃禁燬的命運，致使宋楙澄的著作《九籥集》及《九籥別集》沈隱逾二百年。

現存《四庫禁燬書叢刊》所收《九籥集．九籥續集》中仍保有〈東征紀畧〉，記敘萬曆四十七年明師爲捍衛遼東，消滅後金勢力，發動大規模的征討戰爭，竟爾潰敗覆沒，史稱薩爾滸之戰。編次在〈東征紀畧〉之後，有〈□□遺事〉，記載楙澄遊歷薊左時所獲有關滿族領袖努爾哈赤的見聞，兼述撫清之戰。〈跋後〉說明自薊左南還後，著錄東征戰事相關見聞的緣由。三文均作於萬曆四十七年（1619年）〔註243〕。

從〈東征紀畧〉來看，所謂「語皆詆斥」之處，即爲墨釘字眼，以□表示，如：

西□債賽、抄化、火憨、免憨、煖免諸部落也，皆元遺種，而金人雜其中。南北關與□□皆金後，北關號太師，以金故官稱，……自□□併南關，　國家不救，而□始強，無故畀之地七百里，封以龍虎將軍，復與之盟，而□驕益溢。北關控弦僅八千騎，然超距敢戰，粆化婿於□□，化婦歸寧，從七百人道出北關，北關踵其尾，斬從□數百級，以捷聞，　天子嘉其功，犒若干緡，後知所斬非□□，而功不繇擊刺，……〔註244〕

而編次在〈東征紀畧〉後之〈□□遺事〉一文，墨釘更多，如：

戊午冬予遊薊左，薊人咸云：「□□苦飢，一日啜粥二盌。」予曰：「實者虛之，此未可信。」及還燕京，亦以□乏食爲喜，予對如初，

〔註242〕孫殿起撰：《清代禁書知見錄》（台北：成文出版社有限公司，民國67年7月），見二書之《九籥文集》十卷及《九籥別集》四卷，頁146。

〔註243〕《九籥續集》卷之九〈東征紀略〉有序云：「萬曆四十七年。」頁706。同卷〈□□遺事〉篇末云：「師托跋佛狸故智。」頁710。又同卷〈跋後〉則載：「余己未南還，病咳嘔血，不聞東征事。於泇河遇尚寶岱芝、姚先達，始聞喪師之詳，……夏月旅金昌，馮元成先生索聞見于邸報外，兼令陳之楮墨，夜歸然燈，聊述燕薊南還所聞，因付剞劂，省應對親知之煩。」頁710。以〈跋後〉所述來比對，可推論出楙澄於己未（萬曆四十七年）南還後，遇三友人始知東征喪師之詳，作〈東征紀畧〉，又應恩師馮元成的要求，續作遊歷薊東之見聞〈□□遺事〉，之後再作〈跋後〉，敘明撰稿始末，故三篇均作於萬曆四十七年。

〔註244〕《九籥續集》卷之九〈東征紀畧〉，頁708。

> 衆喜弗替，迨劉總戎破□數寨，五穀滿囷。　□□破清河先一日，其子猶與張總戎夜飲極洽，……明日驅貂參車數十乘入城，……故清河之破，視撫順尤速。一云李永芳　遼左之人生二子，則以一人私役于□，□□給之銀暨貂，卒歲而歸，値滿十五六金，　□掠錢無所用之，高積如山，……　□□年踰六十矣，每夜置酒諸妾處，惟意所之，一夜常移數十處，其蓄妾置酒，英雄欺人耳。當事者效之，何異東施顰眉？……〔註245〕

由於闕漏的文字頗多，已難卒睹，可見此二篇成爲「語皆詆斥」的關注焦點所在。此外〈一日受金牌十二論〉尙存：「其殘害忠良，交通夷狄，使人主尊信如鬼神。」〔註246〕〈舊泉州淳化帖後跋〉寫有：「余嘗疑宣和搆變，晉唐眞蹟暨三代金石之文，委之虜酋，不可勝數。」〔註247〕而〈祖士雅〉存有：「歸來江左，挾我一馬，抗彼五胡，中流擊楫。」〔註248〕〈韓蘄王〉則有：「問莫須有以遏內奸，老西河上以控胡天。」〔註249〕顯然《九籥集》中仍然不時有極敏感的字眼出現，這些對外族有所鄙夷、敵視的「違礙用語」的使用，想當然不見容於清朝，成爲橫遭禁燬的最主要理由。

六、《九籥集》的復原

宋楙澄《九籥集》在清代因有違礙之處而遭禁燬，現存較完整之《四庫禁燬書叢刊》本及《續修四庫全書》本《九籥集》中，違礙字眼遭剜去致全文脫漏，傷害最嚴重的篇章爲〈東征紀畧〉及〈□□遺事〉二篇，未能窺宋楙澄《九籥集》全貌，實乃一大遺憾，因此，《九籥集》的復原工作，成爲一項極重要的任務。

就〈東征紀畧〉而言，經由與宋楙澄《九籥集》相關的線索不斷延伸，幸而在其他叢書或類書中，意外發現徵引〈東征紀畧〉全文的書籍，如明陳子龍、徐孚遠、宋徵璧、周立勳等人選輯《皇明經世文編》五百二，便收錄宋幼清《九籥集》部分名篇，雀屏中選的篇章計有〈東師野記征倭〉、〈西師記略征哱〉、〈東征紀畧征奴〉三篇，其中〈東征紀畧〉全文得以完整保留，並重現世人眼前。

〔註245〕《九籥續集》卷之九〈□□遺事〉，頁708～710。
〔註246〕《九籥集》卷三〈一日受金牌十二論〉，頁521。
〔註247〕《九籥集》卷之八〈舊泉州淳化帖後跋〉，頁584。
〔註248〕《九籥集》卷之八〈祖士雅〉，頁585。
〔註249〕《九籥集》卷之八〈韓蘄王〉，頁585。

值得一提的是，《皇明經世文編》亦列入違礙書目，但因卷帙浩繁，〈東征紀畧〉藏身其中不易被發現，以故得以保全，誠屬幸事。另明末清初宋存標《情種》亦收錄宋楙澄為數不少作品，如〈負情儂傳〉、〈吳中孝子〉、〈珠衫〉、〈耿三郎〉、〈李福達〉、〈東征紀畧〉、〈劉東山〉等，其中亦有〈東征紀畧〉局部內容〔註250〕，惟刪去「劉之輜重公私」以下至「杜劉竟以無援敗」的全部文字，但本篇引錄部分均有完整面貌。宋存標及宋徵璧兩兄弟俱為宋堯武孫，為宋楙澄堂侄，宋徵輿堂兄，彼此情誼深厚，二人無意之中一同為〈東征紀畧〉的復原工作作出最大貢獻，使《九籥集》自清乾隆年間禁燬迄今超過二百年的殘缺，得以彌補。茲節錄一小段，並框出墨釘的原文原字。

> 西[虜]債賽、抄化、火憨、兔憨、煖兔諸部落也，皆元遺種，而金人雜其中。南北關與[奴酋]皆金後，北關號太師，以金故官稱，　祖宗朝裂其地分長之，蓋有深意。自[奴酋]併南關，　國家不救，而[酋]始強，無故畀之地七百里，封以龍虎將軍，復與之盟，而[酋]驕益溢。北關控弦僅八千騎，然超距敢戰，粆化婿於[奴酋]，化婦歸寧，從七百人道出北關，北關踵其尾，斬從[虜]數百級，以捷聞，　天子嘉其功，犒若干緡，後知所斬非[建夷]，而功不繇擊刺，因寢折馘功，……〔註251〕

顯而易見，闕漏的字眼不外乎「虜」、「奴酋」、「酋」、「建夷」等，舉凡以不敬之詞名外族，詆斥建夷、女眞、女直，或詆斥清之先人，均不見容於清朝。此處雖僅節錄局部內容，事實上，全篇闕漏的字眼亦僅此四種。

就〈□□遺事〉而言，篇名中墨釘的字眼，推測為「奴酋」二字，因通篇均載後金政權的建立者努爾哈赤〔生於明世宗嘉靖三十八年（1559年），卒於後金（清）太祖天命十一年（1626年）〕之事迹。他是滿清王朝的眞正創始者與奠基者，而明朝朝野對當時興起於中國東北的滿族首領努爾哈赤的辱稱即為「奴酋」，以故本篇篇名應為〈奴酋遺事〉。由於遍查諸集均未能得到徵引〈奴酋遺事〉的紀錄，想來侮辱清朝創始者的文章，確實是大大不敬，尚無人敢在清朝天子腳下，甘冒生命的危險予以收錄，致使〈奴酋遺事〉的內

〔註250〕〔明〕宋存標輯：《情種》（北京：北京出版社，2000年1月，《四庫未收書輯刊》本），卷六，〈東征紀畧〉，頁745～747。以下凡引《情種》所列頁碼，均據此版本。

〔註251〕〔明〕陳子龍、徐孚遠、宋徵璧、周立勳等人選輯：《皇明經世文編》，五百二，〈宋幼清《九籥集》〉，頁678。

容迄今未能完整復原，成爲遺珠之憾。茲因〈奴酋遺事〉的編排緊接在〈東征紀畧〉之後，而〈東征紀畧〉文中僅剜去「虜」、「奴酋」、「酋」、「建夷」等四種字眼，推測此一原則亦適用於〈奴酋遺事〉。據此，凡闕二字者，推測即爲「奴酋」或「建夷」，凡闕一字者，非「虜」即「酋」，茲節錄部分文字，補入可能字眼如下：

> 戊午冬予遊薊左，薊人咸云：「[建夷]苦飢，一日啜粥二盌。」予曰：「實者虛之，此未可信。」及還燕京，亦以[虜]乏食爲喜，予對如初，眾喜弗替，迨劉總戎破[虜]數寨，五穀滿囷。　[奴酋]破清河先一日，其子猶與張總戎夜飲極洽，酒酣，二子忽叩張云：「屢勸家君止戈而壯心不已，假令終違苦心，元戎何策禦之？」總戎時已醉，盛稱中國威德，兼揚己長，二子微笑而別，明日驅貂參車數十乘入城，貂參窮而軍容見，因內據城門，延入諸騎，故清河之破，視撫順尤速。一云李永芳　遼左之人生二子，則以一人私役于[虜]，[奴酋]給之銀暨貂，卒歲而歸，值滿十五六金，　[酋]掠錢無所用之，高積如山，欲歸者畀銀三兩，令盡力負錢，命所過給以飲食，負重者，致腰背盡折。　[奴酋]年踰六十矣，每夜置酒諸妾處，惟意所之，一夜常移數十處，其蓄妾置酒，英雄欺人耳。當事者效之，何異東施颦眉？……

據上開原則補入相關字眼後，讀來尚稱通順，應距原貌不遠。另就文中所引「[奴酋]年踰六十矣」觀之，如前所述〈奴酋遺事〉作於萬曆四十七年，而努爾哈赤的生年爲明世宗嘉靖三十八年（1559年），至萬曆四十七年（1619年），努爾哈赤爲六十一歲，恰符合文中「[奴酋]年踰六十矣」的說法，因此更能確定本篇篇名爲〈奴酋遺事〉，敘述內容以努爾哈赤爲主角無誤。

第九節　小　結

本章從宋氏世系、宋楙澄先祖及親屬、本傳、生卒年考論、師承、交遊、人格特質、著述等八個面向著手，一一剖析與宋楙澄的生存年代相關的人、事、時、地、物，企圖在詳細的分解與組合之後，能夠還原出與宋楙澄其人其事其書的較清楚樣貌，以對宋楙澄的家世、生平、師友與著述有更深入的瞭解。其中〈東征紀畧〉的完全復原，並據以推論出〈奴酋遺事〉的篇名及可能的面貌，此二者應能稍解宋楙澄《九籥集》遭禁燬二百餘年來的遺憾。

第三章　《九籥集》詩編研究

《九籥集》詩編共收錄宋楙澄六百七十一首詩作，數量雖不足以驚人，但卻也不在少數。在這些作品中，呈現宋楙澄的生活隨筆、旅途體會，以及生命感觸等等，有喜、有怒、有哀、有樂，一字一句都是用盡心力活過的痕跡。爲求對宋楙澄所處的時代思潮有基本的概念，以下先就明代文學思想進行概述。而在文學批評方面，詩與文的主張總是交互影響，無法強行割裂，因此本章在進行明代整體文學思想的概述後，下一章「《九籥集》文編研究」在論述時，此議題便不再贅述。至於明代小說的發展，則留待「《九籥集》稗編研究」再行探究。除了當代的文學思想外，本章尚著眼於宋楙澄與《九籥集》詩編的關係、《九籥集》詩編之思想內容、宋楙澄之詩學主張，以及詩編之寫作技巧與作品風格等向度，分別進行探討。

第一節　明代文學思想概述

明王朝建立後，實行中央集權的君主專制制度，採取高壓政策，提倡程朱理學，並以八股取士，此種科舉制度，嚴格箝制知識分子和廣大群眾的思想，對於文學思潮與文學創作產生嚴重的影響。隨著封建統治日益腐朽，市民階層逐漸興起，階級矛盾日趨尖銳，新舊思想的對立衝突，在時代的遞嬗中愈加鮮明。因此，在明代後期，王陽明的心學動搖長期以來程朱理學的教條統治，促使學術界產生富有積極精神、反抗傳統、追求個性自由的哲學思想。到王陽明的弟子王艮開創泰州學派，對儒家舊說、專制政權、不合人性的禮教束縛、男女的不平等，以及其他舊傳統，舊理法教條，皆表達嚴厲的批評，是一股新興的啓蒙思潮。而商業經濟的發展，城市社會的繁榮，市民階層的壯大，印刷技術的精進，更產生推波助瀾的力量。這樣的思想反映到文學上，面對詩文創作已經歷過高峰，後代難以突破的困境，於是形成晚明反擬古主義、反傳統觀點、重視小說、戲曲價值的風潮，這是具有時代意義的文學運動。影響所及，明代的文學，小說戲曲高度繁榮，詩文數量雖不少，但相對地缺乏創造性，其精神遠遜於前代。

自明初洪武至宣德、正統年間，文學思想上以明道宗經主導，詩歌創作上比較推崇盛唐，在文學理論上，較少新的特色。被朱元璋稱爲開國文臣之首的宋濂（1301～1381 年），提倡文章應該明道致用，宗經師古，論詩宗盛唐李白、杜甫，宋詩推蘇軾、黃庭堅，其文學思想在明初頗具代表性。劉基（1311～1375 年），他強調詩歌的主要精神應是批判時政，諷刺邪惡，表達民情，才能達到諷誡的目的，而有裨於世教。高啓（1336～1374 年）是明初著名的詩人，論詩主張廣泛模擬前代各家長處，開啓擬古的風氣。高棅（1350～1423 年）曾編《唐詩品彙》，是明初研究唐詩的專家，論詩專崇盛唐，偏重於學古，缺乏獨創精神。凡此都已透露出復古模擬思潮的端倪。

從永樂至成化年間，封建帝國鞏固，政治安定，文學上是以稱爲三楊的楊士奇（1366～1444 年）、楊榮（1371～1440 年）和楊溥（1372～1446 年）爲代表的臺閣體，和以李東陽（1447～1516 年）爲首的茶陵派先後占據主要地位的。臺閣體體現太平盛世才有的歌功頌德、雍容典麗，卻平庸積弱的文風，是安定政局中精神萎靡的產物。與此同時，茶陵派的興起力圖改變這種文風，代表人物李東陽企圖振衰起弊，論詩力主崇唐抑宋，注重格調，直接啓迪前後七子擬古主義的文學理論。

明代中葉以後，是以前後七子爲代表的擬古主義派占據文壇的主要地位。弘治、正德年間，李夢陽（1473～1530 年）、何景明（1483～1521 年）、徐禎卿（1479～1511 年）、邊貢（1476～1532 年）、王廷相（1474～1544 年）、康海（1475～1540 年）、王九思（1468～1551 年）並稱爲前七子，代表人物是李、何，他們文學思想的核心是強調復古，高唱「文必秦漢，詩必盛唐」，他們由復古而擬古，擬古的目標，文章以秦漢爲準，古詩擬漢魏，近體詩擬盛唐，摹擬則以形式爲主。爲挽救臺閣體的空洞淺陋，倡言復古，自有其功績，然而他們不學秦、漢、盛唐文學的精神，只是字摹句擬古人的形式技巧，必然走上墨守成規的形式主義道路，於是模擬風氣大盛，在文壇上造成不良的影響。至嘉靖、隆慶之際，以李攀龍（1514～1570 年）、王世貞（1526～1590 年）爲首，並與謝榛（1495～1575 年）、宗臣（1525～1560 年）、梁有譽（1521～1556 年）、徐中行（1517～1578 年）、吳國倫（1524～1593 年）合稱的後七子興起，他們宣揚復古、擬古的主張，相互鼓吹，彼此標榜，在這種思潮的籠罩下，李夢陽、何景明、李攀龍、王世貞成爲當時文壇的四大偶像，也造成文壇上瀰漫著摹仿剽竊的風氣。王世貞晚年，思想略有轉變，發表較爲折衷的言論。他一面推崇李夢陽、李攀龍，同時也指出他們死板模擬的弊病。此外，他主張要把學古和師心結合，而不是以學古來代替師心。他的學古，是比較有見地的。

在前後七子之間，還有與七子相抗的唐順之（1507～1560 年）、歸有光（1507～1571 年）、王愼中（1509～1559 年）、茅坤（1512～1601 年）等的唐宋派。唐宋派擅長文章寫作，詩歌創作比較一般。唐順之表現反對復古、擬古的態度，主張文章應直抒胸臆，信手寫出，提出本色論。茅坤曾選編唐宋八大家的散文行世，提倡學習唐宋八家散文的神理和平易自然的語言風格，在嘉靖初期造成一股聲勢，打擊擬古的風氣。

明代後期，在新興的社會矛盾和市民思想影響下，產生反抗傳統，追求個性解放的新思潮。從王陽明（1472～1529 年）的心學，到王艮（1483～1541 年）的泰州學派，他們打破傳統教條，反對虛僞禮法，肯定人心人欲，繼起者如顏鈞（1504～1596 年）、羅汝芳（1515～1588 年）、何心隱（1517～1579 年）等，爲反傳統、反理學的浪潮揭起一面旗幟。徐渭（1521～1593 年）論詩主獨創，反擬古。李贄（1527～1602 年）力倡童心說，認爲文學創作不是代聖賢立言，而是內心絕假存眞的童心的流露，因此在文學的內容、形式上要求創新，給予晚明公安三袁和小說家、戲曲家直接的影響。焦竑（1540～1620 年）論學宗羅汝芳，與李贄過從甚密，論文力反七子擬古之病，主張發乎眞情。湯顯祖（1550～1617 年）反對復古摹擬的文學思想，強調眞情、靈性與靈氣。這股反復古、反擬古主義的力量擴大，形成新的文學活動，領導者主要是公安派，代表人物是袁宗道（1560～1600 年）、袁宏道（1568～1610 年）、袁中道（1570～1623 年）三兄弟，世稱三袁，他們都是李贄的學生，與焦竑、湯顯祖、董其昌（1555～1636 年）等人友好。袁宗道主張文學應直抒心胸，力排盜竊之失。論文於唐好香山（白居易），於宋好眉山（蘇軾）。袁宏道爲三袁代表，反對貴古賤今，蹈襲擬古，主張獨抒性靈，不拘格套，並重視小說戲曲的文學價値。袁宏道性靈說的本質，主要在於表現眞情、強調演變、顯示趣味、展現俚俗。

他的文學理論具有反形式主義的傾向，表現浪漫主義的精神，卻也產生險僻或鄙俗的弊病。

公安派之後，繼之而起的詩文流派是竟陵派，代表人物是鍾惺（1574～1624 年）和譚元春（1586～1637 年），其宗旨是在繼承公安派性靈說的基礎上，提出求古人眞詩的口號，企圖以幽深孤峭的風格矯公安的鄙俚輕率，卻造成一種冷僻苦澀的詩文，雖反映出獨創性，卻也流露出褊狹性。

公安、竟陵文學運動的產物主要是晚明新興的散文，因此，晚明時期詩歌的成就遠不如散文來得高。

第二節　宋楙澄與《九籥集》詩編

《九籥集》中宋楙澄的詩作，分布在《九籥前集詩》、《九籥集詩》及《九籥後集・江楚雜詩》三處。詩集所收錄的作品非僅指狹義的詩，而是指廣義的韻文而言，其所使用之體裁包括樂府、五言古詩、七言古詩、五言律詩、七言律詩、五言排律、七言排律、五言絕句、七言絕句、調、曲等共十一種，總計現存於《九籥集》一書中宋楙澄詩作共六百七十一首。

《九籥集》詩編各體裁篇數統計如下：

子集名／體裁	《九籥前集詩》	《九籥集詩》	《九籥後集・江楚雜詩》	合　計	比　重
樂　府	93	24		117	17.4%
五言古詩	12	1	1	14	2.1%
七言古詩	5	3	1	9	1.3%
五言律詩	48	46	2	96	14.3%
七言律詩	44	58	15	117	17.4%
五言排律	1	1		2	0.3%
七言排律		2		2	0.3%
五言絕句	43	14	4	61	9.1%
七言絕句	149	87	2	238	35.5%
調	6	6		12	1.8%
曲		3		3	0.5%
合計	401	245	25	671	100%

從上表的統計觀之，楙澄慣用的體裁以七言絕句爲主，其次爲樂府、七言律詩及五言律詩。此外，就各子集的寫作時間來看，統計表亦透露出楙澄的詩作多作於萬曆四十年中舉以前，更精確地說，多作於萬曆二十九年喪母以前，萬曆四十年之後的詩作極少，僅二十五篇而已。

附帶一提，《九籥集》詩編中僅收錄詞十二首、曲三首，可知楙澄著力於作詩，鮮少肆力於詞曲。事實上，詞至明代，已經衰微，有成就的作家不多。有別於詞，戲曲在明清時期，反而進入繁榮期。就宋楙澄詞作而言，集中凡稱「調」者屬之，包括《九籥前集詩》卷之八「調」類之〈望江南詠燕齊道中秋柳〉四首、〈浪淘沙憶亡婦〉一首、〈點絳唇〉一首、《九籥集詩》卷之四「調」類之〈賦得長相思五首有序〉六首，共十二首。從序文可知，〈浪淘沙〉寄語亡婦楊氏、〈賦得長相思五首〉記與平康一女郎的無緣情誼。〈望江南〉借詠旅次途中所見秋柳以懷人的情思，〈點絳唇〉則寫離情難捨的情致。此十二首，均收入近人周明初、葉曄編《全明詞補編》〔註 1〕中，惜未詳加說明。雖然此書非同時代人所編，但宋楙澄詞作既收入集中，顯然其詞人身分是當之無愧的。

就曲作而言，三首包括《九籥集詩》卷之四「曲」類之〈中呂鮑老兒嘲沈楚雲媽〉、〈中呂堯民歌代楚雲擬〉、〈中呂十二月嘲楚雲〉，現存《九籥集》收錄於《四庫禁燬書叢刊》中，此三首曲的文字大部分模糊無法辨識，幸得於《續修四庫全書》中收錄之《九籥集・九籥集詩》卷之四〔註 2〕，及《四庫未收書輯刊》叁輯第二十八冊所收錄之宋存標《情種》卷四，卷末均有完整清晰之文字保留〔註 3〕，且宋存標爲宋楙澄堂侄，對於恢復《九籥集》的原貌，有一定的貢獻。

宋楙澄與詩的關係起源於《唐詩選》。他在〈悔讀古書記〉追憶讀詩的淵源：

> 余兄濙父課余制舉秇，一切古今書皆秘之。……會有以《唐詩選》見遺者，得之如得醍醐，朝夕朗誦，與天籟相和，於是始成吟焉，時年十五矣。自是害舉業之事不一，而詩與古文詞居半焉。……其於詩，則三十內非唐人未與眉睫遇也。至三十外，老於世途，精神

〔註 1〕周明初、葉曄編：《全明詞補編》（杭州：浙江大學出版社，2007 年 1 月，第 1 版），〈宋懋澄〉，頁 651～654。

〔註 2〕〔明〕宋楙澄撰：《九籥集》（上海：上海古籍出版社，2002 年 3 月，《續修四庫全書》本），《九籥集詩》卷之四「曲」，頁 75。

〔註 3〕〔明〕宋存標輯：《情種》卷五，頁 730。

業已銷亡，而始悔株守之非，則無及於時日矣。〔註4〕

明代的科舉制度以八股文取士，士族之家期望子弟專注於舉業，讀書侷限在四書五經的框架裡，與科考無關書籍，都不許入目。因此宋楙澄年少時與科考無關的書籍均遭隔離，但十五歲時偶讀《唐詩選》，如獲至寶，從此愛不釋手，即便危及科考，亦不輕易捨棄。三十歲以前非唐詩不讀，這是受明初前七子李夢陽、何景明等人所倡「文必秦漢，詩必盛唐」復古主義的觀念所影響，之後必然懊悔不已。雖然從不懷疑自己對詩的熱愛，但卻未拋開成見敞開心胸對待詩，因此難免有過於拘泥呆板的遺憾。至於寫詩，楙澄早年即鍾情於作詩，從詩作數量觀之，青少年時期所作的《九籥前集詩》四○一首，遠較中壯年時期所作的《九籥集詩》二四五首爲多，晚年時期則詩作數量銳減，《九籥後集》僅存二十五首。他在〈下第別友人・其二〉寫下：「年長詩情短，寒多酒興新。」〔註5〕自知年齡愈長，作詩的情思愈少。至於詩作數量之所以隨年齡遞減的原因，〈南雲小言序〉有一段自剖：

生平作詩而不解作詩，楙澄也，然而自喜不已。迨先慈亡而口不成吟，亦絕不喜作矣。今雖偶一爲之，直馮婦耳，非眞好也。……己酉春將遊四方，苦無羔鴈，檢笥中有《南雲小言》一卷，乃辛丑歸省道中作也。惜其爲絕筆之詞，故先梓之，并以識余之于詩未嘗解如此。澄居恒自病，多情而不解好色，語韻而不解作詩，世有同病者，必賞吾之能自知矣。〔註6〕

辛丑爲萬曆二十九年，是年楙澄遭逢喪母之痛，心境驟變，奔喪途中所寫的《南雲小言》詩一卷，自稱爲絕筆之詞，自此不解作詩，亦不喜作詩，數量當然遠不如從前。創作的數量漸減，然而他對於詩的熱愛與執著，自始至終從未改變，從下列二篇詩文印證：

頃遭家難，惟日誦子建「爲君既不易」詩耳。(〈與祝五〉)〔註7〕

野人喜醉尤喜詩，此味此意誰復知，小婦太吝玉壺淺，外孫恒苦金印遲。(〈王甥諫詩酒〉)〔註8〕

酒激發詩的靈感，詩增添酒的神韻，所以儘管至親的外甥規勸，仍念念不忘

〔註4〕《九籥集》卷之一〈悔讀古書記〉，頁505。
〔註5〕《九籥集詩》卷之二〈下第別友人・其二〉，頁620。
〔註6〕《九籥集》卷之二〈南雲小言序〉，頁514。
〔註7〕《九籥前集》卷之十〈與祝五〉，頁427。
〔註8〕《九籥前集詩》卷之五〈王甥諫詩酒〉，頁465。

詩酒，左手持酒，右手寫詩，快意一生。即使遭逢家難，亦不改對詩的初衷，是個不折不扣的愛詩之人。

對於詩，楙澄始終存有深厚的情感，在他心目中，最崇拜的詩人莫過於唐朝的白居易，他曾在〈王和聲制藝敘〉文中，以犀利的語調作如下的斷語：

故余謂白香山歿而天下無詩，歐陽永叔歿而天下無史，蘇子瞻歿而天下無文章，後之為史、為詩文，皆優孟耳。〔註9〕

他認為白居易的詩雖非空前，但是絕後，後人所作僅如戲子般蹈襲前人，不足道也。所謂「元輕白俗」，白居易的特色在於「俗」，然而非指俗氣，而是指淺顯通俗，清新脫俗，才能平易近人，觸動人心。因此，師法白居易，用心揣摹，詩作自然漸入佳境。所以他在〈與陸三〉的書信中寫道：「新詩大佳，多緣與樂天輩作和耳。」〔註10〕顯然對白居易推崇備至，同時藉由效法古人，提升個人的詩作水平。

第三節　《九籥集》詩編之思想內容

《九籥集》詩編之所收錄之宋楙澄詩作題材豐富，小至個人，大至國家社會，呈現他在生活中所遇、所見、所思、所感的紀錄，其中可以對照出宋楙澄思想內容的，可歸納出憂時傷亂、夢寐寓懷、自況自嘲、遊子懷歸、閑適自得等五類。

一、憂時傷亂

宋楙澄雖為一介文人，但對於時事要聞，秉持著「國家興亡，匹夫有責」的信念，一直不間斷地投以高度的關心，特別是在其所處的萬曆朝，重大的政治、軍事、民生議題，或以詩，或以文表現其獨到的觀點，尤其是樂府詩，收錄許多與時代脈動緊密結合的作品，表現出詩人憂時傷亂，關懷民生，悲天憫人的淑世精神。此類作品由於具有社會現實的基礎，因此顯得特別真實而能感動讀者。有關宋楙澄時事詩的寫作態度，可自〈春日雜興詩序〉一文中探尋：

昔余壯年喜作樂府及稗官家言。樂府，間涉時事，然非有關于　國家者，不出筆端。〔註11〕

〔註9〕《九籥續集》卷之一〈王和聲制藝敘〉，頁658。
〔註10〕《九籥前集》卷之十〈與陸三〉，頁423。
〔註11〕《九籥續集》卷之一〈春日雜興詩序〉，頁650。

以國家爲前提，以國事爲考量，是楙澄對自己的堅持，也是創作的理念之一。或許樂府詩一直保有民間詩歌的精神，因此用來描摹時事對百姓情志的影響，顯得特別貼切，而從樂府詩不管在《九籥前集詩》或《九籥集詩》的排版中，都被安排在卷首，其地位的重要性可見一斑。在《九籥前集詩》卷之一的樂府詩中，存有與接踵而至的戰事相關的詩篇，如〈哀華川痛亡卒也〉寫平定萬曆二十年的寧夏哱拜叛亂後，又爆發日本進犯朝鮮事，大軍旋即馳援朝鮮抵禦日本，次年，明倭交戰於碧蹄館。〈胡無人懼將來也〉歌頌李如松將軍功勳，並爲將軍漸老而擔憂。〈天上謠不忘危也〉寫兩大戰役雖勝，仍需居安思危。〈思婦吟憂國計也〉、〈促促曲有所思也〉、〈促促慢廣志意也〉、〈促刺行遠離別也〉、〈關山月哀征夫也〉等篇雖無兩大戰役的絕對證據，但有關老婦送兒孫出征的無奈、少婦等待征夫的閨怨、脫離離別傷痛的渴望、征夫思念家室的哀悽等等情境的刻劃，道盡黎民百姓內心的斑斑血淚，令人動容。其他尚有《九籥前集詩》卷之七〈虜救哱逆敗遁〉記哱拜叛亂，同卷〈雜書〉十首，記日本進犯朝鮮。《九籥前集詩》卷之五〈鄭大司馬經略還朝簡寄兩公子〉則因經略七鎮邊務的大司馬鄭洛被尚書石星召歸而作。另《九籥前集詩》卷之七有〈慨吳伯張王及時事故賦〉二十首，爲懷古傷今之作。

宋楙澄身爲詩人，此一身分的可貴之處在於擁有一顆光明澄澈的詩心，與關懷民生、愛護萬物的詩情，透過這些與生俱來的獨特才華，傾注生命來寫詩，才能使詩作發光發熱。茲以最經典的〈偶觸〉一詩爲例：

> 路傍側耳聽須臾，苛政何如虎負嵎，餓殍減粮辜聖主，踐更吞淚別妻孥。青蚨慣亂千條律，朱篆能收百姓襦，早趁秋霜嚴隼擊，莫貪夜半二天呼。〔註12〕

青蚨爲錢的代稱，二天則用以指正直賢明的官員。《禮記・檀弓下》有言：「小子識之，苛政猛於虎也。」古聖先賢早已體悟到苛政對人民的戕害有多深，而楙澄認爲只需側耳傾聽，便能明白苛政使百姓陷入痛苦的深淵。路有餓殍，夜半吞淚，賄賂盛行擾亂律法，取得印信便能隨意徵收，這些都是百姓生活在水深火熱之中的實證，但黎民卻只能自求多福，並殷殷期盼會出現一位賢明正直的上級長官來懲罰這些惡吏。這是多麼沈痛的吶喊，若非詩人關懷民生的心意，真心傾聽民間的聲音，如何能明瞭施政的得失及民心的向背？此詩的寫就可以作爲執政者的警惕，且具有補察時政的效果。再如樂府詩〈符

〔註12〕《九籥集詩》卷之三〈偶觸〉，頁625。

離集新黃河也〉，此詩與《九籥集詩》卷之二五言律詩〈秋日重經宿州，時濉水爲黃河所遏，瀰漫無際，四顧蕭然，余嘗三渡符離，是役不勝悽惋，遂托四詠〉爲同時之作，內容如下：

> 黃河不走古徐州，向南直奪濉水流，呂梁山口泥沙塞，符離橋畔神鬼愁。去年水發睢陽北，白骨纍纍山頂頭，白骨纍纍亦細事，舊河深淺關　天子。節度龐眉爲督糧，尚書白首因都水。吾聞，黃河之水天上來，茫茫禹跡非人開，萬一不從故道走，運河枉種青青柳。昨開新河十萬人，遺老傷心半似眞，鯉魚寂寞桃花水，銅虎交馳柳葉文。只今依舊還如帶，百萬錢刀竟何在？近來新鑿小黃河，闊處不能五丈多，三十二壩河如束，舊河不能遮馬腹。可憐淮泗尚滔滔，龍沙水穴鷗鷺巢，德州城下人競涉，往來只仗人夫拽。開田觸諱海運迂，好事往往徒上書，憶昔漢都函谷裏，漕輓如雲復如雨。夜夢河伯爲我言，　天子精誠可格天，漢武負薪瓠子塞，願我　陛下思無斁，千秋萬歲樂無極。〔註13〕

本篇描述萬曆二十九年（1601 年）黃河改道奪濉水而流，泛濫成災，泥沙淤積，死傷無數，尚書治水，白了頭髮，但水道流向難以預料，一旦改道，所有水土保持的努力化爲烏有，開鑿新河耗費的金錢與人力又難以估計，即使完成亦無法確保能解決水患，而被奪的水道洪水濤濤，離水的舊道淤積不暢，黃河的流向反反覆覆，影響所及，百姓難以安身立命。因此殷殷企盼聖上能夠以精誠感天，使人民安居樂業。全詩道盡詩人關懷民生的衷情，同時對執政者隱含勸諫之意。

其他如《九籥集詩》卷之一〈葛成謠〉五首歌頌萬曆二十九年蘇州民變，葛成犠牲小我慷慨赴義的壯舉。卷之三〈時事四首〉，卷之四〈雜興〉三十首，多記萬曆二十至二十一年間的東征戰事。從上述詩篇，知棶澄對於時事，特別是內憂外患，均投注相當多的熱情，表現詩人體察民心的眞情，而這樣憂時傷亂，關懷民生的題材，是《九籥集》稗篇較爲缺乏的，顯然在棶澄心中，相較於稗編，詩文的體裁需背負較多經世濟民的責任。至於萬曆末年的戰事，雖於其詩篇未見，但並非不再關心，而是改以散文呈現。

〔註13〕《九籥集詩》卷之一〈符離集新黃河也〉，頁614。

二、夢寐寓懷

李維楨所作〈九籥集序〉中有言：「幼清少慕神仙，多奇遇，往往徵於夢寐，而其爲詩文亦似之。」〔註 14〕以李氏與宋楙澄的相交及瞭解，他觀察到夢寐之境經常是宋楙澄詩文創作的媒介，因此「夢寐寓懷」是宋楙澄詩文寫作的共同特徵，此一特徵將留待文編進行完整剖析，此處僅就詩作部分簡略介紹。

在宋楙澄的詩作中，以夢爲題的詩作有十八首，分別爲《九籥前集詩》的〈夢後〉、〈燕邸感夢七首悼亡婦〉（以七首計）、〈記夢〉、〈約夢〉、〈寫夢〉、〈記夢悼亡婦〉、〈再夢亡婦化爲黃鳥〉、《九籥集詩》的〈賦得夢約水精環〉、〈與錢大作別，先夜夢隔岸之詠，醒而足之，因嘲其墨守西湖〉、〈夏日夢至吳中桃花歡與見桃上人試岕茶〉、〈夢繿〉、《九籥後集》的〈白下囑夢〉。如以內容出現「夢」字的詩作頻率來看，共有八十七首。整體而言，不論詩題或詩文，出現「夢」字的詩作總計九十七首，約占全部詩作六百七十一首的百分之十四點五。其中〈懊惱曲慕熱心也〉及〈賦得長相思五首有序・其四〉二首，甚至同一首詩作於內容中出現二個夢字的情形。由此可見，楙澄對夢的感應特別強烈，反映在詩作上，則蘊藏一種獨特的神祕感。

楙澄的夢寐寓懷之作，多爲抽象的陳述，較爲典型的是思念亡妻與追求道術二種。茲舉楙澄思念楊氏〈燕邸感夢七首悼亡婦・其三〉爲例：

> 浪子多心事，關山誤曰歸，生離花濕露，死別夢牽衣。
>
> 寶匣明璫冷，紗窗翠草肥，春來杜鵑下，如睹子規飛。〔註 15〕

元配楊氏因產子而亡時，楙澄在燕不得見，生離與死別，是楙澄內心最深的痛楚，也是對於楊氏最大的虧欠，用其一生，仍難以撫平。同時，這也是他做爲一個浪子所付出最大的代價，使原本如影隨形的倆人，今後只能在夢中相見，所以楙澄時時在睡夢中見前妻牽著自己的衣角，對楙澄而言，這是一段難以割捨的夫妻感情。

再以與道術有關的〈自嘲〉爲例：

> 青鬢蹉跎三十年，玄霜往往夢中傳，病來辟穀常旬日，好去犁雲種玉田。〔註 16〕

〔註 14〕《九籥集》卷首，〔明〕李維楨撰〈九籥集序〉，頁 378。

〔註 15〕《九籥前集詩》卷之四〈燕邸感夢七首悼亡婦・其三〉，頁 462。

〔註 16〕《九籥集詩》卷之四〈自嘲〉，頁 635。

玄霜爲丹藥名〔註 17〕，辟穀則是一種不吃五穀以求成仙的道術，詩中記述楙澄往往在夢中被授予丹藥，每當病魔纏身之際，求道成仙以求解脫的想望便如影隨形，對楙澄而言，此類夢境是一種啓示，全詩充滿楙澄對於道術的嚮往與追求。

三、自況自嘲

宋楙澄終其一生都在面對南北的奔波、科考的落第、無子的憂慮、病痛的纏身、父母遺志的難成，種種人生的磨難，讓他的內心鬱結，每每在詩文之中表露當下的心境與感受，甚至還有用自我解嘲的玩笑口吻來分析個人的行爲，因而產生自況自嘲類的作品。此類作品必須面對眞實的自我，而帶有嘲弄意味的自嘲之作，往往在趣味之中伴隨著淡淡的憂傷，有苦中作樂的意味。例如《九籥前集詩》卷之二〈自嘲〉、卷之四〈遠況〉、〈歲暮〉、〈寄從兄述懷〉、〈潤州夜自解〉、卷之七〈旅況〉、《九籥集詩》卷之二〈近況〉、〈自笑〉、卷之四〈病中自謔〉、〈自嘲〉、《九籥後集・江楚雜詩》之〈自嘲〉等。以〈寄從兄述懷・其二〉爲例：

> 人間既有命，行藏亦屢遷，賣文非我意，縱酒豈徒然。
>
> 柳色江頭水，桃花馬上天，男兒重七尺，未擬受人憐。〔註 18〕

楙澄面對近親堂兄，毫不掩飾地抒發內心的悲苦情緒，賣文貶低自己文章的格調，縱酒則是逃避現實的方法，形勢迫使人不得不低頭，人生至此，只能拒絕接受同情的眼光，才能守住男子漢大丈夫最後的一絲自尊，詩中充滿一股鬱積的愁緒。再以〈病中自謔〉爲例：

> 病中招得酒魔歸，更有詩魔不願違，二鬼許容相伴老，花前月下總如飛。〔註 19〕

雖在病中仍念念不忘詩與酒，足見可愛的程度，但卻又以二鬼稱之，足見可怖的程度，矛盾的是，還要二鬼伴老，全詩以詼諧的態度面對個人的病況，同時展現出對詩酒的又愛又恨的心態，這樣趣味盎然的小詩，堪稱佳作。

〔註 17〕〔東漢〕班固撰：《漢武帝內傳》（臺北：新文豐出版股份有限公司，民國 74 年元月，《叢書集成新編》本），載有：「……其次藥有九丹金液、紫華紅英、太清九轉五雲之漿、元霜絳雪。……子得服之，白日升天，此飛仙之所服，地仙之所見也。」頁 644。

〔註 18〕《九籥前集詩》卷之四〈寄從兄述懷・其二〉，頁 461。

〔註 19〕《九籥集詩》卷之四〈病中自謔〉，頁 630～631。

四、遊子懷歸

爲求取功名，也爲完成父母遺願，楙澄不得不拋家棄子，選擇舟車碌碌的人生，不斷往來於燕松之間，長年累月作客他鄉，成爲名副其實的遊子或蕩子。這是他此生的宿命，只能不時在詩作中吐露懷歸的愁緒，因此產生遊子懷歸類的作品，如《九籥前集詩》卷之二〈懷歸〉、〈遊子吟〉、〈欲歸〉、卷之四〈燕寢〉、〈夢後〉、〈月中寄洪二〉、卷之五〈南還〉、〈姑蘇道中〉、卷之六〈歸思〉、〈問月〉、〈斷腸花〉、卷之七〈客雨〉、〈旅恨〉等。代表作品爲〈遊子吟〉、〈姑蘇道中〉及〈燕寢〉：

> 浮雲天漢湄，遊子河梁隅，思心依親人，彷彿還故廬。俛仰岐路間，舟楫無前期，淚從中懷來，聲氣安可追，玄鳥凌秋風，厲羽臨當歸，斷帶屢失緣，百結附故衣，貧賤無親人，獨行苦飢饑，明月布嚴霜，貴與遺跡私，安知夢想間，異其會面時，人生非別離，景曜無相思，欲假螢鳥輝，附彼鴻鵠飛。(〈遊子吟〉)
>
> 旅鴈紛紛度戍樓，暮雲靄靄送行舟，三年裘馬燕臺月，此日帆檣白下秋。幰帳自疑虛問寢，乳兒未語已關愁，布衣觸忤平生志，往事空教逐水流。(〈姑蘇道中〉)
>
> 黃葉如飛下，西風作大寒，故鄉高處望，尺素夢中看。耳畏鴻聲咽，顏憑酒力寬，銀燈相對久，清淚幾時乾。(〈燕寢〉)

〔註 20〕

〈遊子吟〉是陳子龍、李雯、宋徵輿同輯《皇明詩選》中，宋楙澄惟一被選錄的一篇詩作，亦爲姚弘緒《松風餘韻》卷四十二〈宋懋澄〉所選，同時是宋徵輿《林屋文稿》卷之十〈先考幼清府君行實〉中惟一述及的詩篇，堪稱爲宋楙澄的代表詩作。陳子龍的評價是：「風調本之〈十九首〉，而時出新緒，以寫幽思。」〔註 21〕語言樸素自然，描寫情眞意切，有〈古詩十九首〉的風致，又有身爲遊子的愁緒，全詩有道不盡的離腸歸思。〈姑蘇道中〉用旅鴈、暮雲、行舟、秋月營造出悲涼的氣氛，頗有「夕陽西下，斷腸人在天涯」的味道。而萬里跋涉，換來仍是一身布衣，壯志未酬，理想與現實的巨大反差，烘托出詩眼的「愁」

〔註 20〕 前引三首見《九籥前集詩》卷之二〈遊子吟〉，頁 454；《九籥前集詩》卷之五〈姑蘇道中〉，頁 466；《九籥前集詩》卷之四〈燕寢〉，頁 459。

〔註 21〕 〔明〕陳子龍、李雯、宋徵輿等輯：《皇明詩選》（北京：北京出版社，2005 年 8 月，《四庫禁燬書叢刊補編》本），卷之四，〈宋懋澄〉，頁 70。

字。〈燕寢〉也是用秋天的肅殺之氣，來凸顯作客他鄉的悲涼，歸雁的聲聲催促，遊子只能借酒澆愁，淚流滿腮。這些詩作都呈現遊子懷歸的哀愁。

五、閑適自得

閑適自得是一種生活態度，代表著詩人對於回歸平淡與親近自然的追求，可以體味精神鬆弛，靈魂滌蕩的寧靜境界，享受與世無爭，自得其樂的愉悅感受。宋楙澄身為一個飄泊的詩人，當然對於閑適自得的生活有一種渴望，反映在詩作中，也有一種平淡雋永的韻致。閑適自得的詩作可從平淡的生活及對自然的感悟來探尋，如《九籥前集詩》卷之七〈答詩〉、〈閒坐〉、〈歸自燕中〉、《九籥集詩》卷之二〈自適居〉等，都是平淡生活的描寫。以〈閒坐〉為例：

葛巾蔬飯病相傳，顛沛千端亦偶然，

四海太平無個事，竹窗閒坐補遺編。〔註22〕

能夠粗茶淡飯，天下太平，閒坐增補書籍遺漏的篇章，這種看似平淡無奇的生活，卻是所有文人內心最美好的嚮往。

此外，對自然的感悟，亦可借景寓情，寄託閑適自得的感受，如《九籥前集詩》卷之四〈晚色〉、〈林屋洞〉、〈洞眞宮〉、〈桃花〉、〈過沈河〉、〈寒月〉、卷之五〈華山洞庭〉、〈新柳〉、〈桃花〉、〈上方山五聖行宮〉、〈廣陵杏花村〉、卷之六〈茉莉〉、〈茶花〉、〈藍桂〉、卷之七〈月〉、〈過虞姬墓〉、〈七里灘〉、卷之八〈望江南詠燕齊道中秋柳〉、《九籥集詩》卷之二〈金山〉、〈渡故宋漕河〉三首、〈河間〉二首、卷之四〈秋日過滕縣即景嘲之，遂成十韻〉等。以〈晚色〉為例：

落日千林紫，漁舟聚淺灘，飛蓬雲外沒，野鳥望中還。

寺小藏深樹，潮寬點亂山，一尊頻對此，無意羨人間。〔註23〕

從落日、漁舟、小寺的靜態景物，到飛蓬、野鳥、潮水的動態景致，雖是動靜交替，所蘊釀出來的卻是晚色的寧靜氛圍，心靈獲致的平靜，自然不在話下，亦頗有淡泊名利，超出塵俗的出世思想蘊含在其中。

第四節　宋楙澄之詩學主張

宋楙澄所處的晚明時期，正是李贄童心說與公安派性靈說盛行的時代，

〔註22〕《九籥前集詩》卷之七〈閒坐〉，頁485。

〔註23〕《九籥前集詩》卷之四〈晚色〉，頁460。

思想上當然免不了受到影響，然而在這股師心的風潮中，他不隨俗浮沉，其詩學主張在某部分仍堅持個人的理念。宋楙澄的詩學主張除了可在詩作中解析之外，部分觀念亦在散文篇章的字裡行間顯露出來，經由交叉比對，歸結出其詩學主張爲觸意率眞、貴學尙趣二者。

一、觸意率眞

宋楙澄觸意率眞的詩學主張，可從其兩篇詩序作品中搜檢而得：

> 生平作詩而不解作詩，楙澄也，……今雖偶一爲之，直馮婦耳，非眞好也。憶昔眞好之時，詩來觸意，非有意搜詩，搜之第成韻耳，豈可云詩乎？然此境見于未解之時，及解無之矣。(〈南雲小言序〉)〔註24〕

> 嘗觀游于魚矣，觀飛于鳥矣，彼都無所爲品格、學問、才情、風韻也，而盤旋迴翔，動成文焉。試語以若何而善，雖折其翅尾，豈能從哉！惟人亦然。歷三代而　國初，家自立户，未始借人門牆也，借之自嘉隆始，至今日而舉世盡新豐矣。近且勦爲巫辭箕語，瓶罌之花，虎豹之鞹，以號于眾曰：「是爲至文。」此非詩文之大厄哉！所以濫觴至此者，品格、學問、才情、風韻誤之也。余以爲飢則思食，寒則求衣，一皆出于自然，令捉筆之時，而有如思食求衣之不得已焉。(〈九籥集詩序〉)〔註25〕

詩是情感的產物，情思湧動之際，詩作油然而生，往往都是麗句清詞，神來之筆，這就是觸意率眞的眞義。所謂意在筆先，內心有所感觸，順應本眞，有感而發，信手拈來，皆成珠玉，一切自然而有，毫無造作，才能成就眞好之詩。然而，如自恃品格、學問、才情、風韻，以爲依韻塡詞作詩，便可成詩，那只能稱作有韻的文字，與詩的境界相去甚遠。而且過多的人爲操弄，爲作詩而作詩，或抄襲模擬，缺乏巧思奇意，必定充滿斧鑿痕跡，索然無味。惟有屏棄人工的雕琢與模擬，回歸自然與率眞，言有盡而意無窮，才是作詩的正道。而這樣的主張，與李贄的童心說，所強調表現自我的純眞之情，要求存眞去僞，反對理學家的矯情飾性的理念，以及公安派獨抒性靈，不拘格套的主張，基本的概念是類似的，可見這股心學的思潮，致使文學或文人深受影響。就楙澄的創作表現觀之，錢希言〈九籥集敘〉曾認爲：「君春秋方

〔註24〕《九籥集》卷之二〈南雲小言序〉，頁514。
〔註25〕《九籥集》卷之二〈九籥集詩序〉，頁515。

盛，……少於詩好西京樂府、建安父子，……故其爲詩若文也，務超詣而恥祖襲，喜鮮腴而猒枯澹，尙瑰異而薄凡庸。」〔註 26〕錢希言所謂宋楙澄「爲詩若文」，正是以文爲詩，直寫胸臆的表現，而反擬古、反形式的觀念，均與李贄、公安三袁不謀而合。

二、貴學尚趣

對於寫詩，宋楙澄認爲詩的技巧在於貴學，詩的表現在於尚趣。就貴學而言，他的主張是：

> 夫詩有別才，非關學也。然不學不足以盡詩之變。三百篇豈皆學士大夫語乎？至雅頌而田畯紅女之技窮矣，故無一事不具于胸中者，始能不用一事于筆底。皎然欲析骨肉，還之父母，可謂無事學矣。試問皎然之骨肉從何來乎？又試問皎然之父母從何來乎？而不反觀之乎？性情之理，猶父母也，文章之陸离，猶骨肉也，舍而父母，去而骨肉，則且不留一字，又何地容汝析乎？此余有取于朗公，得學力居多也。雖然昌黎之詩文也，以洩其不平爲世道也。今朗公披緇削髮，視世道之責猶豕羊之摩樹，痛癢無關矣，而猶沾沾自喜爲詩，度其意不至凌青蓮摩詰不止，不幾爲學所使乎？（〈敘秋朗詩〉）〔註 27〕

就尚趣而言，他的見解是：

> 嗜古則能文，尚趣則得詩。勤儉致富，專一取貴，伎工於習，事成於勉，不必天也。孔氏指之曰一，老氏究之曰無，釋氏體之曰妄，道可悟矣。有不須學，不待悟而獨授之天者，願與之同事焉。（〈與曹大〉）〔註 28〕

> 新詩無法律，興到輒欣然，如入蓮花坐，猶橫紫玉鞭。（〈近況〉）〔註 29〕

楙澄貴學尚趣的詩學主張，係得自宋朝嚴羽的啓發。嚴羽《滄浪詩話．詩辯》主張：「夫詩有別材，非關書也，詩有別趣，非關理也。然非多讀書，多窮理，則不能極其至。所謂不涉理路，不落言筌者，上也。詩者，吟詠情性也。盛唐

〔註 26〕《九籥集》卷首，〔明〕錢希言撰〈九籥集敘〉，頁 384～385。
〔註 27〕《九籥續集》卷之一〈敘秋朗詩〉，頁 649。
〔註 28〕《九籥前集》卷之十〈與曹大〉，頁 428。
〔註 29〕《九籥集詩》卷之二〈近況〉，頁 618。

諸人惟在興趣，羚羊掛角，無跡可求。故其妙處，透徹玲瓏，不可湊泊，如空中之音、相中之色、水中之月、鏡中之象，言有盡而意無窮。」〔註30〕嚴羽認爲「詩」這個文學樣式的獨特之處，在於詩具有意在言外的特殊元素，寫詩與讀詩都需憑藉著獨特的才能，不是用讀書的邏輯思維，或是講究道理方法，便能悟解，但非經多讀書窮理，不能將詩的意境發揮到極致。宋楙澄則認爲寫詩與讀詩所需憑藉的獨特才能，非後天的學習可以獲致，但不學不可以激發詩境變化萬端的樣貌。兩人的用字不同，方法卻是一致的，就是後天的勤勉學習。嚴羽的基本精神是重別才而不廢學，並非矜才而以才學入詩，而楙澄則認爲學習可以增進寫作的技巧與作品的意境與深度，凡此均爲詩聖杜甫所謂「讀書破萬卷，下筆如有神」〔註31〕的眞諦。此外，詩的表現講究詩趣，亦即嚴羽所說的「詩有別趣」、「盛唐諸人惟在興趣」，宋楙澄所謂的「尙趣則得詩」、「興到輒欣然」，它是一種難以言喻的韻味，自然含蓄，天機盎然，超越意象之外，令人悠然神會而餘韻無窮的特殊審美境界。它沒有一定的方法格式，也毋需精緻的刻劃描摹，卻可以從中體會到生動活潑的靈氣，是一種言有盡而意無窮的天趣。

公安派過分依賴於直覺體驗，即興揮灑，故作品雖不乏清新之作，然深度及張力均有所不足，甚至有淺薄輕佻之病。而宋楙澄強調的貴學，或許即是針對公安派淺薄輕佻之病而發。學習的對象，當然指前輩或古人，但學習不是摹擬，要學的是精神而不是形似，顯然與前後七子的擬古主義大相逕庭。至於尙趣，宋楙澄的看法與嚴羽類似，他們追求一種言有盡而意無窮的意趣。袁宏道則不然，他在〈敘陳正甫會心集〉中提到：

> 夫趣，得之自然者深，得之學問者淺。當其爲童子也，不知有趣，然無往而非趣也。……山林之人，無拘無縛，得自在度日，故雖不求趣而趣近之。愚不肖之近趣也，以無品也，品愈卑故所求愈下，或爲酒肉，或爲聲伎，率心而行，無所忌憚，自以爲絕望於世，故舉世非笑之不顧也，此又一趣也。迨夫年漸長，官漸高，品漸大，有身如桎，有心如棘，毛孔骨節，俱爲聞見知識所縛，入理愈深，然其去趣愈遠矣。〔註32〕

〔註30〕〔宋〕嚴羽著：《滄浪詩話》（臺北：新文豐出版股份有限公司，民國74年元月，《叢書集成新編》本），〈詩辯〉，頁29。

〔註31〕〔唐〕杜甫撰：《杜工部詩集》（北京：北京出版社，2005年8月，第一版，《四庫禁燬書叢刊補編》本），卷一，〈奉贈韋左丞丈二十二韻〉，頁38。

〔註32〕〔明〕袁宏道撰：《袁中郎全集》（臺北：世界書局，民國53年2月），《袁中

袁宏道的看法與李贄童心說相近，卻進一步表現出對庸俗生活情趣的追求，這也正是公安派趨向輕率鄙俗的原因。再看公安派的承繼者竟陵派，提出求古人眞詩的口號，既學古，也求眞，這是針對擬古派擬形襲貌與公安派一味變古的偏弊而發的，其概念與宋楙澄貴學、率眞的理念相近。竟陵派另立幽深孤峭的風格，追求一種幽情單緒、奇理別趣的意境，企圖結合性情與品格，卻是走向冷僻苦澀這種更偏狹的道路。相形之下，宋楙澄崇尚言有盡而意無窮的意趣，是比較向中道而行的。

經由宋楙澄的詩學主張與前後七子、李贄、公安派、竟陵派的比較後，可知宋楙澄對於主導明代文學思潮的擬古派及性靈派均有所不滿，同時也反映出他爲折衷調和兩派的長短異同所做的努力。

第五節　《九籥集》詩編之技巧與風格

分析作者的寫作技巧，可以凸顯作品背後所蘊藏創作的心思與寫作的功力，而作品風格則是成品呈現出來的形象或格調，二者互爲表裡，對於創作表現有決定性的影響。

一、寫作技巧

《九籥集》詩編的寫作技巧，主要可以歸結出突出主題、雙關構境及白描抒情三者，以下個別論述之。

（一）突出主題

在宋楙澄的詩作中，別具慧眼地刻意取材於現實生活中的眞實人物和事件入詩，藉此突出主題，這類作品的表現往往言淺意深、警辟感人，這或許是受到小說創作的寫實筆法所影響，讓人感受特別深刻。茲以〈歌者有守嘲之〉及仿南朝樂府民歌所作的〈續華山畿二十首〉說明之。

> 更衣拔短刀，斷儂杯中酒，纔分還復連，到底不得剖。（〈歌者有守嘲之・三解〉）
>
> 捉指燒炭上，指爪起青烟，火中雖熱痛，還滅憶郎眠。（〈五解〉）
>
> 欲掬相思淚，傾向大海中，情知毫無益，不與眾流同。（〈六解〉）
>
> 提壺瀉玉碗，炙口難下咽，莫令酒稍溫，不得郎心熱。（〈七解〉）

郎文鈔》，〈敘陳正甫會心集〉，頁5。

〔註33〕

妾如堂上燭，心熱淚應流，君如啣刀龍，一生不轉頭。(〈續華山畿二十首〉)

左手把一刀，右手把一劍，刀劍上下磨，兩情熱時見。(〈其二〉)

碾碎一掬米，安置蟻穴口，今日莫遠行，雙雙暫相守。(〈其四〉)

養魚硯池中，水淺弗及背，生死洗不清，終身受君累。(〈其九〉)

涕泣嚙指甲，感此重悲傷，郎情無斷絕，指甲那能長。(〈其十〉)

畫上一小船，終日泊山底，船中增阿郎，船當自移徙。(〈十三〉)

〔註34〕

上開數篇樂府詩，對於詩的意象和詩的語言，都從日常生活中的細節著手，如更衣、燒指、掬淚、提壺、碾米、養魚、嚙指、泊船等，藉此突出相思的主題，因此顯得眞情流露，毫不做作，而眞情即是產生好詩的前提與基礎。此外，詩中運用豐富的想像力，將有形的動作和無形的情緒之間，做了巧妙的結合，亦即將內在之意訴諸外在之象，使主觀的心與客觀的物交融，釋放出詩蘊含的微妙能量，平添詩的魅力，頗富浪漫主義的色彩。看似平凡無奇，卻顯得情深意摯，自然感人，牽引讀者內心深處的悸動。

（二）雙關構境

修辭學上指詩文及語言中利用諧音字、字義兼指或語意暗示等方式，使得詞彙或語句兼顧兩層意涵，似言此而實言彼，以一語關涉兩件事，此種修辭稱爲雙關。善用雙關可使文章蘊藉，文字風趣、語言鮮活，建構出悠遠的意境，獲致意想不到的奇效。楙澄詩作即因善用雙關的修辭技巧，曲折抒情，含蓄構境，往往令人心領神會，擊節稱賞不已。以〈歌者有守嘲之〉及（〈李南華女郎懊惱曲〉爲例：

雨天蠟雙屐，故向泥中行，

天晴洗泥去，足下不留情。(〈歌者有守嘲之・八解〉)

燒殘紅蠟炬，抽簪刻郎心，

〔註33〕《九籥前集詩》卷之一〈歌者有守嘲之・三解、五解、六解、七解〉，頁445～446。

〔註34〕《九籥前集詩》卷之一〈續華山畿二十首・其二、其四、其九、其十、十三〉，頁448～449。

相看流淚盡，無影自沈沈。(〈李南華女郎懊惱曲〉)〔註35〕

「足下」、「流淚」與「無影」三詞在詩中是使用詞義雙關的修辭技巧。「足下」既指腳下，又爲指稱對方的敬辭；「流淚」既指蠟淚，亦指眼淚；「無影」既指蠟炬成灰無燭影，又指對方無踪影。〈歌者有守嘲之・八解〉表面上是毫不留情地將腳下的污泥洗下，其實暗指對方毫不留情，有惆悵怨懟之意。〈李南華女郎懊惱曲〉表面上是蠟淚燒盡，其實暗指獨守空閨女子的眼淚流乾；又表面上是無燭影的黑暗，實際上是心上人毫無踪影的寂寞。再如〈李南華女郎懊惱曲〉及〈將渡〉二詩：

妾家角黍日，正君端午時，君愛一時葛，妾身偏著絲。角關覺，黍關暑，午關忤，葛關割，絲關思。(〈李南華女郎懊惱曲〉)〔註36〕

何年偶種有情癡，今世相逢似較遲，對月要言紅滿徑，臨風惜別綠濃時。當如秋燕尋歸路，莫學春蚕只費絲，桑實江南看漸熟，改鳴蚤晚莫深疑。(〈將渡〉)〔註37〕

角黍即爲角粽，是端午節的應景食物。〈李南華女郎懊惱曲〉中使用諧音雙關及句義雙關的修辭技巧。以個別字來看，諧音雙關的字栐澄已在詩中以小字標註，諧音雙關係指一個字詞除了本身所含的意義之外，又兼含另一個與本字詞同音或音近字詞的意義，全詩不過二十個字，便使用五個諧音雙關的字，寫作的困難度自然有目共睹。然而更令人瞠目結舌的是，這五個諧音雙關的字放在同一詩中，竟造就句義雙關的效果。句義雙關是指一句話或是一段文字，與兩件事物或兩層意思雙關聯。葛是植物名，根可取出澱粉，供食用及製糊用。表面上是端午時節，做著角粽，君拿出葛藤，妾做著葛粉，暗地的意思卻是妾感暑氣逼人無情緒，君偏偏來忤逆，君每每能割捨這段感情，妾卻往往相思不已。栐澄運用二重雙關的高難度技巧來運筆，充分發揮引起讀者注意及激盪樂趣的效用，且用字精緻深細，圓美醇雅，可以回味再三。至於〈將渡〉，則使用諧音雙關的技巧，「絲」關「思」，暗指白費相思之意。而這樣的巧思製造的片段，是將敘述與抒情相結合，用筆婉曲，一方面利用口語來提煉，淺顯通俗，一方面又刻意烹煉詩句，措意深雅，建構出多層次的意境，令人驚喜連連，讚歎不已。

〔註35〕《九籥前集詩》卷之一〈歌者有守嘲之・八解〉，頁446；以及《九籥集詩》卷之一〈李南華女郎懊惱曲〉，頁615。

〔註36〕《九籥集詩》卷之一〈李南華女郎懊惱曲〉，頁615。

〔註37〕《九籥集詩》卷之三〈將渡〉，頁628。

（三）白描抒情

白描法可以用來寫人、敘事、狀物、繪景，力求以簡單的筆墨來勾畫，不需太多的雕飾，不堆砌渲染，而是直接抒發感情，使眞情流露，產生簡練、樸實、率直的效果。而楙澄運用白描抒情的寫法，不僅眞實呈現詩人感情，同時可以拉近與讀者的距離。茲舉數篇爲例：

> 少年輕意氣，不識苦饑寒，能騎健馬慣，欲別好花難。
> 逢人避長揖，愛色懶求歡，蕭蕭古天地，多向醉中看。（〈寄從兄述懷〉）
>
> 吾登茲山巔，星辰如可摘，願風吹散雲，惟留日月色。（〈嚴灘〉）
>
> 獨坐待鍾（按：應爲鐘）聲，松枝撥燈火，開窗看雙星，花影驚鸜鵒。（〈臨檻〉）
>
> 近事紛紛不忍聞，懶將怨語入詩文，春風買得歸來棹，萬里青山幾段雲。（〈歸自燕中〉）
>
> 近況今何似，依回念老親，無心對清酹，底事犯黃塵。
> 不喜文章業，偏於筆硯頻，未知頭白後，得失作何因。（〈自笑〉）〔註 38〕

這些詩篇採用白描手法進行敘事及繪景，以凝煉的語言和生動的描寫，再現詩人落筆時的心境與心情。其中〈臨檻〉一詩，同時爲宋存標《秋士選詩三百》及姚弘緒《松風餘韻》〔註 39〕所選，簡樸率眞的語句，卻創造出寧靜適意的韻致。楙澄運用白描手法來抒情，具有強烈的感染力，而且直抒胸臆，有絕佳的穿透力，有效地避免隔閡澀滯的感覺，而這類型的作品，正與宋楙澄觸意率眞的詩學主張不謀而合。

二、作品風格

有關對宋楙澄《九籥集》詩編的作品風格，可以從時人或後人所給予的品評中推敲印證。首先，其恩師馮時可曾有如下的評語：

〔註 38〕前引五首見《九籥前集詩》卷之四〈寄從兄述懷〉，頁 461；同書卷之六〈嚴灘〉、〈臨檻〉，頁 471、472；同書卷之七〈歸自燕中〉，頁 485；《九籥集詩》卷之二〈自笑〉，頁 619。

〔註 39〕〔明〕宋存標輯：《秋士選詩三百》（北京：北京出版社，2005 年 8 月，第一版，《四庫禁燬書叢刊補編》本），卷三，《九籥集》，〈臨檻〉，頁 725。以下凡引《秋士選詩三百》所列頁碼，均據此版本。〔清〕姚弘緒編：《松風餘韻》，卷四十二，宋懋澄〈山中古意〉，頁 591。

公沒數年，幼子尚新方弱冠，以詩文著。尚新詩詞洒然，無俗韻。〔註 40〕

他稱述林澄的詩文，認為其詩詞具有灑脫不俗的風格，對照林澄收錄在宋存標《秋士選詩三百》中的詩作〈近況〉〔註 41〕來看：

新詩無法律，興到輒欣然，如入蓮花坐，猶橫紫玉鞭。

醉劇輕天地，癡眞小聖賢，近來都減念，差喜腹便便。〔註 42〕

蓮花坐，西藏佛典稱之為金剛坐；紫玉鞭，則是郭子儀受贈名駒的配件。詩中強調即興作詩，並重視清新脫俗的格調。儘管天地之大與聖賢之高，在痴醉之人的眼中都可以超然物外，如此消除妄念的結果，便是心寬體胖。林澄寫生活中不可或缺的詩酒二事，運用比擬、對仗、倒裝、疊字等修辭技巧，以凝煉簡潔的筆法，烘托出一種灑脫不俗的風格。

其次，清代姚弘緒《松風餘韻》亦有評述：

孝廉抱用世才，屢上春官，不遂其志，矻矻以著述名，非素願也。雋句如「柳枝迷百舌，馬足怯莓苔」、「曉日雲衣薄，殘星水面收」、「每到登高處，嘗思作賦才」、「愁看馬上客，羨煞渡頭人」、「人行雙鏡裏，魚躍亂星中」、「雲澀山迎（凝）翠，風輕水漾鱗」、「早晚起居青瑣客，風波珍重白頭人」、「江頭破鏡清秋月，城上啼烏丙夜霜」、「五兩輕裝同柳絮，三年薄俸減榆錢」、「幾樹綠楊沈馬影，長堤碧草帶漁航（千條碧藕賽蜂房）；城埋殺氣雲常黑，沙捲悲風日欲黃」、「暝（冥）色月深修竹裏，曉烟香煖百花中」、「願如明（弦）月何時滿，夢見黃河到底渾」、「簾影不遮蝴蝶夢，風聲疑送鴈鴻書（秋風幾度鴈臣書）」、「明月卻迷飛絮路（色），馬蹄踏遍落花泥」。於嶔崎磊落中，而饒芊綿旖旎之致，洵是才人之筆。李舒章云：「聲多商羽，似孤城嚴角，夜臨秋風。」可謂知音。〔註 43〕

括弧內為宋林澄《九籥集》詩編中所用原字或原句。姚弘緒所引雋句，依序出自〈春日周氏庄〉、〈過沈河〉、〈寄趙二〉、〈下第別友人．其二〉、〈淮陰道中〉、〈廣陵早發〉、〈送劉太史奉太夫人歸豫章〉、〈眞州送別〉、〈送陳工部奉　使南

〔註 40〕〔明〕馮時可撰：《馮元成選集》卷五十〈宋貢士堯俞小傳〉，頁 56。

〔註 41〕〔明〕宋存標輯：《秋士選詩三百》，卷三，《九籥集》〈近況〉，頁 723。

〔註 42〕《九籥集詩》卷之二〈近況〉，頁 618。

〔註 43〕〔清〕姚弘緒著：《松風餘韻》卷四十二〈宋懋澄〉，頁 591～592。

還歸省・其二〉、〈自鄭州抵雄縣〉、〈金閶春夜有懷故園〉、〈治繡〉、〈虛疑〉、〈離別引傷懷人也〉等詩中，他評述宋楙澄詩作具有「嶔崎磊落」與「芊綿旖旎」的風格，指出其詩作具有豪放及婉約二種格調，有些表現豪邁的氣概，有些表現秀麗細密的風情，不偏執於特定類型。若非宋楙澄胸有丘壑，才高意廣，如何能當此評價？因此用「才人之筆」稱道之，實非溢美之辭。而馮時可所說「不俗」與姚弘緒所謂「有才」，兩者在意義上是暗合的。

至於李舒章，即爲與楙澄子宋徵輿及陳子龍合稱雲間三子的李雯。李雯的評論出自《皇明詩選》卷之四〈宋懋澄〉：

> 舒章曰：「幼清先生，余父執也，河海之士，豪氣不除，負奇才而不用，故其詩激烈，聲多商羽，似孤城嚴角，夜臨秋風。」〔註 44〕

他評論楙澄天性豪邁，其作品具有「聲多商羽」的風格，恰與楙澄在〈辯文章五聲〉的概念吻合：「余詞多羽，故清商清徵之詞爲僊、爲賈、爲富人，……羽詞多客，……矧羽之爲聲，其思窘其辭迫，關山悽愴之象，非遊子不能領略之。」〔註 45〕楙澄自謂詞多羽聲，有窘迫悽愴的意象，聲多悲壯。以收錄在宋存標《秋士選詩三百》〔註 46〕的二詩來印證：

> 斜倚征帆仗酒歌，氣憑長鋏羽聲多，少年驅策黃羊谷，不到金錢無定河。(〈送叔父遊燕趙・其四〉)
>
> 青山西北控中央，滄海東南莽大荒，幾樹綠楊沈馬影，千條碧藕賽蜂房。城埋殺氣雲常黑，沙捲悲風日欲黃，借箸不須籌往事，試撾村鼓疊漁陽。(〈自鄭州抵雄縣〉)〔註 47〕

〈送叔父遊燕趙・其四〉的征帆、酒、長鋏，呈現送別的慷慨悲壯的情境。〈自鄭州抵雄縣〉則藉景抒情，渲染出悲涼肅殺的氣氛，無形中傳達出遊子壯志難酬的感愴。李雯在羽聲之外，又留意到商聲的部分，商聲是悽愴悲涼之音，晉朝陶潛的〈詠荊軻〉詩云：「商音更流涕，羽奏壯士驚。」〔註 48〕可知商聲

〔註 44〕〔明〕李雯、陳子龍、宋徵輿等撰：《皇明詩選》（北京：北京出版社，2005 年 8 月，《四庫禁燬書叢刊補編》本），卷之四，〈宋懋澄〉，頁 70。

〔註 45〕《九籥集》卷之八〈辯文章五聲〉，頁 586～587。

〔註 46〕〔明〕宋存標輯：《秋士選詩三百》，卷三，《九籥集》〈送叔父遊燕趙〉及〈自鄭州抵雄縣〉，頁 726、724。

〔註 47〕前引二首見《九籥前集詩》卷之七〈送叔父遊燕趙・其四〉，頁 476；《九籥集詩》卷之三〈自鄭州抵雄縣〉，頁 626。

〔註 48〕〔晉〕陶潛撰：《陶淵明集》（臺北：臺灣商務印書館股份有限公司，民國 75 年 3 月，《景印文淵閣四庫全書》本），卷四，〈詠荊軻〉，頁 507。

主悲，羽聲主壯。楙澄詩作具商聲的特質，可以〈秋日重經宿州，時濉水爲黃河所遏，瀰漫無際，四顧蕭然，余嘗三渡符離，是役不勝悽惋，遂托四詠・其三〉一詩來印證：

束髮遠行役，關山幾變更，豈伊楊柳岸，化作藕花城。

貪雨龍移族，迎秋鶴厲兵，王師初罷討，畫角莫悲鳴。鶴第四指爲兵爪。〔註49〕

詩寫楙澄在秋天親眼目睹黃河氾濫成災，瀰漫無際的蕭索景象，感歎大自然的力量，竟讓地貌一夕改變，同時勝過天子軍隊的千軍萬馬。全詩充滿淒清悲切、哀惋淒苦的愁緒，深刻地表達商音哀咽的悲情。而不論是馮時可、李雯或姚弘緒，所評述宋楙澄詩編所具有的洒脫不俗、於嶔崎磊落中饒芊綿旖旎之致、聲多商羽的風格，都賦予宋楙澄的《九籥集》詩編一個中肯的評論。

另《九籥集詩》卷之四「曲」類收錄宋楙澄之曲作僅三首，前述宋存標將之收錄於《情種》卷四，並給予評述如下：

居士曰：「〈三捧（按：應爲棒）鼓〉、《四聲猿》，不若此之簡促而戲傲也。」〔註50〕

居士爲宋存標自稱，〈三棒鼓〉爲民間曲藝的曲種，明清間流行於長江中下游地區。《四聲猿》則爲明代徐渭的雜劇名作。宋存標特別稱賞宋楙澄，認爲此三曲的簡潔及嘲弄的趣味遠勝民間流行的〈三棒鼓〉及文人創作的《四聲猿》。茲舉其中一首〈中呂堯民歌代楚雲嘲〉爲例：

你一似喬楊花，沾淤泥，到處兒生根，化浮萍，在波浪兒裡存身，變靈蟲，到衣服兒上招魂，那裡也白雪紛紛，只合著趁東風，著地兒滾。〔註51〕

雖說宋存標是宋楙澄的堂侄，引自家人的讚美之辭來評斷，立場似乎不夠超然，但觀察宋存標的經歷，他曾中明思宗崇禎十五年副貢，授南京翰林孔目，與陳繼儒友好，明末清初，蕭塘宋氏家族的宋存標、宋徵璧、宋徵輿三兄弟合稱「三宋」，他們不僅是松江府幾社的骨幹，亦是雲間派的中堅，而《奉賢

〔註49〕《九籥集詩》卷之二〈秋日重經宿州，時濉水爲黃河所遏，瀰漫無際，四顧蕭然，余嘗三渡符離，是役不勝悽惋，遂托四詠・其三〉，頁621。

〔註50〕〔明〕宋存標輯：《情種》卷四所引〈中呂鮑老兒嘲沈楚雲媽〉、〈中呂堯民歌代楚雲嘲〉、〈中呂十二月嘲楚雲〉三曲之篇末，頁730。

〔註51〕《九籥集詩》卷之四〈中呂堯民歌代楚雲嘲〉，頁638。

縣志》甚至稱宋存標爲「幾社領袖」〔註 52〕，顯然他在文壇上有一定的地位，因此評詩必有相當的標準，不至於妄下斷語。再細觀宋楙澄三首曲作，係爲當時雲間名妓楚雲所作，三曲直率地表露彼此共有的歡樂，具有詼諧戲謔的情調，的確掌握到曲作的本色，亦即通俗寫實，生動自然的精髓與趣味，因此宋存標的評價應有足夠的參考價值。

第六節　《九籥集》詩編之影響

雖說宋楙澄較爲人所熟知的是稗官小說部分的成就，但是從上述馮時可對宋楙澄的評述：「尙新方弱冠，以詩文著。」可知他在詩文兩方面均有用心，亦有所成，因此《九籥集》詩編在文學史上的地位或影響，便是一個値得探討的問題。如欲解析此一問題，可以由小至大，從三個面向著手。一是《九籥集》詩編對傳奇小說中融入詩詞賦的影響，二是《九籥集》詩編對晚明竟陵派的影響，三是《九籥集》詩編對清詩性靈派、神韻派的影響，以下分別討論之。

首先，是《九籥集》詩編對傳奇小說中融入詩詞賦的影響。在前一章作詩突出主題的寫作技巧論述中，曾述及宋楙澄刻意取材於現實生活中的眞實人物和事件入詩，或許是受到小說創作寫實筆法的影響所致。稗編可能影響詩編，如逆向思考，則詩編亦可能影響稗編。明代傳奇小說自瞿佑《剪燈新話》以來的一個通病，是故事中所記酬答的詩詞動輒數十篇，內容空洞乏味，這是文人特意炫耀詩才的行爲表現，雖說唐宋以來的傳奇作品也確有此風，但明代則是變本加厲，爲人所詬病。至於宋楙澄的傳奇小說創作，雖說亦有詩詞賦的融入，但數量絕少，共有五例：

> 賈人令妓出白綾手巾，請留新句，……乃是一絕句云：「淡羅衫子淡羅裙，淡掃娥眉淡點脣，可惜一身多是淡，如何嫁了賣鹽人。」（〈廣陵乘輿〉）

> 及至晚不到，益疑夫惡，徐曰：「愁對錦鴛鴦，殊思白鸕鷀。」乃閉目促夫搖船，燈前手轉菩提，口念彌佗不置。（〈吳中孝子〉）

> 已而狀及衰頽，喻深病苦，指草席爲軟棺，名野犬爲肉槨，閻羅起於舌端，羅刹生其口內，苛責負心，細張巧罰，令合歡之被忽改冰池，連理之枝悉森刀樹，俄而柰何橋下業水騰波，枉死城中鐵丸亂

〔註 52〕〔清〕韓佩全、張文虎等修：光緒《奉賢縣志》卷十一〈宋存標〉，頁 581。

雨，淒風黑夜啾啾，羨姊妹之歡娛，旅魄孤魂黯黯，尋鴛鴦之盟誓，備諸惡境，歷萬業條，諸妓又無不顰眉大哭，人皆謂紅粉之雍門云。(〈顧思之傳〉)

生頻承不測，怏倖遭逢，於時自秋涉冬，嗤來鴻之寡儔，詘遊魚之乏比，誓白頭則皎露爲霜，指赤心則丹楓交炙，喜可知也。……女亦以久淹形跡，悲關山之迢遞，感江月之交流，乃與生携手月中，……生既飄零有年，攜形挈影，雖鴛樹之詛，生死靡他，而燕幕之棲，進退惟谷，羝藩狐濟，既猜月而疑雲，燕喙龍漦，更悲魂而啼夢，乃低首沈思。(〈負情儂傳〉)

又于桃山驛遇王裔岳鍾靈，讀其〈送友人詩〉云：「南渡已三紀，衣冠今幾存？去國權臣力，全身聖主恩。」字字飛動，惜忘其半。(〈巍石山〉)〔註53〕

五篇之中，僅〈廣陵乘輿〉嵌入一首七言絕句，〈巍石山〉嵌入半首五言律詩，其餘〈顧思之傳〉及〈負情儂傳〉乃嵌入賦體的形式，而〈吳中孝子〉，只能勉強稱爲嵌入韻文而已。宋楙澄雖然亦善於作詩，但在《九籥集》稗編中所融入的詩詞賦，多爲結構上或敘述上的需要，並未見酬答形式，當然不存在動輒連篇累牘的情形，基本上可以認定宋楙澄是反對或抗拒在稗官小說中任意堆砌詩詞賦的，此亦爲其傳奇小說獨樹一幟的風格，並且用實際的行動來抵制其他傳奇小說賣弄詩詞的歪風，而這也是《九籥集》的傳奇小說稱得上是明傳奇的傑作主要的原因之一。

其次，是《九籥集》詩編對晚明竟陵派的影響。宋楙澄與袁宏道、鍾惺約生於同時，以年齡來排序，依序是袁、宋、鍾。從宋楙澄的交友來看，在公安派和竟陵派成員中，有交往紀錄的是竟陵派的譚元春。宋楙澄在文章之中，對袁宏道、鍾惺二人均有所批評，此部分留待文編討論。至於譚元春，他是《九籥集》卷之六的校者，兩人對詩的主張或看法，似乎在〈白爾亨制藝序〉一文中透露出一點端倪：

文章有眞奇，不寄之句字章法也，擴虛明于性府，時有與龍爭雲，與虎爭風之思焉。余于古今文俱無奇而嗜奇不已，從事二十餘年未

〔註53〕前引五篇見《九籥前集》卷之十一〈廣陵乘輿〉、〈吳中孝子〉，頁432、434；《九籥集》卷之五〈顧思之傳〉、〈負情儂傳〉，頁540～541、頁549～550；《九籥續集》卷之十〈巍石山〉，頁713。

有異也。壬子春讀竟陵譚友夏詩，緣情偶觸，而心靈為之一變，因作二詩送之，語語不與友夏同。〔註54〕

詩「緣情」是相對於「言志」而發的。「詩言志」濫觴於《詩經・詩譜序》的「詩言志，歌永言。」〔註55〕先秦兩漢時期，「詩言志」被賦予儒家政教的特定含義，重視詩的社會功能。至魏晉時期，「詩緣情」在「詩言志」的土壤上發展出來，是魏晉新變的文學思想，重視詩的本體反省。「詩緣情」係源自陸機〈文賦〉所云：「詩緣情而綺靡」〔註56〕，從公安派至竟陵派一脈相承的性靈說，就是對陸機「詩緣情」的繼承與發展。而程朱理學的思想則較為貼近「詩言志」的概念。宋楙澄對於竟陵派的譚元春所主張「緣情」的概念並不全然認同，他又在〈祭馮元成先生文〉表示：「宗李禿、中郎、伯敬，則……騷人墨士從而效之，雅道淪亡矣。……今天下奇士不屑為古文詞矣。」〔註57〕他認為過分強調緣情與獨抒性靈，將會導致古文雅正的典型消失殆盡，很顯然他看出性靈派空疏淺率的弊病，因此不贊同專主「緣情」的主張。楙澄特意「作二詩送之」，企圖導正譚元春根深蒂固的概念，今二詩不見錄於《九籥集》中，譚元春《譚友夏合集》則有〈得宋叔意書寄懷〉〔註58〕一首。二詩的效果如何，我們不得而知，但就結果論來看，一來竟陵派係由鍾惺所主導，譚元春只是承繼或輔佐的地位，如欲以譚元春為媒介，企圖撼動竟陵派的中心思想，自然有其困難度。二來宋楙澄乃一介平民，既無官職在身，又不如山人陳繼儒般名動朝野，對於譚元春而言，宋楙澄所持的不同主張，只能說是文人朋友間互相切磋學問罷了。三來與宋楙澄生同時的鍾惺既已揭起竟陵派的大旗，形成一個獨立的流派，楙澄又較鍾惺早卒，顯然在其有生之年，竟陵派的氣候已成，難與之抗衡。因此，宋楙澄個人對於竟陵派的影響應屬有限。

〔註54〕《九籥續集》卷之一〈白爾亨制藝序〉，頁656。

〔註55〕〔漢〕毛公撰，鄭元箋，〔唐〕孔穎達等正義：《毛詩正義》（臺北：藝文印書館，民國78年1月，11版，《十三經注疏》本），〈詩譜序〉，頁4。

〔註56〕〔晉〕陸機著《晉陸機集・文賦有序》，見〔明〕張溥輯：《漢魏六朝百三家集》（臺北：臺灣商務印書館股份有限公司，民國75年3月，《景印文淵閣四庫全書》本），卷四十八，頁365。

〔註57〕《九籥續集》卷之八〈祭馮元成先生文〉，頁701～702。

〔註58〕〔明〕譚元春撰：《譚友夏合集》（臺北：偉文圖書出版社有限公司，民國65年9月），卷十六，〈得宋叔意書寄懷〉，詩云：「野人正惆悵，遠書到手折，喜乍無細讀，首末倉皇閱。竟陵水邊影，貯爾華亭月。」頁773。此詩反映譚元春收信的喜悅，但卻未必為回應宋氏二詩而作。

最後，是《九籥集》詩編對清詩神韻派、性靈派的影響。清代康熙、雍正、乾隆時期在詩歌理論方面出現四個主要的派別，即以王士禛（1634～1711年）爲代表的神韻派、以沈德潛（1673～1769 年）爲代表的格調派、以袁枚（1716～1797 年）爲代表的性靈派和以翁方綱（1733～1818 年）爲代表的肌理派。四派之中，與宋楙澄較爲相關的是神韻、性靈二派。王士禛的神韻說受到嚴羽《滄浪詩話》很多啓發，他強調詩要有言外之意，要有虛的意境，因此特別欣賞嚴羽以禪悟論詩的主張。神韻之作以自然傳神、韻味深遠爲特色。他曾在《師友詩傳錄》回答郎廷槐對學力與性情的提問：

> 司空表聖云：「不著一字，盡得風流。」此性情之説也；楊子雲云：「讀千賦則能賦」，此學問之説也，二者相輔而行，不可偏廢。若無性情而侈言學問，則昔人有譏點鬼簿、獺祭魚者矣。學力深始能見性情，此一語是造微破的之論。〔註 59〕

點鬼簿指用古人名作文，獺祭魚則形容羅列典故、堆砌成文。王士禛認爲唐代司空圖主性情，西漢楊雄主學問，二者其實不可偏廢，惟有學問高深才能表現眞性情。此與宋楙澄貴學的詩學主張相同，又同時得自嚴羽的啓發，可知兩人不廢古的觀點是一脈相承的。甚至王士禛在《帶經堂集》及《池北偶談》對宋楙澄身爲小說家及預言家的傳奇事迹均有著墨，顯然對宋楙澄多所留意，並帶有強烈的好奇心。至於袁枚的性靈說，是對李贄及公安三袁文學思想的承繼和發展，他認爲詩歌創作應以抒發性情爲旨歸，不能以古今定優劣，也不能專爲明道、載道、衛道的工具。他提倡詩歌的獨創性，反對雷同因襲，卻也十分重視廣泛地向古人學習。他曾說：「人閒居時，不可一刻無古人；落筆時，不可一刻有古人。平居有古人，而學力方深；落筆無古人，而精神始出。」〔註 60〕知其主張師心和師古相結合。宋楙澄雖亦不贊同模仿抄襲，但他反對的是形式上的模擬，卻不反對向古人學習，而他所強調觸意率眞的詩學主張，亦有師心的色彩。因此，宋楙澄對於清詩神韻派、性靈派的具體影響何在，目前尚無定論，但其中心思想確實與清代的神韻派較爲貼近，或許有傳承的意義存在。同時宋楙澄與清代的性靈派同樣對於明代以

〔註 59〕〔清〕郎廷槐述：《師友詩傳錄》（臺北：新文豐出版股份有限公司，民國 74 年元月，初版，《叢書集成新編》本），頁 45。

〔註 60〕〔清〕袁枚撰：《隨園詩話》（上海：上海古籍出版社，2002 年 3 月，《續修四庫全書》本），卷十，頁 403。

來復古派和公安派的發展必然走向修正路線，有近似的看法。

第七節　小　結

宋楙澄身處強調心學、反對封建、反對傳統、反對模擬的新興文藝思潮中，其《九籥集》詩編所收錄宋氏六百餘篇詩作，從青年至壯年，作品數量遞減，但愛詩的初衷不變。《九籥集》詩編的思想依題材主要體現在憂時傷亂、夢寐寓懷、自況自嘲、遊子懷歸、閑適自得等五類當中，都是對於日常生活的感悟。他的詩學主張，強調觸意率眞、貴學尙趣，並在其創作中努力實現。除了外部特質的闡述之外，回歸詩作主體來看，其寫作技巧主要展現在突出主題、雙關構境、白描抒情三方面，由此可以更貼近原創者的眞實表現。對於詩，是楙澄偏愛的體裁，其作品亦呈現洒脫不俗、嶔崎磊落、芊綿旖旎、聲多商羽的風格。此外，《九籥集》詩編對傳奇小說中融入詩詞賦的歪風，不予苟同；對晚明竟陵派的影響不大，卻仍堅持走雅正的道路；對於清詩性靈派，產生傳承的意義，並與神韻派共同走向復古派和公安派的修正路線。而經由不同層面的分析與歸納過程，讓我們對於宋楙澄的詩人身分，得以有更深入的理解。

第四章　《九籥集》文編研究

宋楙澄是一個愛文成痴的人，他曾在〈聽吳歌記〉中自剖：「以余之癖於嗜文，……」〔註 1〕這樣的人，不僅好讀佳文，同時也應是個好作文之人，而其思想或觀念便自然而然地體現在文章之中。因此從一個文人的文集當中，我們可以從其行文的字裡行間，抽絲剝繭，整理出其人及其文的諸多特質。以下先從《九籥集》文編的內容著手，先對文編範圍內的篇章有概略性認識；再就《九籥集》文編各篇作品中，試圖找出宋楙澄的文學主張及文章風格；之後再針對宋楙澄《九籥集》文集中表現較爲出色的散文小品及山水遊記個別論述。至於文集中最重要的稗編，則留待次章，獨立成專章討論。本章最後並就《九籥集》文編所具有的特殊貢獻進行剖析，藉由細部的分析，期望可對宋楙澄的《九籥集》文編有較完整的認知。

第一節　《九籥集》文編之分類

文體的分類發展到明代，最具代表性的作品爲吳訥《文章辨體》及徐師曾《文體明辨》，此二書均嘗試將文章做具體的歸納與分類。如《文章辨體》分爲內外兩集，內集爲散文，分成四十九類，外集爲駢文，分成五類，合計將文體區分爲五十四類。《文體明辨》則在吳訥基礎上做更詳細的分類，以內集爲正編，分爲一〇一目，外集爲附錄，分爲二十六目，將文類擴編爲一二七類。此二書表現出對文章體製的重視，雖著重於各種文體的完備，但卻也不免失之繁瑣。一直到清代，文章的分類由龐雜趨於簡明，姚鼐《古文辭類纂》將文類簡化爲

〔註 1〕《九籥前集》卷之一〈聽吳歌記〉，頁 395。

論辨、序跋、奏議、詔令、贈序、書說、傳狀、碑志、雜記、箴銘、贊頌、辭賦、哀祭十三類，這樣的分類方法，幾乎被論古文者奉爲圭臬，並成爲目前對古代文體分類普遍認同的基本模式。因此，在進行宋楙澄《九籥集》「文」編的剖析前，先將其「文」編依體裁分類，並參考姚鼐十三種類目的架構，力求綱舉目張，以對楙澄「文」編的作品，產生較具體的概念。

以下便依姚鼐所分文類次序，將楙澄文編作品，分類爲論辨、序跋、奏議、書說、傳狀、碑誌、雜記、頌贊、哀祭，共計九大文類，並將各文類中所含的子目予以標示。此細目係《九籥集》文編中所設定之原始文類名稱。至於贈序、詔令、箴銘及辭賦四類，則因《九籥集》文編中缺乏此類作品，而予以排除。此外，本節重點在於將每一文類所錄文章內容，做簡略的介紹。

一、論辨：小論、論、辯、原

曹丕〈典論論文〉中認爲「論」的寫作要旨爲「書論宜理」〔註 2〕，南朝梁劉勰撰《文心雕龍‧論說》篇，亦表明「論」類的功用在於「述經敘理」〔註 3〕，足見論辨類文體的特色在於闡明事物的條理。而《九籥集》文編中的小論、論、辯、原四類均可歸入本類，總計有十五篇：

子目	出　處	篇數	篇　名
小論	《九籥前集》卷之三	十	〈四皓〉、〈從赤松子遊〉、〈不諫伐吳〉、〈先主不守荊州〉、〈報效曹公〉、〈子房狙擊沙中〉、〈說燒棧道〉、〈江陵張相公論一〉、〈江陵論二〉、〈附事語二條〉
論	《九籥集》卷之三	三	〈千金報漂母論〉、〈一日受金牌十二論〉、〈侯生救趙論〉
辯	《九籥集》卷之八	一	〈辯文章五聲〉
原	《九籥集》卷之八	一	〈原三界〉

「小論」類十篇中，〈四皓〉認爲呂后之所以不敢稱帝，係因天下民心與四皓一致歸劉；〈從赤松子遊〉認爲漢高祖未立如意的原因，在於張良功成引退之後，無人可托孤所致；〈不諫伐吳〉認爲孔明未力勸劉備勿伐吳，是衡量情勢後的判斷，但伐吳失敗，則因成事在天；〈先主不守荊州〉認爲劉備不守

〔註 2〕〔梁〕昭明太子蕭統撰，〔唐〕李善等註：《（宋本）六臣註文選》（臺北：廣文書局，民國 53 年 9 月），第五十二卷，〈曹文帝典論論文一首〉，頁 969。

〔註 3〕〔南朝梁〕劉勰撰，〔清〕黃叔琳注，〔清〕紀昀評：《文心雕龍》卷四〈論說第十八〉，頁 105。

荊州，是以利誘吳，避吳之強勢，使吳生驕矜之心，以逸待勞，等待時機再出兵奪回；〈報效曹公〉破除眾人懷疑關羽不忍斬曹操是因爲報答其知遇之恩的說法，認爲關羽心知天下英雄蠭起，非曹操不能斬除；〈子房狙擊沙中〉認爲張良募勇士襲擊秦始皇非爲報仇，亦非昭告天下秦不足懼，而是安定天下；〈說燒棧道〉認爲張良爲漢王獻燒絕棧道之計，是趁楚王奪取天下時休養生息，等待天下滅楚的態勢形成，楚必自取滅亡；〈江陵張相公論一〉、〈江陵論二〉則主要是爲宰相張居正辯白之論。「論」類三篇，〈千金報漂母論〉認爲韓信終究難逃被殺的命運，係因薄報漂母所致；〈一日受金牌十二論〉強調岳飛不善用人；〈侯生救趙論〉認爲侯生救趙的眞正原因是爲了保存魏國。「辯」類的〈辯文章五聲〉是用宮商角徵羽五聲來論辯作者與文章表現之間的關聯性。「原」類的〈原三界〉則是針對聖人立上帝、人皇、閻羅天子之名，以克制人的妄念一事，來探究其眞相或效用。

從上述篇章的論點來看，楙澄完全不拘泥於舊說，反而提出獨到的見解來立論或破舊，條理清晰，文字簡約，頗具有個人風格。

二、序跋：序、跋

南朝梁劉勰《文心雕龍・論說》有言：「序者，次事。」〔註 4〕說明序跋的功用在於敘次事理。而清人姚鼐《古文辭類纂・序目》亦云：「序跋類者，昔前聖作《易》，孔子爲作〈繫辭〉、〈說卦〉、〈文言〉、〈序卦〉、〈雜卦〉之傳，以推論本原，廣大其義。」〔註 5〕則序跋的功用，在於推論一書的本原，以擴大其義理，使讀者易於明瞭。而《九籥集》文編中的序及跋二類可歸入本類，總計有三十六篇：

子目	出　　處	篇數	篇　　名
序	《九籥前集》卷之一	二	〈壽曹君六十序〉、〈壽蘇泉叔七十序〉
	《九籥集》卷之二	十四	〈何廷濟詩草序〉等十四篇
	《九籥續集》卷之一	十九	〈歸愚菴二集序〉等十九篇
跋	《九籥集》卷之八	一	〈舊泉州淳化帖後跋〉

〔註 4〕〔南朝梁〕劉勰撰，〔清〕黃叔琳注，〔清〕紀昀評：《文心雕龍》卷四〈論說第十八〉，頁 106。

〔註 5〕〔清〕姚鼐編：《古文辭類纂注》（臺北：世界書局，民國 45 年），〈序目〉，頁 3。以下凡引《古文辭類纂注》所列頁碼，均據此版本。

《九籥集》文編中「序」類的作品，因書寫主題不同，而可區分爲詩序、集序、時文序、壽序、賀序及贈序等六種，分述如下：

詩序：〈何廷濟詩草序〉、〈崔剛神笤詩序〉、〈南雲小言序〉、〈九籥集詩序〉、〈張若侯雪廬詩草序〉、〈景延卿詩稿序〉、〈敘秋朗詩〉、〈春日雜興詩序〉

集序：〈錢氏劍策序〉、〈蘼蕪館手錄序〉、〈積雪館手錄序〉、〈偏憐客序〉、〈九籥集文序〉、〈建安三曹集序〉、〈歸愚菴二集序〉、〈謝日可幻遊草序〉、〈眉如草序〉、〈敘徐文卿先生集〉、〈李節之雲間雜志敘〉、〈方公祖宦遊稿序〉

時文序：〈敘黃經甫春秋杙〉、〈白爾亨制義序〉、〈白爾亨制藝序〉、〈解言卿窓杙序〉、〈王和聲制藝敘〉

壽序：〈壽曹君六十序〉、〈壽蘇泉叔七十序〉、〈壽大宗伯平翁陸公九十序〉

賀序：〈賀楊世叔先徵君暨太孺人孝節序〉、〈賀茲翁吳老師司理雲間考蹟序〉

贈序：〈旭崖高徵君純孝序〉、〈送杜玄度乞恩終養序〉、〈黃君賃舂吟序〉、〈珠樹樓近社序〉、〈送道人訪師敘〉

在上述「序」類中，詩序、集序、時文序等，俱可視爲書序的一部分，其寫作目的係就書中本原進行闡釋，亦有導讀的意味。至於壽序、賀序及贈序，雖以序名之，但屬無詩無文而純作序，是序的變體。

三、奏議：表、議、疏

奏議是古代臣子向君王進奏的章疏，曹丕〈典論論文〉中認爲「奏議」的寫作要旨爲「奏議宜雅」〔註6〕。而南朝梁劉勰《文心雕龍・議對》云：「議貴節制，經典之體也。」〔註7〕可見奏議類文體乃於廟堂之上使用，故遣詞用句須雅正，並強調得體及精要。清姚鼐《古文辭類纂・序目》則云：「奏議類者，蓋唐虞三代聖賢陳說其君之辭。……漢以來有表、奏、疏、議、上書、封事之異名，其實一類。」〔註8〕因此，《九籥集》文編中的表、議、疏三類

〔註6〕〔梁〕昭明太子蕭統撰，〔唐〕李善等註：《（宋本）六臣註文選》（臺北：廣文書局，民國53年9月），第五十二卷〈曹文帝典論論文一首〉，頁969。

〔註7〕〔南朝梁〕劉勰撰，〔清〕黃叔琳注，〔清〕紀昀評：《文心雕龍》卷五〈議對第二十四〉，頁142。

〔註8〕〔清〕姚鼐編：《古文辭類纂注》，〈序目〉，頁5～6。

均可歸入本類，總計有十篇：

子目	出　　處	篇數	篇　　名
表	《九籥集》卷之三	一	〈擬○宋翰林學士蘇易簡進《續翰林志》二卷，上嘉納賜詩二章，飛白「玉堂之署」四字，令榜於　　廳額謝表〉
議	《九籥集》卷之八	一	〈將遷居金陵議〉
疏	《九籥續集》卷之四	八	〈擬蘇松士夫請貼役疏〉等八篇

上述奏議類諸篇中，「表」類僅錄〈擬○宋翰林學士蘇易簡進《續翰林志》二卷，上嘉納賜詩二章，飛白「玉堂之署」四字，令榜於　　廳額謝表〉，本篇以宋朝翰林學士承旨蘇易簡作《續翰林志》，受宋太宗贈以墨寶一事而擬作謝表一篇。「議」類僅有〈將遷居金陵議〉一篇，內容陳述個人遷居金陵的前因後果。「疏」類八篇，〈擬蘇松士夫請貼役疏〉論說均役之弊，陳述貼役之利；〈上　關聖帝君疏〉因病祈求關聖帝君顧念個人完成父命的孝心，拯救一己於生病的危難；〈虎丘建準提閣疏〉、〈積慶菴募建禪房疏〉、〈建呂公祠疏〉、〈募鑄旃檀佛并滲金疏〉、〈圓覺菴募緣疏〉，均陳述募緣的因由；〈三茅觀疏〉論說庶民往往迷信名山大觀，吳地的三茅觀有地利之便，足供祈福，不假外求。

從上述諸篇可歸納出一些現象，奏議原爲古代臣下進呈君王的奏章，用以論說事理、陳述意見，然而發展至明代，楙澄所作表、議、疏各篇中，僅〈擬○宋翰林學士蘇易簡進《續翰林志》二卷，上嘉納賜詩二章，飛白「玉堂之署」四字，令榜於　　廳額謝表〉及〈擬蘇松士夫請貼役疏〉看似爲上書君王的奏章，實則爲擬作，並非眞正的奏章，其餘各篇僅存論說事理、陳述意見的本質，表述對象已與君王脫離。再從「疏」類所錄大多以修建寺觀爲主題，顯示明代後期由於禪悅之風興盛，佛教復興，士、僧修建寺院頻繁，形成寺院繁盛時期。

四、書說：書、說、赤牘、箋狀、狀、啓

南朝梁劉勰編《文心雕龍・書記》記載：「大舜云：『書用識哉』，所以記時事也。」〔註9〕表明「書」類的功用在於記載時事，而清人姚鼐《古文辭類纂・序目》亦云：「書說類者，……春秋之世，列國士大夫，或面相告語，或爲書相遺，其義一也。戰國說士說其時主，當委質爲臣，則入之奏議，其已去國或說

〔註9〕〔南朝梁〕劉勰撰，〔清〕黃叔琳注，〔清〕紀昀評：《文心雕龍》卷五〈書記第二十五〉，頁148。

異國之君，則入此編。」〔註10〕可見春秋時期「面相告語」的「說」類，和「為書相遺」的「書」類，其意義是相同的。至於奏議和書牘的差別，在於奏議為公文，書牘為私函，而書牘則演變為一般人的書信往來。《九籥集》文編中的書、說、赤牘、箋牀、牀、啓六類可歸入本類，總計有一百五十一篇：

子目	出　處	篇數	篇　名
書	《九籥前集》卷之七	二	〈上羅大宗伯暨　左右宗伯書〉、〈與袁非之書〉
	《九籥集》卷之八	一	〈與心洛曹侍御書〉
	《九籥續集》卷之六	二	〈上房師司理　吳公論改金山衛建縣不便書〉、〈上熊芝岡老師書〉
	《九籥後集》	二	〈與張叔翹書〉、〈付各家人勿執陳慈并孫鯨弒逆書〉
說	《九籥前集》卷之八	三	〈言動說〉、〈貍說前〉、〈貍說下〉
赤牘	《九籥前集》卷之十	一三二	〈與白二〉等一百三十二篇
箋牀	《九籥集》卷之三	二	〈上吏部白選君牀〉、〈再上吏部白選君牀〉
牀	《九籥續集》卷之五	二	〈呈鹽臺擬脩宋遼金三史牀〉、〈擬呈按臺脩《松江府志》牀〉
啓	《九籥集》卷之八	三	〈上劉侍御啓〉、〈約建侍御方公祖生祠啓〉、〈約建本府方公祖生祠啓〉
	《九籥續集》卷之七	二	〈議修家譜啓〉、〈議立族長族正啓〉

「書」類七篇，〈上羅大宗伯暨　左右宗伯書〉係為皇長子及皇次子出閣講學禮次無差等事，上書禮部尚書羅萬化；〈與袁非之書〉傾訴惡奴馮承恩、馮時父子的惡行；〈與心洛曹侍御書〉記惡奴宋文事跡，懇請侍御曹學程能明辨是非；〈上房師司理　吳公論改金山衛建縣不便書〉乃上書吳之甲，力陳金山衛不宜建縣的原因；〈上熊芝岡老師書〉推崇熊廷弼為抗遼將才；〈與張叔翹書〉以書信向張叔翹陳述個人遠遊之故及內心衷情；〈付各家人勿執陳慈并孫鯨弒逆書〉為惡奴陳慈、陳鯨祖孫的殺人公案，表明一己寬仁的態度。「說」類三篇，〈言動說〉對於擾民的鴉鼠蛇蝮殺生一事，以言辭諷諫；〈貍說前〉及〈貍說下〉因豢養的小貍去而復來，進行行為及局勢分析。「赤牘」（尺牘）類的一百三十二篇，多為楙澄與親朋好友或師長相交，略述生活心得的書信。「箋牀」類二篇，〈上吏部白選君牀〉及〈再上吏部白選君牀〉為上呈吏部選

〔註10〕〔清〕姚鼐編：《古文辭類纂注》，〈序目〉，頁8。

司白君，懇求除名，發給批照，便於回籍，成全其奉養母親心願的書狀。「狀」類二篇，〈呈鹽臺擬脩宋遼金三史狀〉及〈擬呈按臺脩《松江府志》狀〉爲陳請脩撰宋遼金三史及《松江府志》的書狀。「啓」類五篇，〈上劉侍御啓〉表達對劉侍御的敬慕之情；〈約建侍御方公祖生祠啓〉、〈約建本府方公祖生祠啓〉共約爲有功於北運的方應明侍御建造生祠的啓事；〈議修家譜啓〉及〈議立族長族正啓〉則爲建議修訂家譜及選立族長族正的啓事。

五、傳狀：傳、行狀

清姚鼐《古文辭類纂・序目》云：「傳狀類者，雖原於史氏而義不同，劉先生云：『古之爲達官名人傳者，史官職之，文士作傳，凡爲圬者種樹之流而已。其人既稍顯，即不當爲之傳，爲之行狀，上史氏而已。』」〔註11〕最初雖傳狀有別，作者有別，但文體演變的結果，是混合通用。至於傳狀類文體的作用，主要爲記述個人生平事跡。《九籥集》文編中的傳、行狀二類可歸入本類，總計有二十三篇：

子目	出　　處	篇數	篇　　名
傳	《九籥前集》卷之五	二	〈宋氏君求傳〉、〈曾王父西莊公外傳〉
	《九籥集》卷之五	五	〈叔父安遠令憲卿君本傳〉、〈顧思之傳〉、〈盛重之傳〉、〈袁微之傳〉、〈負情儂傳〉
	《九籥集》卷之六	十	〈總敘宋氏世系〉、〈譜中雜記〉、〈附家二兄謙之荅書〉、〈高王父錦村公本傳〉、〈曾王父西莊公本傳〉、〈王父三江公外傳〉、〈王祖妣唐孺人外傳〉、〈世父婁城君外傳〉、〈先府君本傳〉、〈贈昭勇將軍桃溪吳公暨朱淑人傳〉
	《九籥續集》卷之三	三	〈周孺人傳〉、〈尹孺人傳〉、〈葛道人傳〉
行狀	《九籥集》卷之七	三	〈叔父參知季鷹公行略〉、〈先兄瀅甫君行狀〉、〈先妣張太孺人乞言狀〉

上列諸作，「傳」類二十篇中，爲親族立傳有九篇，依序爲族曾祖宋志孝、曾祖父宋公望、叔父宋堯明、高祖父宋倫、曾祖父宋公望、祖父宋坤、祖母唐氏、伯父宋堯咨及父親宋堯俞立傳。爲友朋立傳有二篇，即爲好友顧承學及袁保德立傳。爲友朋之親族立傳有二篇，〈贈昭勇將軍桃溪吳公暨朱淑人傳〉爲好友吳希聖的父親吳堂及母親朱氏立傳；〈周孺人傳〉爲好友杜開美的母親

〔註11〕〔清〕姚鼐編：《古文辭類纂注》，〈序目〉，頁14。

周氏立傳。爲特殊事跡立傳有四篇，〈盛重之傳〉爲孝子盛坤立傳；〈負情儂傳〉爲教坊女子杜十娘立傳；〈尹孺人傳〉爲高承順之妻立傳；〈葛道人傳〉爲葛成從容就義的豪舉立傳。至於〈總敘宋氏世系〉、〈譜中雜記〉、〈附家二兄謙之荅書〉三篇，實非傳類，只是附在「傳」類，用以補充說明家譜事宜的三篇小文。「行狀」類三篇，〈叔父參知季鷹公行略〉、〈先兄瀅甫君行狀〉、〈先妣張太孺人乞言狀〉則記述宋堯武、宋懋澋、母親張氏的生平事蹟。

六、碑誌：誌銘、銘

清姚鼐《古文辭類纂・序目》云：「碑誌類者，其體本於詩，歌頌功德，其用施於金石。……誌者，識也，或立石墓上，或埋之壙中，古人皆曰誌。爲之銘者，所以識之之辭也。」〔註 12〕此類作品緣起於歌功頌德，惟其作用主要在於記述亡者生平傳記或事跡。《九籥集》文編中的「誌銘」、「銘」二類可歸入本類，總計有二篇：

子目	出　處	篇數	篇　名
誌銘	《九籥前集》卷之六	一	〈殤兒協虎誌銘〉
銘	《九籥集》卷之七	一	〈兒龍媒誌銘〉

〈殤兒協虎誌銘〉及〈兒龍媒誌銘〉二篇作品，乃爲協虎及龍媒先後夭殤所作。

七、雜記：記、雜文、雜著、鳧旌錄、紀聞、稗

清姚鼐《古文辭類纂・序目》云：「雜記類者，亦碑文之屬，碑主於稱頌功德，記則所紀大小事殊，取義各異，故有作序與銘詩全用碑文體者，又有爲紀事而不以刻石者。」〔註 13〕此類文體，一般主要用來紀事，而非用來刻石。而雜記一體在楙澄《九籥集》文編作品中，堪稱其著述的精華所在，內容包羅萬象，無論是記、雜文、雜著、紀聞、稗等文體，均可歸類於此，值得一提的是，此類作品同時反映出晚明文人的時代風尚與生活態度，也投射出人心民情，許多篇章亦受到庶民或文人的廣泛喜愛。《九籥集》文編中的記、雜文、雜著、鳧旌錄、紀聞、稗六類可歸入本類，總計有三百篇：

〔註 12〕〔清〕姚鼐編：《古文辭類纂注》，〈序目〉，頁 15。
〔註 13〕同前註，頁 19。

子目	出處	篇數	篇名
記	《九籥前集》卷之一	五	〈虞相國祠堂記〉、〈夢記〉、〈東師野記〉、〈西師記略〉、〈聽吳歌記〉
	《九籥集》卷之一〔註14〕	十六	〈遊華陽洞天記〉等十六篇
	《九籥續集》卷之二	七	〈大漢三世中興一統廟記〉等七篇
	《九籥後集・楚遊五記》	五	〈遊石照山記〉、〈遊洪山寺記〉、〈遊大別山記〉、〈遊赤壁記〉、〈巴河觀紅樹記〉
雜文	《九籥前集》卷之四	三	〈黃子澄墓田疏文〉、〈放生文〉、〈又偈〉
	《九籥集》卷之四	八	〈寫《華嚴經》疏文〉等八篇
雜著	《九籥續集》卷之九	十四	〈小論一〉等十四篇
鳧旌錄〔註15〕	《九籥續集》卷之十	一○○	〈鳧旌錄敘〉等一○○則
紀聞	《瞻途紀聞》	一○九	〈太白樓〉等一○九篇
稗	《九籥前集》卷之十一	六	〈劉東山〉、〈廣陵乘興〉、〈敬德不伏老〉、〈吳中孝子〉、〈珠衫〉、〈耿三郎〉
	《九籥集》卷之十	二十七	〈李福達〉等二十七則

「記」類三十三篇，〈虞相國祠堂記〉記將趙相虞卿立於家廟祭祀之事；〈夢記〉記妻亡奔喪途中所作的一場神仙夢；〈東師野記〉記明師援朝御倭之役；〈西師記略〉記寧夏哱拜叛亂之役；〈聽吳歌記〉記旅途中聽聞吳地民歌所生的感觸；〈遊華陽洞天記〉爲江蘇茅山華陽洞天的遊記；〈讀書臺記〉爲陳繼儒讀書臺作記；〈夢受大丹記〉記受贈仙丹的神仙夢；〈白毫光記〉記半夢半醒間白毫光照臨的奇遇；〈游湯泉記〉爲京城湯泉游記；〈遊西山滴水崖記〉爲北京西山滴水崖遊記；〈遊燕北　祖陵記〉爲北京明成祖長陵遊記；〈順天府宴狀元記〉記在順天府躬逢宴請狀元盛典的感受；〈白雲山房記〉記太醫金君讓與白雲山房，得讀書其中的感觸；〈記夢畀菓〉記道士賜與青菓的夢境；〈悔讀古書記〉因過往讀書過於泥古，懊悔不已而作記；〈日本刀記〉由日本長刀追憶過去的感傷；〈記

〔註14〕查《九籥集》卷之一並無子目名稱，但翻檢《九籥集文》目錄，乃以「記」作爲子目名稱，故據以補入。

〔註15〕查《九籥續集》卷之十並無子目名稱，依本卷首篇〈鳧旌錄敘〉所述：「余於癸巳抵新安，道經武林，迄丁巳復從武林之江右，不覺二十五年矣，復自武昌隨江東下，息肩金陵，……羨鳧旌之飄飄，遂以名篇。」（頁711）本篇所錄一百篇，其遊蹤與〈鳧旌錄敘〉所述一致，爲稱述方便，故以「鳧旌錄」作爲子目名稱。

夢授寶〉記受賜美玉的神仙夢；〈眞娘墓記〉爲未從人卻留芳百世的名妓眞娘作記，以鼓勵徐女郎；〈遊彭城雲龍山記〉爲江蘇徐州雲龍山遊記；〈遊石排山記〉爲江蘇金山石排山遊記；〈大漢三世中興一統廟記〉爲關聖帝君立廟並作記；〈醉香庵記〉爲江蘇吳江醉香庵作記；〈呂翁授藥記〉記呂洞賓授藥以延壽的神仙夢；〈呂翁授藥記・又〉記幼時幾隨胡僧而去之事；〈金粟如來記〉記向金粟如來祈嗣事；〈松石記〉見魏知宇收藏老松化石所生的聯想；〈金姬堰東失石硯記〉記石硯失而復得，又得而復失之事。「楚遊五記」乃遊覽湖北省石照山、洪山寺、大別山、赤壁及巴河的遊記五篇。

「雜文」類十一篇，〈黃子澄墓田疏文〉爲向明惠帝建議削諸藩權，遭磔死的黃子澄先生所作的募緣疏文；〈放生文〉解析死生一事；〈又偈〉因放生而對業障重新反省；〈寫《華嚴經》疏文〉爲沈君發願寫《華嚴經》事以敘其志；〈發願斷酒文〉爲發願戒酒的文章；〈薦沈楊兩公疏文〉爲沈時來、楊繼禮辦誦經法會的疏文；〈茅山祈嗣疏文〉於江蘇茅山祈嗣的疏文。其餘〈廬山歸宗寺募緣疏文〉、〈圓覺庵募緣文〉、〈極樂寺檢藏募緣疏文〉、〈虎丘禪悅樓募緣疏〉均爲諸寺庵向人募緣之作。

「雜著」類十四篇，〈小論一〉爲思念袁微之的感觸；〈小論二〉記與王伯櫜兩人面對殺生的軼事；〈小論三〉對當今朝野分南北黨的看法；〈小論四〉對隆萬以來，科舉考試第三場的觀點；〈師嗇解〉因失盜的機緣，心生節儉之意；〈得玉說〉記張若侯栽花得玉，因悟出著書終身以安身立命之事；〈甘遇軒說〉名居處爲甘遇軒的緣由；〈跋唐人傳奇〉品評《無雙傳》等數篇唐人傳奇；〈募三保橋疏後跋〉爲三保橋募捐疏所作跋文；〈美人盟言〉爲與美人締交之論；〈俠士盟言〉爲與俠士締交之論；〈東征紀畧〉記明師捍衛遼東，征討後金潰敗之事；〈□□遺事〉記載滿族領袖努爾哈赤的見聞；〈跋後〉說明著錄東征戰事相關見聞的緣由。

「覓旋錄」，爲遊歷浙江、江蘇、江西、湖南、湖北、安徽等地的旅遊記錄一百則。「紀聞」爲遊歷山東、江蘇、河北、安徽等地的傳聞軼事一百零九則。「稗」有三十三篇，另以專章敘述，茲不贅述。

八、頌贊：贊

南朝梁劉勰《文心雕龍・頌讚》曾云：「讚者，明也，助也。」〔註16〕清

〔註16〕〔南朝梁〕劉勰撰，〔清〕黃叔琳注，〔清〕紀昀評：《文心雕龍》卷二〈頌讚

姚鼐《古文辭類纂・序目》云:「頌贊類者,亦施頌之流,而不必詩之金石者也。」〔註17〕則此類作品的作用是讚美歌頌,以稱述評論爲主。《九籥集》文編中的「贊」類可歸入本類,總計有八篇:

子目	出　處	篇數	篇　名
贊	《九籥集》卷之八	八	〈范大夫〉、〈留侯〉、〈祖士雅〉、〈狄梁公〉、〈郭汾陽〉、〈李鄴侯〉、〈韓蘄王〉、〈于肅愍〉

上列贊類八篇中,稱述評論的對象,〈范大夫〉爲春秋時助越王句踐復國的越國大夫范蠡;〈留侯〉指爲漢高祖策畫定天下的名臣張良;〈祖士雅〉爲晉朝的北伐志士祖逖;〈狄梁公〉爲武則天時期的宰相狄仁傑;〈郭汾陽〉爲唐朝平定安史之亂的名將郭子儀;〈李鄴侯〉爲唐代受到玄宗、肅宗、代宗和德宗重用的李泌;〈韓蘄王〉爲南宋抗金名將韓世宗;〈于肅愍〉爲明朝土木堡之役力抗瓦刺的名將于謙。

《九籥集》中,有關贊類的作品僅見上開八篇,但在搜檢資料時,赫然發現宋楙澄曾爲魯仲連作贊,李延昰著《南吳舊話錄》卷四「才筆」保留部分文字:

> 宋幼清爲〈周處士魯仲連〉贊云:「叱衍如羊,捶秦如虎,悼彼六國,則莫我武;東海翩然,其人如玉,月明掛懷,白雲在腹。」擲筆歎曰:「魯仲連今日始遇幼清說得。」〔註18〕

此外,宋存標《情種》卷七〈周處士魯仲連〉亦有錄:

> 伯幼清曰:「叱衍如羊,捶秦如虎,悼彼六國,則莫我武;東海翩然,其人如玉,明月掛懷,白雲在腹。」〔註19〕

魯仲連是戰國時齊人,曾遊於趙,說尊秦爲帝之害,終解除趙國危難,平原君欲贈與千金卻推辭不受,楙澄爲魯仲連的謀略及襟懷所感而作此篇。本篇於《九籥集》可謂遺珠之憾,特列於此,可作爲輯佚之用。

九、哀祭:誄、祭文

清人姚鼐《古文辭類纂・序目》云:「哀祭類者,《詩》有頌,「風」有〈黃

第九〉,頁53。

〔註17〕〔清〕姚鼐編:《古文辭類纂注》,〈序目〉,頁22。

〔註18〕西園老人口授,〔清〕李延昰著,〔清〕蔣烈編:《南吳舊話錄》,卷四,〈才筆〉,頁243。

〔註19〕〔明〕宋存標輯:《情種》卷七〈周處士魯仲連〉,頁763。

鳥〉、〈二子乘舟〉，皆其原也。」〔註20〕此類作品主要在於陳述死者生平行誼，並稱頌功德。《九籥集》文編中的誄及祭文可歸入本類，其中誄一篇，祭文二十四篇，總計有二十五篇哀祭類作品：

子目	出　處	篇數	篇　名
誄	《九籥前集》卷之六	一	〈亡婦楊氏誄有序〉
祭文	《九籥前集》卷之九	二	〈祭　伍相國文〉、〈過子陵釣臺〉
	《九籥集》卷之九	十九	〈祭王逸季文〉等十九篇
	《九籥續集》卷之八	三	〈祭焦茂潛〉、〈祭殤兒存仁文〉、〈祭馮元成先生文〉

「誄」類僅一篇，〈亡婦楊氏誄有序〉略述楙澄元配楊氏生前德行外，並作有韻的誄辭。

「祭文」類二十四篇，是祭祀時所誦讀的文辭，寫作對象有親族、師長、友朋及古人等。其中對象為親族的有十二篇，〈祭舅氏〉以祭舅父；〈祭叔父憲卿公文〉以祭叔父宋堯明；〈燕中祭　先府君文〉及〈南還奉　先府君神主登舟祭文〉用以祭父親宋堯俞；〈祭女奴墮水文〉、〈黃河祭亡奴文〉及〈再祭女奴露桃文〉均用以祭女奴露桃；〈祭　先考方林府君及　先妣張太孺人文〉及〈祭　先考方林府君及　先妣張太孺人文・又〉用以祭父親及母親；〈祭　先祖母唐孺人文〉以祭祖母唐氏；〈舉族公奠嬸母戴孺人文〉以祭堂叔父溟鶴君妻戴氏；〈祭殤兒存仁文〉以祭楙澄參子宋存仁。寫作對象為師長的有三篇，〈祭高元錫太史〉以祭恩師高承祚；〈祭唐宗伯文〉以祭有知遇之恩的唐文徵；〈祭馮元成先生文〉以祭恩師馮時可。寫作對象為友朋的有二篇，〈祭王逸季文〉以祭王逸季；〈祭焦茂潛〉以祭焦周。寫作對象為古人的有六篇，〈祭　伍相國文〉以祭春秋時輔吳稱霸的伍子胥；〈過子陵釣臺〉以祭東漢高士嚴光；〈渡黃河祭　金龍大王文〉以祭黃河河神金龍大王；〈祭　武安王文〉、〈祭　武安王文祭龍〉及〈祭　武安王文河疏告成〉均祭武安王關羽。〈侑酒四時歌附後〉並非祭文，只是附在〈祭　武安王文河疏告成〉之後的勸酒歌。

從上述概略的分類及說明，可知楙澄《九籥集》文編共有五七〇篇作品，但主要著力於「書說」及「雜記」二類，不僅所占篇數最多，同時其評價亦相對較高，值得深入研究。

〔註20〕〔清〕姚鼐編：《古文辭類纂注》，〈序目〉，頁25。

第二節　宋楙澄之文學主張

明季隆慶、萬曆以降，官僚政治日趨黑暗腐敗，商業經濟趨向放任浮靡，社會危機日益擴張深刻，處在這樣艱難困阨的環境中，公安派及竟陵派獨抒性靈文論主張的提出，強烈反對擬古的形式主義，形成一股風潮，一新晚明文壇的耳目。

楙澄的生卒年（1569～1620 年），約與公安派三袁爲同時，袁宗道於明世宗嘉靖三十九年生，神宗萬曆二十八年卒（1560～1600 年）、袁宏道於明穆宗隆慶二年生，神宗萬曆三十八年卒（1568～1610 年）、袁中道於明穆宗隆慶四年生，熹宗天啓三年卒（1570～1623 年）。當時公安派的思潮風行一時，其主張爲「獨抒性靈，不拘格套」〔註 21〕，同時強調眞、趣與創新，反對模擬與復古，是對前後七子主張「文必秦漢，詩必盛唐」，形成句擬字摹形式主義的反動。但公安派過於強調其主張的結果，反而有鄙俚與空疏的流弊。

繼公安派之後，竟陵派承其餘緒，其主要人物爲鍾惺及譚元春。鍾惺於明神宗萬曆二年生，熹宗天啓五年卒（1574～1625 年）、譚元春於明神宗萬曆十四年生，思宗崇禎十年卒（1586～1637 年）。竟陵派在性靈的基礎上，一反公安之清新輕俊，力求幽深孤峭，因此造怪句、押險韻、用僻字、求冷典，營造深邃之感，但往往有「識解多僻」〔註 22〕的流弊。

公安、竟陵二派乃萬曆中後期文學思想的主流，風行約五、六十年之久，對於明代的文學理論及明代的小說發展，確實產生鼓舞的功效。身處在這一波追求性情的氛圍下，楙澄卻跳脫擬古與性靈二派對立的局面，以超然獨立之姿，進行文學主張的剖析與沈澱，結果反而獲得自我獨到的見解。他在〈祭馮元成先生文〉中，闡述對當代文風的看法：

> 澄生也晚，聞知者爲弇州先生，若李本寧、馮元成先生則從遊最久，三先生皆噓吸兩漢，呑吐六朝，其視前代，曾無有偶俱之者，而下士若渴，四方士歸之如大海之納百川，……覲于　今上，辛卯已前可知已，自　朝寧之間，不知何意而沮尼三先生？于是縉紳之抱奇

〔註 21〕〔明〕袁宏道撰：《袁中郎全集》（臺北：世界書局，民國 53 年 2 月），《袁中郎文鈔》，〈敘小修詩〉，頁 5。

〔註 22〕《明史》卷二百八十八〈袁宏道〉傳曰：「自宏道矯王、李詩之弊，倡以清眞，惺復矯其弊，變而爲幽深孤峭。與同里譚元春評選唐人之詩爲《唐詩歸》，又評選隋以前詩爲《古詩歸》。鍾、譚之名滿天下，謂之竟陵體。然兩人學不甚富，其識解多僻，大爲通人所譏。」頁 1998。

才負盛氣者，逞衡車，馳突騎，欲以偏師抗衡三先生。先生雖不屑與校，然所謂狐嗥其穴，斯文之不祥起矣。……尤有異焉，宗京山則攻瑯琊，宗華亭則攻京山，宗李禿、中郎、伯敬，則不持一挺，張空拳，奮夔足以侮三先生，騷人墨士從而效之，雅道淪亡矣。……今天下奇士不屑爲古文詞矣，……〔註23〕

文中所指三先生爲王世貞（別號弇州山人，太倉人，系出山東瑯琊王氏）、李維楨（字本寧，京山人）、馮時可（字元成，華亭人）。其中王世貞爲後七子之代表人物，李禿爲倡「童心說」的李贄，中郎爲公安派的靈魂人物袁宏道，伯敬則爲竟陵派的領袖鍾惺。他認爲擬古派之間互有門戶之見，內耗削弱擬古派的發展力量，而宗法性靈一派的李贄、袁宏道、鍾惺等人，提倡直抒胸臆，即興揮灑，反對模擬與學習，輕易給予崇尚擬古主義的三先生迎頭痛擊，致使古文詞的雅正之道受到極大的挫折，使天下奇士不屑爲古文詞，影響深遠。

從爲三先生抱屈，反映出在晚明性靈的主張盛行之際，楙澄一反流俗，仍舊推崇古文詞。但對於擬古派追求形式的作風，楙澄並不認同，他表現出不人云亦云，不隨波逐流的氣勢，並且提出自我的文學主張。雖然楙澄未曾針對自我的文學主張發表議論，但其理念卻散見於文集之中，經自《九籥集》中爬梳整理，可得出稟氣依道、崇雅尚實、好奇嗜古等主張。

一、稟氣依道

宋楙澄爲人慷慨豪壯，使酒任俠，爽直樸實，具有不受世俗拘束，率性而行的人格特質。他的文學主張，一如其品格，提倡爲詩爲文都應摒棄模擬，本乎自然，順應天道。他曾在〈九籥集詩序〉表述：

嘗觀游于魚矣，觀飛于鳥矣，彼都無所爲品格、學問、才情、風韻也，而盤旋迴翔，動成文焉。試語以若何而善，雖折其翅尾，豈能從哉！惟人亦然。歷三代而　國初，家自立户，未始借人門牆也，借之自嘉隆始，至今日而舉世盡新豐矣。近且勦爲巫辭箕語，瓶罌之花，虎豹之鞹，以號于眾曰：「是爲至文。」此非詩文之大厄哉！所以濫觴至此者，品格、學問、才情、風韻誤之也。余以爲飢則思食，寒則求衣，一皆出于自然，令捉筆之時，而有如思食求衣之不得已焉。〔註24〕

〔註23〕《九籥續集》卷之八〈祭馮元成先生文〉，頁701～702。

〔註24〕《九籥集》卷之二〈九籥集文序〉，頁515。

從魚的游動及鳥的飛翔得到領悟，將創作比喻爲日常生活中最基本的衣食起居，主張作詩爲文都應像日常生活一樣，以平常心看待，一切順應自然，不需力強而致。如果仗恃一己之品格、學問、才情、風韻，企圖以人爲的力量來雕塑文章，不但會有釜鑿痕跡，而且扼殺原有的生命力。尤有甚者，人爲的操弄致使模擬及抄襲的惡習蔓延，猶然沾沾自喜，以爲是古今至文，誠屬可笑，也是詩文的一大災難。

再如李維楨〈九籥集序〉所言：

> 雲間宋幼清集其所爲詩若文名之曰《九籥》，取鮑玄暉〈昇天行〉語耳，蓋玄暉所言丹經也。丹經始自道家，道家以元始天尊爲祖，開劫度人，所說經亦稟元氣，自然而有，非所造爲，劫運當開，其文自見。凡八字盡道奥，謂之天書。……而于詩文之指有脗合焉。必稟氣自然，不可模擬蹈襲，一合也。得心應手，若有意，若無意，若可解，若不可解，不見作爲之迹，一合也。神采注射，如雲興霞蔚，壁暉山而珠媚澤，光燄萬丈，一合也。音調諧適，如風生萬籟，而五聲六律具焉，一合也。〔註25〕

此序指出宋楙澄《九籥集》一書命名的由來，是道家經義中稟受元氣，自然而有，非刻意造作的精神，進而能在詩文的創作中得到觀照與實現。他強調稟氣依道，摒棄模擬抄襲的惡習，作品才能渾然天成，綻放耀眼的光芒。因此錢希言於〈九籥集敘〉中對楙澄詩文的評價爲：「君春秋方盛，……少於詩好西京樂府、建安父子，文綜十三經、漢晉六朝諸史，迨客燕中，則靡籍不窺，而復博探二氏之學，故其爲詩若文也，務超詣而恥租襲，喜鮮腴而猒枯澹，尚瑰異而薄凡庸。」〔註26〕意在凸顯楙澄恥於抄襲的觀念，可見這是楙澄一貫的堅持與信念。另有關反模擬的觀念，宋楙澄在〈雜興〉的序文亦強調：「夫有意于擬古則失神情，有意於創始則傷骨氣，余無意人間者也，而敢有意於文章乎！」〔註27〕如果以模擬的方法造就文章的速成，那麼刻意擬古的後果，便是喪失作品的本眞及神情，而這正是詩文作品的生命所寄，不容扼殺。〈與樂二〉亦云：「疲馬力行，猶能五十，循騏驥之跡，日不十武。」

〔註25〕《九籥集》卷首，〔明〕李維楨作〈九籥集序〉，頁378。另〈昇天行〉係〔南朝宋〕鮑照所作，其字爲明遠。至於玄暉，則爲〔南朝齊〕謝朓之字，或許因二人所處時代相近，致使一代宗師李維楨亦爲之混淆。

〔註26〕《九籥集》卷首，〔明〕錢希言撰〈九籥集敘〉，頁384～385。

〔註27〕《九籥集詩》卷之四〈雜興〉，頁632。

〔註28〕強調文章貴獨創，即使耗盡精神元氣，仍有進步，必有所獲，但如只是模擬步趨，無法突破，其成就有限。

至於稟氣依道的方法，楙澄〈與荀二〉有如下的看法：

> 王右軍〈誓墓文〉，以質宣情，以命定氣，實獲吾心。〔註29〕

雖然是對晉朝大書法家王羲之〈誓墓文〉的品評，卻也代表個人對爲文的主張。他強調應依個人的天性稟賦來宣洩感情，順應天道與自然的法則來形成氣韻，從天性與天道出發，順其自然，不假外求，一切便可渾然天成。

因此惟有放棄模擬抄襲的投機心態，稟氣依道，才能成就動人的文章，而強調本乎自然的文學主張，正與老子的「無爲而治」，以及蘇東坡的「作文如行雲流水，初無定質，但常行於所當行，止於所不可不止。」的思想不謀而合。由於他自始至終堅持這種稟氣依道的文學主張，並進一步將此主張貫通於其文學創作的實踐之中，因此其文顯得灑脫流暢，清新自然；而其詩古拙樸實，率直爽達。

二、崇雅尚實

雖然楙澄並未言明「崇雅尚實」的文學主張，但此一主張，卻在其文學創作的字裡行間，自然而然地表露出來。在〈祭馮元成先生文〉中，他爲捍衛文章雅道而發聲：

> 尤有異焉，宗京山則攻瑯琊，宗華亭則攻京山，宗李禿、中郎、伯敬，則不持一挺，張空拳，奮夔足以侮三先生，騷人墨士從而效之，雅道淪亡矣。無何王先生卒，兩先生浮沈仕路，文章之典刑，幾無以自存，……今天下奇士不屑爲古文詞矣，乃壯夫少年舍制舉外，又無所以耗其雄心，……嗟乎！自文章之道不尊，使才情曠世若董先生玄宰，不專志詞場，而游情於藝圃，天下慕其才藝，忘其文章，又并才藝嫉之，致鄒昆陵先生輩皆棄文章而托于他好，若此而文詞士安得有生氣生色乎？〔註30〕

自李贄首倡「童心說」，爲反對擬古主義而揭起宗法性靈的一面旗幟後，繼起的袁宏道及鍾惺，透過公安派及竟陵派思想的擴張，向擬古主義正面迎擊，騷人

〔註28〕《九籥前集》卷之十〈與樂二〉，頁421。
〔註29〕《九籥前集》卷之十〈與荀二〉，頁430。
〔註30〕《九籥續集》卷之八〈祭馮元成先生文〉，頁701。

墨客群起仿效，如野火燎原般地形成一個文學運動。而楙澄卻悲痛地直陳古文雅正的風範至此淪亡，而自後七子的代表人物王世貞棄世，馮時可及李維楨亦宦海浮沈後，楙澄所認同的古文雅正的典刑幾乎喪失立足之地。這股反擬古，抒性靈的風潮，鋪天蓋地而來，楙澄於〈春日雜興詩序〉不禁感慨：

> 世爭詘漢魏六朝、三唐之失性靈，豈知摹溫陵、公安之爲語錄，爲寒山、拾得，使操觚之士廢誦讀，而自爲一家言，其禍慘于焚書。世喜其逸而有成，爭趨之浸淫于制舉，至不識諸史百家爲何物，其罪豈文討所能及哉！予絕學無爲矣，又焉知世間有古今可擬耶？〔註31〕

追求獨抒性靈的思想在晚明深入人心，士子只知摹仿李贄（號溫陵居士）及公安派的主張，效法唐代高僧寒山及拾得不拘格律，自然通俗的表現，促使文人自此不再誦讀古文詞，人人競爲一家之言，迫使當代崇尚古文的文人失去創作的空間。在此情形下，性靈派對古文詞所產生破壞力的強大，其禍患較秦始皇焚書之舉更爲慘烈，而這正是楙澄深感憂心之處。

在前代賢哲之中，文章的創作符合雅正的典刑而最受楙澄推崇的，當屬宋代古文運動的領導人歐陽修及其門下士蘇軾。誠如其〈王和聲制藝敘〉中之論述：

> 故余謂白香山歿而天下無詩，歐陽永叔歿而天下無史，蘇子瞻歿而天下無文章，後之爲史、爲詩文，皆優孟耳。〔註32〕

他認爲歐蘇之後的文章只似戲子搬演罷了。此說雖未免過於武斷，但歐蘇兩人在古文運動的成就及文壇的地位，確實是崇高且望塵莫及的。而從推崇歐蘇代表的宋代詩文，便可看出其觀點與擬古派「文必秦漢，詩必盛唐」的主張，已有明顯不同。他推崇的是擬古派不屑一顧的宋代詩文，基本上是肯定文學發展的原理，這樣的態度與公安派近似，具有比較進步的文學觀。儘管歐蘇兩人的地位如此崇高，楙澄對於大文豪蘇軾，仍有些許微辭。他曾在〈賀茲翁吳老師司理雲間考蹟序〉中表述：

> 永叔之文謹嚴雋雅，而子瞻雜從橫家言，微失之佻，啓輕薄之門。〔註33〕

楙澄評論歐陽修的文章謹嚴雋雅，但蘇軾的文章則有些許輕佻的意味，爲後

〔註31〕《九籥續集》卷之一〈春日雜興詩序〉，頁650。
〔註32〕《九籥續集》卷之一〈王和聲制藝敘〉，頁658。
〔註33〕《九籥續集》卷之一〈賀茲翁吳老師司理雲間考蹟序〉，頁659。

世開啓輕薄的門路，而這輕佻活潑的文風，正是晚明性靈派表現的樣貌，亦爲楙澄引以爲憂的關鍵所在。顯然楙澄不斷念茲在茲的觀念，即爲推崇及追隨古文詞雅正的道路，縱使與其所處的時代文風悖離，亦不改初衷。

至於楙澄個人的創作態度，可從其〈春日雜興詩序〉中窺見端倪：

> 昔余壯年喜作樂府及稗官家言。樂府，間涉時事，然非有關于 國家者，不出筆端，至稗官則稟程爾雅，都無俗思。〔註34〕

此外，尙可從〈積慶菴募建禪房疏〉得到印證：

> 噫！鄉先生卒而可祀于鄉者，幾何人哉？鄉名士卒而可祀于菴者，又幾何人哉？若昏夜乞憐而驕人白晝者，雖爵祿名高，吾弗祀也。故吾不曰高士名士，而曰雅也。〔註35〕

追尋文章雅正的道路，楙澄身體力行，甚至在創作通俗文學的「稗官小說」時，仍主張用雅正的語言來下筆，毫無俚俗的想法，這是他對文章格調的堅持。他把文章看成攸關經國濟世的大業，必須嚴肅對待，而對於庸俗的文章，他的看法是：

> 嗟乎！雖稟僊才，落筆則俗焰蒸雲；雖馭仙禽，對人則塵埃滿面。噫！可悲也夫！噫！可悲也夫！〔註36〕（〈九籥集文序〉）

> 江至武昌西城而南折，是爲黃鶴樓，……又南曰鸚鵡，俱屬武昌樓，下刻呂公〈黃鶴樓詩〉，亦寫翁照，俗筆都無靈氣。〔註37〕（〈遊石照山記〉）

縱有仙才，若下筆庸俗，作品便灰頭土臉，且一旦失之庸俗，文章便喪失靈氣，難登大雅之堂，同時失去文章的格調。這樣崇雅的主張，與擬古派堅持的道路趨向一致。

有關尙實的文學主張，楙澄在〈積雪館手錄序〉表露個人的體會：

> 且余昔尚實矣，非止蘼蕪也，而鬼神實衡之。衡之而與之爭，以重司命之怒，精神之所以銷亡，骨肉之所以凋喪也。此而不悛，將禍基于累劫，慧泯于三迷，雖欲崇虛，其可得乎？雖然虛矣，而錄不幾實乎？〔註38〕

〔註34〕《九籥續集》卷之一〈春日雜興詩序〉，頁650。
〔註35〕《九籥續集》卷之四〈積慶菴募建禪房疏〉，頁682。
〔註36〕《九籥集》卷之二〈九籥集文序〉，頁515。
〔註37〕《九籥後集》楚遊上〈遊石照山記〉，頁742。
〔註38〕《九籥集》卷之二〈積雪館手錄序〉，頁513。

楙澄堅信，尙實的主張已不只是個人對文章寫作的信仰，甚至連鬼神都在觀察他是否眞正力行不悖。如果執意與鬼神抗爭，後果是個人的精神銷亡，骨肉的生命凋喪，再不悔改，便淪落萬劫不復的境地。因此，即使想崇虛，亦是不可爲。如此看來，尙實的精神已成爲一種使命，主宰著楙澄必須身體力行。對於時下崇尙虛華的風氣，他在〈小論四〉感歎：

> 夫策以應人問，舒己意也。今也華而不實，所對非所問，自昔嘆之矣。〔註39〕

有關「策」，《明史・選舉二》記載：「初設科舉時，初場試經義二道，《四書》義一道；二場，論一道；三場，策一道。」〔註40〕因此明代科舉考試的第三場即考「策」一道，雖說策論是一抒己見，但現今卻華而不實，著實令楙澄嗟嘆不已。而在爲好友所作的〈顧思之傳〉中，眞實呈現顧承學的見解：

> 思之……所爲詩文惟尙清率。嘗酒酣倚樹，罵余輩曰：「若等苦欲工文，抑知文不可工耶！古之爲文，尙直而貴實，今也喜譽崇虛。既虛且譽，而欲求文之工，此吾所以恥而不爲也。而徒明左史屈宋之皮毛，以欺人耳目，此其無恥，亦何異吮癰舐痔乎？」〔註41〕

雖是引用顧承學的觀點，以古文中尙直貴實的精神，來諷刺時下喜譽崇虛的媚俗醜態，這是有格調的文人引以爲恥的。若非此論深得楙澄之心，斷然不會將之錄入傳中，可知崇尙眞實質樸，是楙澄一貫的主張，而這樣的主張又與性靈派的文必貴質、盡現眞我有異曲同工之妙，顯然宋楙澄並非全盤否定性靈派的主張。

三、好奇嗜古

所謂「文如其人」，楙澄爲人任俠奇節，反映在其文學主張上，便是追求新奇，亦即「好奇」的信念。至於具體內容，他在〈白爾亨制藝序〉陳述個人對於「奇」的觀點：

> 文章有眞奇，不寄之句字章法也，擴虛明于性府，時有與龍爭雲，與虎爭風之思焉。余于古今文俱無奇而嗜奇不已，從事二十餘年未有異也。〔註42〕

〔註39〕《九籥續集》卷之九〈小論四〉，頁703。

〔註40〕《明史》卷七十〈選舉二〉，頁455。

〔註41〕《九籥集》卷之五〈顧思之傳〉，頁542。

〔註42〕《九籥續集》卷之一〈白爾亨制藝序〉，頁656。

他認爲所謂文章的眞奇，是不依附俗情，沒有雜念，將人的本性擴展至空明的境界，文思才能風起雲湧，沛然不絕。雖然楙澄謙虛地以「無奇」來評論自己的古今文，但儘管如此，仍然不改初衷而嗜奇不已。楙澄爲文好奇的偏好，友朋盡知，如〈王和聲制藝敘〉述及楙澄與張無始的一段對話：

> 昔年以時藝質張無始，無始叩余曰：「子欲爲元耶？爲魁耶？」余謝不敏，無始曰：「爲元，我當就子成之，若嗜奇而就魁，則從子所好。」〔註 43〕

可知嗜奇是楙澄一向的偏好。甚至，楙澄還曾因與好友周大（推測爲周叔宗）距離愈來愈疏遠，感歎失去一個最可以言奇的朋友〔註 44〕，爲此悵然不已。

有關理想的「奇」的表現，楙澄經過一番摸索而有新的體認。誠如其〈歸愚菴二集序〉中所言：

> 嘗與人論文之奇，曰扼要，曰走險，曰爭抄，吾以爲奇矣，而非奇也。奇莫奇於海，自微塵以至萬國無不包之，如蚊蟲之五臟，歷歷可照，而戴以六鼇，有時鯨鯢怒張，海水立而宇宙俱濕，雖日月之光生，異物掩之，育魚蝦爲龍俎豆，而又以蛟龍爲金翅之加殺，況萬國味，有萬而不能遺，水以澤蜃，淄澠而外，寧勝道哉！盡寰區之色，恐不足盡一滴之變也。試取一滴，涅之調之而爇之，蒼黃朱紫有不入乎？辛酸苦鹹有不具乎？寒煖溫爇有不備乎？無何，耴一滴投之大海，而又冥焉受也，是大海之奇藏于一滴，而一滴之奇藏于大海。彼一瀉千里，歸海而失奔蕩；千里一曲，歸海而失紆迴，皆不足語奇矣。〔註 45〕

楙澄本以爲達成所謂扼要、走險及爭抄，就可以稱爲奇，但之後卻領悟到這樣的奇只是表相的，短暫的，實不足爲奇，眞正的奇，應如大海一般，既能夠廣納萬物，又能永保澄澈清明。大海之奇，藏於一滴水，因爲一滴水可以染出紅橙黃綠的顏色，可以調出酸甜苦辣的味道，可以燒成寒煖溫熱的溫度，一旦投入大海，卻又是澄明如初。因此一滴水的神奇，便藏身大海中。文章的眞奇，應像大海般具有廣度、深度及淨度。小至日常生活，大至宇宙萬物，皆有亙古不變的眞理，如一味地炫奇矜怪或眩人耳目，則只具有奇的假象，

〔註 43〕《九籥續集》卷之一〈王和聲制藝敘〉，頁 658。
〔註 44〕《九籥前集》卷之十〈與方五〉載：「周大星疏而無與言奇矣。」頁 428。
〔註 45〕《九籥續集》卷之一〈歸愚菴二集序〉，頁 641。

禁不起考驗。至於何者的文章具有眞奇，楙澄在爲恩師吳之甲所寫〈賀茲翁吳老師司理雲間考蹟序〉文中，已有透露：

> 今　老師蒞政吾土，治行無愧于永叔，卿士大夫具述之，澄何敢拾其唾餘，惟是衡文于畿甸，甄拔者若而人矣。中有文章之雄奇高朗，如子瞻曠軼千古者乎？行誼爽特，不愧古人，使人主目爲天下奇才，如子瞻者乎？〔註46〕

顯然蘇軾的奇人與奇文，是最具眞奇的典範，讓楙澄及後人仰慕不已。雖然楙澄自謙其古今文無奇，但何三畏對於楙澄爲宰相張居正所作的〈相公論〉，則有如下的評價：

> 公之子孝廉懋澄方弱冠，爲〈相公論〉三首，以白江陵之勳業，而洗其瑕。其持論有故有倫，良非漫語。嗟嗟！一江陵也，父抗之于天下所競趨，子原之于天下所共誹，皆出孤特之談，別是一具肝腸齒頰，而其所著論尤奇。余故述之，以愧世之箠死虎而啖困龍者。〔註47〕

何三畏認爲楙澄爲宰相張居正辯白的文章，「著論尤奇」。由此觀之，好奇的觀念，楙澄確實認眞地在創作中努力實踐。

除了好奇之外，楙澄亦主張要嗜古，多讀前代文人的佳作，可以擴展自己的內涵與視野。他在給朋友曹大的書信中闡明「嗜古則能文」的道理：

> 嗜古則能文，尚趣則得詩。勤儉致富，專一取貴，伎工於習，事成於勉，不必天也。孔氏指之曰一，老氏究之曰無，釋氏體之曰妄，道可悟矣，有不須學，不待悟而獨授之天者，願與之同事焉。〔註48〕

惟有不斷閱讀古人的文章，從中汲取養分，得到啓發，加上後天的努力學習，不斷磨練，才能有所體悟，下筆如神，創造出好的文章。在當代文人中，既能嗜古又能文者，楙澄認爲有同鄉的錢福〔註49〕及董其昌〔註50〕二人。這二

〔註46〕《九籥續集》卷之一〈賀茲翁吳老師司理雲間考蹟序〉，頁659。

〔註47〕〔明〕何三畏編著：《雲間志略》卷十七〈宋孝廉方林公傳〉，頁1317。

〔註48〕《九籥前集》卷之十〈與曹大〉，頁428。

〔註49〕錢福，字與謙，號鶴灘，明孝宗弘治三年庚戌科進士，生於明英宗天順五年（1461年），卒於明孝宗弘治十七年（1504年），《九籥前集》卷之十一〈廣陵乘興〉中訪江都名妓的主角，即爲狀元錢福。

〔註50〕董其昌，字玄宰，號思白、香光居士，萬曆十七年己丑科進士，生於明世宗嘉靖三十四年（1555年），卒於明思宗崇禎九年（1636年），官禮部尚書，卒後謚文敏。《明史》卷二百八十八〈董其昌〉有傳，頁1997～1998。

位前輩的文章精神令楙澄仰慕不已，可從〈珠樹樓近社序〉一文彰顯出來。

> 明興，公車業幾三百年，海內稱大家者四，而吾鄉曰錢與謙先生，嗣先生後雄鳴一時者，無暇枚舉，最著曰董玄宰先生。……諸君子業于時藝，精神有專屬矣，果常與聖賢接乎？接之機緣，有不得之懸髮引錐，而得之把杯握筯；不得之攢眉抆淚，而得之燕笑行歌；不得之火綠於燈，字雙于簡，而顧得之山之麓、水之湄者。憤懣之境逾多，則舞蹈之機漸近，……今諸君子嘗膽于毫，含熊于穎，其搆思苦矣。有死之心，無生之氣，深入幾忘生矣。……文章猶雲氣焉，精神則日月也，雲氣在天，風激之而蒼，水滯之而玄，雪映之而黃，不猶先輩之自成一家乎？至日月映之而百采備具，盡大地所產，彌不肖之天漢之間，幻師畫工，欲擬議而不得僑，非日月之精神所映發乎？諸君子以精神寫聖賢，何患人不與謙？人不玄宰？〔註51〕

楙澄所強調的嗜古和與聖賢交的意義相吻合，亦即尚友古人的概念。二位前輩因與古人神交，秉持聖賢的寫作精神，透過胸中的意與手中的筆鎔鑄錘鍊後，使文章散發出耀眼的光彩。時下士子的寫作態度，受到科舉時藝的箝制，斷絕與古人或聖賢相交的機緣，思路往往呆板滯塞，生氣俱無。至於錢、董二位前輩與聖賢相交，獲致向聖賢學習的機緣，得以一窺聖賢文章千變萬化的風貌，並承襲聖賢的寫作精神，因此下筆時如有神助。誠如楙澄所言，與聖賢相交的契機，是一切自然而有，不假外求，一味閉門造車，刻意求之不可得。文章如雲氣，是有形的，而精神則如日月的映照，是無形的，雲氣受風、水、雪等外力的牽引，只能產生青、黑、黃的顏色，但如能有日月的映照，則能幻化出多姿的風采。因此，文章要能掌握聖賢的精神，而不是在形式上摹擬仿效，而這才是楙澄心中嗜古的眞正意義。

雖然楙澄強調嗜古的重要性，但是嗜古並不等於擬古，他曾經有感而發地說：

> 夫有意于擬古則失神情，有意於創始則傷骨氣，余無意人間者也，而敢有意於文章乎！〔註52〕

他認爲一味地擬古，將會失去文章的神情，刻意地創新，將傷害文章的骨氣，誠如走向偏峰的擬古派，如一味在形式方面擬古，文章只能形似而無法神似，

〔註51〕《九籥續集》卷之一〈珠樹樓近社序〉，頁654。
〔註52〕《九籥集詩》卷之四〈雜興〉有序，頁632。

空有類似古人文章的外貌，而無法寫出有古人神情韻味的作品。反之，性靈派諸輩只知非古，企圖回歸自我而獨創，卻無法完美地呈現文章的雄健氣勢，二派各自有其缺失。有關楙澄不贊同擬古的主張，姚希孟於〈書宋幼清事〉一文中曾記載：

> 有一達官遺書幼清，求米百斛，幼清大怒。時家吾郡，對使呼：「六門無賴，散百斛米與之。」然後驅使出。有客譽幼清：「此昔人投鹽意也。」幼清悵然不樂曰：「我不讀書，遂爲此事。士當率其胸懷，凌出往哲，何至與古人暗同耶！」即日送米，如達官命。達官欣然受之，厚作報書。〔註53〕

楙澄強烈主張士人應發揚一己的個性與才能，促使生命的靈性表現獨特的創作，並有超越前賢的自信，才能一代一代有更優秀的文章呈現在世人眼前，而不是一味地模擬、抄襲或剽竊古人，沈溺在復古的窠臼中，甚至以此爲自我滿足，如此將扼殺文章的生命力。

綜上所述，稟氣依道、崇雅尚實與好奇嗜古，是宋楙澄的文學主張，然而就字面來看，崇雅與嗜古，其中心思想是一致的，但尚實與好奇，兩者的理念看似衝突，實則不然。事實上，二者是針對不同主體而發。尚實是指寫作的態度，他強調下筆時應反映事實與眞情，而不是虛華媚俗，過多的矯情造作，華而不實，重文不重質，能炫人耳目，卻不能感染人心。至於好奇，則是寫作的表現，他強調文章的表現要不拘泥於舊說，在不違背眞理的前提下，發揮獨到的見地，才能不斷激盪出嶄新的概念與想法，表現出超群雄奇的格調。因此，尚實重在本質，好奇貴在獨創，兩者並不違背。而從上述論述也可以發現一個有趣的現象，亦即宋楙澄兼容並蓄，兼採擬古派與性靈派的優秀主張，同中有異，異中有同，彼此截長補短，所以宋楙澄的文學主張，既不同於擬古派，亦不同於性靈派，而是調和二家自成一家的折衷派。

第三節　《九籥集》文編之技巧與風格

在探究宋楙澄寫作技巧的過程中，對於作者寫作的手法與功力可產生更深刻的瞭解。而文章風格的表現，亦是探討文學創作的重要課題，藉由文章風格的探討，可以彰顯文學來自生活，來自個人不同個性與閱歷的性質，同

〔註53〕〔明〕姚希孟撰：《松癭集》卷之二〈書宋幼清事〉，頁24之2。

時亦可反映作者運用不同的寫作技巧所表現的作者才性，與形成的文學風調。

一、寫作技巧

從宋楙澄《九籥集》文編作品中歸納，可具體整理出其寫作技巧有「夢寐徵奇」、「存眞紀實」、「史傳遺形」三項。

（一）夢寐徵奇

「夢」是潛意識的活動，夢境亦往往是內心希冀的投射。寤寐以求或夢寐徵奇之事，自古即有，在古聖先賢中，孔子夢寐而親周公〔註 54〕、莊周夢蝶〔註 55〕、楊雄夢吐白鳳、江淹夢筆〔註 56〕、李白夢筆生花〔註 57〕、湯顯祖作《玉茗堂四夢》〔註 58〕等等。在夢中或得到親炙聖哲的機緣，或得到智慧的啓發，或有奇遇，或得到創作靈感，而經由夢境，文人雅士獲致一個豐富生命歷程的契機。李維楨作〈九籥集序〉，便留意到宋楙澄詩文中反映與夢境相關的特殊際遇：

〔註 54〕〔魏〕何晏等注：《論語·論語集釋》（北京：中華書局，1998 年，《四部要籍疏叢刊》本），卷十三，〈述而上〉載：「子曰：『甚矣吾衰也？久矣吾不復夢見周公。』」頁 1495。周公，姓姬名旦，周文王子，輔助武王滅紂，建周王朝，封於魯。周代的禮樂制度，相傳由周公所制訂。周公的人格及周初的仁政均爲孔子所推崇，因而心生仰慕，以致於夢中相見。

〔註 55〕〔晉〕郭象注：《莊子注》（臺北：臺灣商務印書館股份有限公司，民國 75 年 3 月，《景印文淵閣四庫全書》本），卷一，〈齊物論第二〉云：「昔者莊周夢爲胡蝶，栩栩然胡蝶也。」頁 19。

〔註 56〕〔明〕程登吉編，〔清〕鄒聖脉增補：《幼學故事瓊林》（上海：上海古籍出版社，1992 年 12 月），卷四，〈文事〉云：「江淹夢筆生花，文思大進；楊雄夢吐白鳳，詞賦愈奇。」頁 235。又〔唐〕李延壽撰，〔清〕萬承蒼考證：《南史》（臺北：臺灣商務印書館股份有限公司，民國 75 年 3 月，《景印文淵閣四庫全書》本），卷五十九，〈江淹〉云：「夢一丈夫自稱郭璞，謂淹曰：『吾有筆在卿處多年，可以見還。』淹乃探懷中，得五色筆一以授之。爾後爲詩絕無美句，時人謂之才盡。」頁 836～837。

〔註 57〕〔唐〕馮贄撰：《雲仙雜記》（臺北：藝文印書館，民國 54～60 年，《百部叢書集成》本），卷之十，〈筆頭生花〉云：「李太白少夢筆頭生花，後天才贍逸，名聞天下。」頁 3。

〔註 58〕約與宋楙澄同時的明代著名戲劇家湯顯祖（1550～1617 年）有《玉茗堂四夢》傳行於世，其內容共有四劇，由於四劇皆有夢境，故合稱《臨川四夢》或《玉茗堂四夢》。此四夢是《紫釵記》、《還魂記》（亦名《牡丹亭》）、《南柯記》及《邯鄲記》。

幼清少慕神仙，多奇遇，往往徵於夢寐，而其爲詩文亦似之。〔註59〕

梂澄因追求道家神仙長生永壽之術，生命中許多奇特的遭遇，往往在夢寐中得到驗證，他視夢境爲一種預兆或啓示，每當於夢後有所感悟或體會，便透過詩文的形式記錄下來。這樣的寫作習慣，記錄在〈白雲山房記〉一文中：

余少不喜羽流，年二十餘，屢夢與神仙遇，遇輒有記。……夫壺中自孕扶輿，莢中別具日月，一枕而夢挾龜茲，負荷而唇齒金屋，又何必溷人間以七情，眩世途以一幻，期博不朽之名哉！〔註60〕

由於屢次於夢中得遇神仙，這樣神奇的遭遇，梂澄豈可不記？經翻檢《九籥集》文集諸「記」，《九籥前集》卷之一有〈夢記〉一篇，記梂澄在元配楊氏病故南歸途中，所夢一鹿一鶴爲仙人化身的奇遇。此外，《九籥集》卷之一亦錄數篇，如〈遊華陽洞天記〉，記梂澄丈人爲梂澄求夢於仙遊，夢中仙人賜與棗栗，所求籤詩則透露有似茅君修道成仙的機緣。〈夢受大丹記〉則記梂澄夢入深山，有先生授與丹藥，受藥後可無憂的際遇。〈白毫光記〉則夢道友堅林等十二禪德爲病危妻子誦《華嚴經》，入夢前及夢覺後均有白毫光照臨，事後堅林果然來訪，令梂澄驚歎不已，而感佛大恩。〈記夢畀莢〉記梂澄夢登江蘇石排山，遇道士畀予青莢一枝計七枚的奇遇。又一篇〈記夢授寶〉則記梂澄遇一星自天北數星中落下，爲青色的琅玕珠，又有五色鳳送來一枝紅色的瓊玖美玉的神仙夢。凡此，除〈白毫光記〉是佛光照臨的徵兆外，其餘諸篇，都是梂澄與道人或仙人的奇遇。

雖是夢寐之境，但梂澄卻在彷彿「虛擬實境」的夢寐之中，得到徵兆或啓示。如〈夢記〉一篇，梂澄因失落通往仙境的道路，深切地體認到自己與妻子從此天上人間，天人兩隔，因而悲傷不已。〈遊華陽洞天記〉則因籤詩之啓示，讓梂澄對於出處二途重新思考，而興起出世的意念。〈夢受大丹記〉則體會到一個人的所作所爲不利人而只利己，那一切作爲都只是虛妄，到頭來只是幻夢一場。〈白毫光記〉由於梂澄親身體驗佛光與我佛的慈悲，霎時茅塞頓開，發願保持本性的澄明，修行則從心向善。〈記夢畀莢〉則讓梂澄了悟與知交相偕登山，共結仙侶的雅趣。至於〈記夢授寶〉，則因夢中獲贈神仙持有的寶貴美玉，大受震撼，發願拋棄故我，不辜負此夢。

除了神仙奇遇之記可徵於夢寐之外，梂澄詩作中亦有許多感夢之作，且

〔註59〕《九籥集》卷首，〔明〕李維楨撰〈九籥集序〉，頁378。

〔註60〕《九籥集》卷之一〈白雲山房記〉，頁504。

在詩題中已嵌入「夢」字。復經統計，《九籥集》中出現「夢」字的次數，共二○四次，所謂「日有所思，夜有所夢」，醒有所觸，發而爲詩爲文，充實楙澄的詩文創作。而從上開諸作中，可見楙澄是一個重感情的男子漢，不管是亡妻還是知交，都經常日思夜想，無怪乎有如此多的記夢之作。

雖然夢寐經常是空幻的同義詞，卻也是夢寐者不安定靈魂的一種躁動反映，而楙澄夢寐徵奇之作，亦暗示著作者在現實生活中身心靈遭受長期的壓抑，所以透過夢，反映在詩文作品中，而找到情緒宣洩的出口，由此觀之，實不失爲一個健康的寫作態度。

（二）存真紀實

宋楙澄身爲一介文人，除了讀萬卷書外，更堅持行萬里路，終其一生，舟車勞頓，足跡廣布，父母的遺命鞭策著他的腳步，這樣的生活模式，造就他具有豐富的見識與寬廣的視野，因此較瞭解社會民生的實況、政局的遞嬗與國際情勢的演變。在旅途中，秉持文人的天性，隨筆錄事，其識見之卓越，有目共睹。觀察楙澄所作文章，存眞紀實的寫作手法投射出鮮明的時代色彩，而此一技巧主要表現於時事新聞及人物傳記二類作品中。

在時事新聞類紀實作品方面，楙澄懷抱著經世致用的信念，熱衷於追蹤時代風雲，採擷時政要聞，他敏感的政治與軍事神經，對於萬曆時期神宗怠政，朝綱不舉、政事不修、黨爭不斷、邊患日劇、內亂暴發等等現象，感到憂心忡忡。因此，對於重大戰役，楙澄義無反顧地用文人之筆記錄下來。例如〈西師記略〉記寧夏哱拜叛亂、〈東師野記〉記援朝御倭事件、〈葛道人傳〉記蘇州民變、〈東征紀畧〉記薩爾滸之戰、〈□□遺事〉記撫清之戰。這些篇章記錄萬曆朝所發生內亂及外患的戰事。楙澄對於四場明萬曆朝最重要戰事的起因、明師作戰的方略、內部的歧異、兩軍作戰的過程、敵我致勝的關鍵等，都有詳實的紀錄，屬於存眞紀實之作，同時傳達強烈的愛國精神。此四篇的價值所在，在於作者用文學的形式，眞實地記錄萬曆朝的四次重大戰役，爲四場戰役提供文學的見證。

〈葛道人傳〉描寫萬曆二十九年（1601 年）蘇州市民反抗並擊殺礦使稅監孫隆、參隨黃建節等人所引起的暴動，葛成爲脫眾民於罪，挺身而出，自承禍首的壯舉。本篇展現市民起義的壯烈場面，爲早期市民階層的群眾運動留下可貴的歷史剪影。葛道人的登場安排在官府緝拿主事者而不可得，百姓又環聚不散的背景下，在衝突一觸即發之際，葛成手搖蕉扇，袒肩突眾而出，局勢一翕一張的鋪陳手法，令人屏氣凝神且心情隨之起伏，而葛成從容就義的豪舉，塑造出葛道人行俠仗義的光明形象，這種犧牲小我的精神令人動容。值得一提的是，梆澄在處理歷史眞實和人物刻劃二方面，呈現完美自然的融合。開篇即敘明開礦是天子的決策，造成民變的主因是用人不當，批判的矛頭指向朝廷與皇帝，又毫不諱言對葛成功績的讚歎與肯定，他大膽地以鮮明的政治傾向挑戰威權，持正面的肯定態度描寫群眾運動，這樣具有時代氣氛的作品，正是市民力量不斷擴張以致占據文學創作版面的顯著反映。在篇末並敘明「蓋實錄也」，以申明個人的創作偏重於存眞紀實，亦即取材於現實，並以史傳與古文筆法來敘寫人物，獲得極高的文學成就。

上述五篇時事新聞之作，四篇有關邊境的重要戰役均載於《明史》中，至於〈葛道人傳〉亦見於《蘇州府志》、《國榷》、《明神宗實錄》等書。在過去，史學家的筆往往因政治勢力的干預，而有偏頗或失眞之虞，梆澄身爲一介布衣，不爲特定對象發聲，不爲干謁而下筆，在無外力干擾的情形下，單純地本諸文人的良知，不管是光榮的或慘烈的戰役，皆以文人公正客觀又不帶雜質的觀點下筆，以作爲當代或後世的借鑑，這種存眞紀實的概念，是在官方系統之外保存珍貴的民間史料，可以補正史的不足。

在人物傳記類紀實作品方面，《九籥前集》卷之五、《九籥集》卷之五、卷之六、《九籥續集》卷之三都列「傳」類，收錄的人物傳記共十七篇，另《九籥集》卷之七列有「行狀誌銘」類，收錄人物行狀共三篇。其中〈葛道人傳〉因具有民變色彩，已列入時事新聞類，予以排除，其餘「傳」類十六篇，臚列之爲〈宋氏君求傳〉、〈曾王父西莊公外傳〉、〈叔父安遠令憲卿君本傳〉、〈顧思之傳〉、〈盛重之傳〉、〈袁微之傳〉、〈負情儂傳〉、〈高王父錦村公本傳〉、〈曾王父西莊公本傳〉、〈王父三江公外傳〉、〈王祖妣唐孺人外傳〉、〈世父婁城君外傳〉、〈先府君本傳〉、〈贈昭勇將軍桃溪吳公暨朱淑人傳〉、〈周孺人傳〉、〈尹孺人傳〉，以及「行狀誌銘」類三篇爲〈叔父參知季鷹公行略〉、〈先兄瀅甫君行狀〉、〈先妣張太孺人乞言狀〉，凡此都是文學性很強的人物傳記。梆澄的寫作態度是在尊重歷史的眞實性基礎上，將史料進行文學性的加工，以產生優美動人的作品，作者使用的正是存眞紀實的寫作技巧。寫作的方法是選取人物眞實而富有傳奇色彩的事蹟或生活片段進行描寫，凸顯人物卓異不凡的個性。在十六篇人物傳記中，被吳偉業選入《九籥別集》卷之四稗編的有〈顧思之傳〉、〈負情儂傳〉、〈宋氏君求傳〉三篇，顯然這幾篇是表現較出色的作品。其中〈負情儂傳〉因向來被視爲傳奇小說，且取得卓越的成就，留待稗編再進行討論。

就〈顧思之傳〉觀之，楙澄著眼於顧承學具有傳奇色彩的事蹟，透過奇特怪異的剖面描述，具體拼湊出顧承學的形象。

> 日就飲平康，從侯索買笑錢，錢至手中，足已出門矣，……衣婦人衣，紅衫粉額，盪槳吳歌，聲達墻外，思之且歌且飲，旁若無人，……當大雪中，衣紅鵁鶄衫，坐大樹上，持壺自傾倒，嘯歌不休，諸人欲上，輒下溺拒之，……思之酒酣，……頃之金目胡鼻，頭畝雉毛，衣五色錦袍，胡旋而來，口中之詞，非北非南，不雅不俗，或譏刺時事，或詼諧坐中，賓客無不絕倒。……于二紀先……嘗偕思之於燈夕望門索飲，口無他言，飲盡即出，一夜傾十數家。最後扣陸君策孝廉門，孝廉方置酒爲太夫人壽，使閽人辭焉，而兩君已入廳事矣。……顧堂中有一錦繡軸，金書甚麗，乃名公壽太夫人文也，兩君裂而嚼之，黃金滿口，因相與大笑竟出。……華亭狹斜枕西郊，思之浮沈其中幾三十年，每黃昏左右，燈影燭光之前，見有禿衫不帽，大笑闊步而來者，必思之也。思之又能爲悲喜之辭以調諸妓，……落魄自甘，而不耐人倚勢。……以故罕與人同，卒牢騷以歿世焉。
>
> 〔註61〕

楙澄憑藉與顧承學深厚的交情，直接於日常行徑中取材，將流連青樓、著婦人衣、豪放高歌、裂帛書嚼之等奇特怪誕的行爲，以傳奇筆法，曲盡其妙地呈現在字裡行間，甚至連便溺等狂誕之舉均據實陳述。令人驚嘆的是，讀之並無粗俗之感，反而不禁莞爾。而顧承學縱情詩酒、狂蕩不羈、放浪形骸、幽默風趣的人格特質，以及鮮活的狂士形象，躍然紙上。馮時可在閱讀本篇之後，給予極高的評價：

> 〈顧思之傳〉，率爾淋漓，筆勢超縱，自是奇作。……兄之神情，半露斯文，讀之如親覩。……〔註62〕

所謂「讀之如親覩」，實乃楙澄存眞紀實的筆觸所產生的效果。至於顧承學恥於模仿，不趨炎附勢，憤世嫉俗，鄙棄仕進的表現，反射出他的內心蘊藏著深沈的憂慮和憤懣的情緒，這是對世風時局的一種無言的抗議。誠如齊裕焜

〔註61〕《九籥集》卷之五〈顧思之傳〉，頁538～540。

〔註62〕〔明〕馮時可撰：《馮元成選集》卷三十七〈與宋叔意〉，頁12～13。

《明代小說史》中對本篇的論述：

> 〈顧思之傳〉中的顧思之，……作者塑造這類“狂士”形象，與明代中後期追求個性解放的新思潮是一致的。他們的“狂”不但表現在他們的日常行爲、待人接物的狂怪不同流俗，更重要的是表現他們思想上的反正統的異端性質。通過這些形象，我們可以了解到當時一部分知識分子的思想動向。〔註63〕

自李贄以來的這一股「狂」潮，顧承學承其餘緒而在日常生活中實踐，在約四百年後的今天看來，「狂」只是一個抽象的形容詞，但因宋楙澄在〈顧思之傳〉中，彷彿故事般具體描述其形象及情節，使當時狂士的眞實樣貌得以還原並保存，楙澄的初衷只是將顧承學的傳奇一生存其眞紀其實，未料產生有關狂士風格的保存作用，實乃意外的收穫。

再如〈宋氏君求傳〉，宋君求是楙澄族中曾祖輩人物，傳中描述「君求好施予及飲博，而癖於平康」，知其人格特質與顧承學輩有幾分類似。但驅使楙澄爲其作傳的理由，在於其具謀士之才，經常運用奇計謀略，脫人於難。舉凡以計謀償還浦智所托之金，讓多行不義的東岡君咎由自取；知機識變，使鮑忠倖免於難；預知明武宗的商人政策，使鮑忠財物免遭籍沒；即使自己身陷囹圄，經由爲獄卒分析立場，反助己免於一死；又爲鮑忠剖析政治局勢，助張氏立后，藉以穩固地位等等。楙澄以存眞紀實的筆法，描述宋君求善於分析形勢，洞燭機先，掌握時機，營造出宋君求善於出謀獻策的謀士形象。

存眞紀實，不假雕飾是楙澄在鋪敘人物或事件時常見的寫作技巧，經翻檢《九籥集》各篇，在敘述文字當中，經常以「蓋實錄也」表明其眞實性，如〈叔父參知季鷹公行略〉、〈陶眞人〉、〈葛道人傳〉等篇。以功能觀之，一方面提高其可信度，一方面成就其寫實風格，另一方面則爲保存民間史料作出一定的貢獻。

（三）史傳遺形

《史記》是我國史書史上的一部曠世鉅著，是第一部以「人」爲主的紀傳體通史，它不只在史學上有重要價值，在中國文學上也是一部典範之作。而在閱讀宋楙澄的文集時，可以感受到許多具有史傳文學特質的遺形存在，主要表現在「實錄」、「互見法」及「○○日」三方面。

〔註63〕齊裕焜著：《明代小說史》（杭州：浙江古籍出版社，1997年6月），〈第二節　文言小說的繁榮〉，頁150。

在實錄方面，《史記》是以「信史」及「實錄」著稱，此指司馬遷具有嚴肅的治史態度，不虛飾、不隱諱，表現出求眞的特色，這樣的寫作方法，也一直爲後世的諸多史家所沿用。楙澄承襲實錄的信念，往往在下筆之時，忠實地呈現人物或事件的眞實面貌，甚至在敘述文字中，即可見到「蓋實錄也」一語的置入，如〈叔父參知季鷹公行略〉、〈陶眞人〉、〈葛道人傳〉等篇，其原始文字如下：

> 茂才朱生有母年九十矣，已請老而隱。公聞其孝，率屬稱觴，署其門曰節孝，申人謂公復古人之風，一時疑獄劇盜，丁田胥府，公理之裕如。至於祈禱神應，詳〈翰林王公祖嫡生祠記〉中，蓋公之實錄也。(〈叔父參知季鷹公行略〉)

> 時　世廟夢北斗墮體，因數月不寐。詔有能集禮斗儀者延入。陶少攻方士家言，遂錄北斗科文以奏。　上大悦，晉儀部郎，召見與語，大説之。隨拜祠部尚書，居西内，勸　上服道冠，絕與朝臣見。每興大醮，必以金書符籙，焚竟，陰使其徒淪金，以故方士附之如雲。是時眞人既爲天子師，至尊側席以侍，每下壇更衣，分宜等皆爲之綰帶，播弄人主如嬰兒，奔走卿相如僕隸，蓋實錄也。(〈陶眞人〉)

> 道人羈獄十餘年，歷多官訊鞫，第謝曰：「賢不忍姑蘇之遂爲戰場，而命監成危上官坐困，故不難以死解之。」語載三縣令爰壽，蓋實錄也。(〈葛道人傳〉)〔註64〕

此部分在前一小節「存眞紀實」的寫作技巧中已有詳述，此處則簡略提過。

在互見法方面，這是司馬遷《史記》所創造的一種獨特的寫作方法。有關「互見法」的意義，章培恆、駱玉明撰《中國文學史・第二節《史記》的文學成就》中曾加以說明：

> 所謂「互見法」，即是將一個人的事跡分散在不同的地方，而以其本傳爲主；或將同一件事分散在不同的地方，而以一個地方的敘述爲主。司馬遷運用此法，不僅是爲了避免重複。爲了使每一篇傳記都有審美意味上的統一性，使傳主的形象具有藝術上的完整性，就必須在每一篇傳記中只寫人物的主要特徵和主要經歷，而爲了使整部《史記》又具有史學意義上的眞實性和完整性，就必須在其他地方

〔註64〕前引三篇見《九籥集》卷之七〈叔父參知季鷹公行略〉，頁568；《九籥集》卷之十〈陶眞人〉，頁600；《九籥續集》卷之三〈葛道人傳〉，頁674。

> 補寫出人物的次要特徵和次要經歷。這是人物互見法的意義。因爲《史記》是以人物爲本位的，往往需要在許多人的傳記中涉及同一件事，爲了避免重複而又能把事件敘述清楚，司馬遷就在不同的傳記中從不同的角度敘述同一件事，這樣就既突出了每個人在這事件中的作用，又不致給人以重複之感。這是事件互見法的意義。通過人物和事件的互見法，司馬遷使《史記》既有了史學的可信性，又有了文學的可讀性。〔註65〕

爲避免重複，又可見到不同的人在同一事件中的角色，造就互見法的誕生，而楙澄亦受到互見法的感染，在許多作品中，處處可見「事載」、「語載」、「具載」、「咸載」、「載在」、「載」等用語，茲舉較典型的數例如下：

> 初叔父舉於鄉，其明年有同年進士作縣於閩之僊遊，僊遊之神居九鯉河，兄弟九人而共一目，相攜躍水化爲鯉，其神掌夢，事載列僊家，乃托之請夢，……（〈叔父安遠令憲卿君本傳〉）

> 俄而島夷入寇，居民避鋒鏑，咸鳥獸散，旭崖公奉南坡公避寇葦澤，或言寇退，父子相携歸省，猝與寇遇，刃且及南坡頸，旭崖公身腋父，延頸就夷刃，夷驚顧心動，得免于難，事載〈孝子傳〉。（〈尹孺人傳〉）

> 張幼于，率士民爲文生祭，旨甚激亢，詞多不載，復作書致丁紳及當事，祈寬之，時有作《蕉扇記》譏丁，丁疑幼于，頃之有盜夜踰坦（按：應爲垣）刺殺幼于，獄未成，盜乘間溺河死以自滅口，事載〈幼于傳〉中。道人羈獄十餘年，歷多官訊鞫，第謝曰：「賢不忍姑蘇之遂爲戰場，而命監成危上官坐困，故不難以死解之。」語載三縣令爰壽，蓋實錄也。（〈葛道人傳〉）

> 素善飯不解病，忽一日無疾而卒，享年四十有六，存歿年月具載子超之狀中。（〈顧思之傳〉）

> 孺人遺行及群孫孫女若而人，咸載碑銘狀誄中，茲不贅，特載其環行可採之彤管者，著爲傳。（〈周孺人傳〉）

> 從曾祖東岡者，西庄公之庶弟也，信讒仇我西庄公，西庄公命子孫毋忘，載在遺訓。（〈先府君本傳〉）

〔註65〕章培恆、駱玉明撰：《中國文學史》（上海：復旦大學出版社，1996年3月），〈第二節《史記》的文學成就〉，頁214～215。

遂命諸子就逆旅，留先君授邸舍，饑麇相繼于道，將以中書舍人官之，居無何，江陵遭父喪，　皇上兩　宮命毋終喪，先君聞之上書江陵，反覆數千言，旨深辭達，載在先君本傳中。(〈先妣張太孺人乞言狀〉)

先生文章行誼，載元成馮先生暨諸名公臣筆，余不復敘，敘其最快人意，在西事一疏，……(〈敘徐文卿先生集〉)〔註66〕

雖然楙澄仿效司馬遷《史記》中常用的「互見法」，但應用上仍有些微的差異性存在。《史記》的「互見法」是在《史記》的不同篇章中可以互見，但演變至楙澄，僅〈先妣張太孺人乞言狀〉所述「上書江陵」事，另見於〈先府君本傳〉，二篇俱在《九籥集》一書中，其餘則在《九籥集》以外的他書或他篇互見，使用方法雖略有不同，但意義與效用卻是一致的。

在○○曰方面，《史記》基本上由人物傳記構成，每篇採用第三人稱的敘述技巧，具有其客觀性，文末自「太史公曰」以下，才是作者評論的文字，這樣巧妙的設計，是使「撰史」與「評史」二者涇渭分明，同時，客觀與主觀的畛域也因此獲得明顯的區隔。而《史記》的敘事方式，主要是第三人稱的客觀敘述，司馬遷作爲敘述者，幾乎完全置身在事件之外，只在最後的「論贊」部分，才化身評論者直接登場，表述自己的看法。這樣的史論傳統，可以追溯到《左傳》之「君子曰」，至《史記》之「太史公曰」則成爲史學家論史的典型，之後《漢書》之「贊曰」、《後漢書》之「論曰」、《三國志》之「評曰」、《資治通鑑》之「臣光曰」，一脈相承。一直到明代，這種悠久的傳統，獲得更廣大的使用空間，如陳繼儒之「陳子曰」、鍾惺之「鍾子曰」、馮時可之「馮子曰」、宋楙澄之「論曰」、「宋懋澄曰」、「宋幼清曰」、「野史氏曰」等、潘之恒之「亘史曰」、「潘之恒曰」、「野史曰」、宋存標之「居士曰」等等，不勝枚舉，此一現象說明在史傳等高文大冊之外，自爲評論模式已更廣泛地應用在一般文章，甚至擴大到野史小說之中，顯示出明代文人對於文章的表現方式有較多的實驗精神，不呆板地侷限在舊有框架中，促使文章的樣貌變化出多樣的可能性。從另一個角度來看，文章具有史傳的形式，無疑提高文章的地位與價值。

〔註66〕前引八篇見《九籥集》卷之五〈叔父安遠令憲卿君本傳〉，頁535；《九籥續集》卷之三〈尹孺人傳〉，頁671；《九籥續集》卷之三〈葛道人傳〉，頁674；《九籥集》卷之五〈顧思之傳〉，頁542；《九籥續集》卷之三〈周孺人傳〉，頁669；《九籥集》卷之六〈先府君本傳〉，頁560；《九籥集》卷之七〈先妣張太孺人乞言狀〉，頁573～574；《九籥續集》卷之一〈敘徐文卿先生集〉，頁648。

經翻檢《九籥集》文集，楙澄使用「○○日」的類型共有「君子曰」、「論曰」、「宋生曰」、「宋致柔曰」、「宋幼清曰」、「宋懋澄曰」、「野史氏曰」、「外史氏曰」、「廢人曰」等九種。〔註 67〕「君子曰」承襲自《左傳》，「論曰」襲自《後漢書》，「野史氏曰」與「語曰」並用，源自《史記》之「太史公曰」與「語曰」並用，〔註 68〕「外史氏曰」襲自《史記》之「太史公曰」，其餘「宋生曰」、「宋幼清曰」、「宋懋澄曰」均與「太史公曰」性質類似，用以稱述自己的評論，至於「宋致柔曰」，推測亦稱述自己的評論。至於「廢人曰」則引用好友錢簡棲的言論，其論述立場應與一己吻合，以故於篇末置入，實際上等同於個人評論。綜合觀之，楙澄引「○○日」以師心自論，主要承繼史傳的表現形式，保留史傳的遺形，另外亦受到時風的影響，將一般引用本姓的自我評述（如陳繼儒「陳子曰」），擴張爲引個人姓名字號等自爲評論，大膽的作風與精闢的論述，表現出個人獨特的寫作特質。

二、文章風格

文章風格的形成，與個人及環境的因素息息相關。個人的因素包括作者的個性、成長歷程、學習經驗、個人閱歷、寫作時的心境與態度等；環境的因素包括所屬群體、所在地域，以及所處時代的政治影響力、社會安危、時代思潮與風尚等，都直接或間接影響文人的創作。所謂「文如其人」，劉勰《文心雕龍・體性篇》有論：

> 夫情動而言形，理發而文見，蓋沿隱以至顯，因內而符外者也。然才有庸儁，氣有剛柔，學有淺深，習有雅鄭，並情性所鑠，陶染所凝，是以筆區雲譎，文苑波詭者矣。故辭理庸儁，莫能翻其才；風

〔註 67〕各類型評論的出處，「君子曰」見〈貍說下〉；「論曰」見〈東師野記〉、〈西師記略〉、〈江陵張相公論一〉、〈宋氏君求傳〉、〈曾王父西莊公外傳〉、〈叔父安遠令憲卿君本傳〉、〈顧思之傳〉、〈袁微之傳〉、〈周孺人傳〉；「宋生曰」見〈吳中孝子〉；「宋致柔曰」見〈耿三郎〉；「宋幼清曰」見〈讀書臺記〉、〈遊燕北　祖陵記〉、〈盛重之傳〉、〈負情儂傳〉；「宋懋澄曰」見〈尹孺人傳〉、〈葛道人傳〉；「野史氏曰」見〈東師野記〉、〈西師記略〉；「外史氏曰」見〈贈昭勇將軍桃溪吳公暨朱淑人傳〉；「廢人曰」見〈珠衫〉。

〔註 68〕〔漢〕司馬遷撰，〔南朝宋〕裴駰集解，〔唐〕司馬貞索隱，〔唐〕張守節正義：《史記》（臺北：藝文印書館，民國 44 年 6 月，初版），以卷七十八〈春申君〉爲例：太史公曰：「初春申君之説秦昭王，及出身遣太子歸，何其智之明也！後制於李園，旄矣！語曰：『當斷不斷，反受其亂，春申君失朱英之謂邪？』」頁 966。

趣剛柔，寧或改其氣；事義淺深，未聞乖其學；體式雅鄭，鮮有反其習；各師成心，其異如面。〔註69〕

文章產生的過程是有感於情，發抒於理，錄之成文，但創作者個人的才華、稟氣、學養、習尚與情性，都會影響文章的風格。而宋楙澄《九籥集》文編的表現或評價，主要在於具有「奇矯雄特」的文章風格。

奇矯雄特，是指奇特矯健，不主故常，卓越出群，非常情可測。而「奇矯雄特」便是方志對宋楙澄詩文的評價。《〔崇禎〕松江府志》嘗評云：

所爲詩文，奇矯雄特，無俗子韻。〔註70〕

評論楙澄詩文，雄奇不俗。其後，嘉慶《松江府志》亦評之曰：

詩文奇矯俊拔，尤工尺牘及稗官家言。〔註71〕

奇矯雄特與奇矯俊拔的意義相同，都具有卓犖超群的非凡神態。而李維楨〈九籥集序〉亦云：

金莖百尺，仙掌銅盤，流瀣中天，清寒獨矯，幼清所結撰，足當此評矣。〔註72〕

指楙澄有仙才，其詩文清朗俊拔。而楙澄之所以贏得李維楨及方志如此評價，原因主要在於他爲宰相張居正辯白所作的〈江陵論〉三首，有特出之姿。馮時可在〈宋貢士堯俞小傳〉中，便具體地剖析楙澄其人、其行、其詩文的奇矯雄特之處。

公沒數年，幼子尚新方弱冠，以詩文著。尚新詩詞洒然，無俗韻。其文甚奇，翩翩驊騮，曾爲〈相公論〉三首，以白江陵動，而洗其瑕。其持論有故，非漫語。嗟乎！一江陵也，父抗于天下所競趨，子白於天下所共誹，皆蹇蹇諤諤，自爲肝腸齒頰，奇士哉！……尚新當相公之高臺傾而曲池平也，爲論原之曰：「余以媿夫箠死虎而啖困龍者。」夫男子七尺，不自樹而偕人樹哉！其論亦峭拔可喜。二生余郡人，彼佞夫者，何以戴面目見之，而誇黃金高北斗也？〔註73〕

從楙澄自發性地爲宰相辯白一事，驗證楙澄其人、其行、其文三個向度的形

〔註69〕〔南朝梁〕劉勰撰，〔清〕叔琳注，〔清〕紀昀評：《文心雕龍》卷六〈體性第二十七〉，頁162。

〔註70〕《〔崇禎〕松江府志》卷四十二〈宋懋澄〉，頁1104。

〔註71〕嘉慶《松江府志》卷五十五〈宋懋澄〉，頁1230。

〔註72〕《九籥集》卷首，〔明〕李維楨撰〈九籥集序〉，頁379。

〔註73〕〔明〕馮時可撰：《馮元成選集》卷五十〈宋貢士堯俞小傳〉，頁56。

象。其人格特質是仗義持節，爲一奇士；其行爲是依義而行，正氣凜然，不人云亦云，不落井下石；其文則持論有故，嶙拔可喜。因是，《〔崇禎〕松江府志》才有如下的記載：

> 生平遇事剛決，不喜隨人步趨，氣更英上。先是父堯俞以孝廉議江陵不守制，發萬言書。江陵既沒，爲人所共誹，懋澄乃作〈相公論〉三首，以白其勳，詞甚有故，非漫語也。〔註 74〕

楙澄不畏世俗的眼光，獨排眾議，守護義理，捨我其誰？爲了還給宰相一個應有的地位與適當的評價，雖然只是一介布衣，仍一而再，再而三地發以議論，企圖力挽狂瀾。這種維護正義的使命感，使其文章充滿著一股雄渾奇特的氣勢。茲以其〈江陵張相公論一〉及〈江陵論二〉的文本來驗證。

> 論曰：「叔向之功在言，相國之德在民。」……一曰，○穆宗之政寬，相國繩繩群吏，敬六官，習京師，肅侍臣，斂四方，安小大，無譁整……二曰，法必重，重赦無倖，……三曰，赦不妄，大眚疚獄，其害毒民，其怨歸上，頻赦則囹圄，……四曰，官無橫議，世無作巧，……五曰，減驛傳，簡庠校，妻妾十數，侍從百人，輜重眾多，擾我小民，……六曰，禁貸于京，用人惟賢，……七曰，誅食稅，艱矣，……八曰，辟墨吏，國家之天，而津而涎，夫子爲政廉則陟先。（〈江陵張相公論一〉）〔註 75〕

> 或曰：「相國置死黨于重地，內結中寺，一朝舉事，四海晏如。」則愚矣相國矣。相國不軌，宜繕修王莽故事，而市德兆民則可疑也，乃相國之爲政過嚴矣。雖疑其結馮中貴以傾中外，而中貴收日，不具反刑，吾知其憚相國威名而祈卵翼耳，……桓公好紫，國人亦好紫，敗紫也，而易十素，……明日大夫朝，公曰：「大夫勿前，寡人惡紫臭。」十日而紫絕於逵。以此觀之，相國紫也。嗟乎！不幼以長，不寬以猛，無乃非計也乎。生避不韙，死獲重讟，其驂乘之傷心，近侍之中傷乎！（〈江陵論二〉）〔註 76〕

兩篇〈江陵論〉均掌握住宰相施德於民的論點，不管是在嚴政、重法、不妄赦、官無橫議、減驛傳、禁貸、誅食稅（按：廢除以百姓繳納的租稅爲官員

〔註 74〕《〔崇禎〕松江府志》卷四十二〈宋懋澄〉，頁 1104。

〔註 75〕《九籥前集》卷之三〈江陵張相公論一〉，頁 399～400。

〔註 76〕《九籥前集》卷之三〈江陵論二〉，頁 400。

薪俸的制度)、辟墨吏各方面的作法，均以安民爲出發點，雖然施政不免失之過嚴，用人未免失當，方法未免過激，但以民爲本，以德爲治的初衷是不變的。通篇可看出楙澄處處爲宰相據理力爭的信念，而捍衛眞理的行爲，並非爲一己之私，亦非利益所趨，下筆的動機澄澈淨明，便塑造出此二論奇矯雄特的雄偉氣勢。

除了二篇〈江陵論〉之外，〈上羅大宗伯暨　左右宗伯書〉亦是一篇氣勢雄偉的大作，皇長子及皇次子出閣講學禮次並均無差等事，爲萬曆二十二年(1594年)的朝中大事。此舉引發軒然大波，朝野爲建儲事議論紛紛。楙澄恰遊北京，躬逢其盛，憑著一股對國家社稷的關心，熱血沸騰地上書禮部尙書羅萬化，令羅尙書驚異嘆奇不已。本文文眼爲「啓疑」二字，不知孰帝孰王，啓臣庶之疑；不知孰先孰後，啓宮中之疑；不知重此輕彼，啓皇長子之疑；不知等威之素別，啓皇次子之疑。一旦眾疑起，則變故陡生。因此，楙澄極言要穩定民心，必須定尊卑，尊卑以禮次輕重之差等來分辨，禮次輕重有差等，便可安定民心。所以，欲解眾人疑竇，便從出閣講學時禮次之輕重著手，如此可以解臣庶宮中徼倖之疑，可以解皇長子芒刺之疑，更可以解皇次子覬覦之疑，則皇上天心得白，上下群疑得釋，皇長子及皇次子地位得明，便可消除禍患於無形。本篇最大特色，在於楙澄不斷以疑問句層層進逼，凸顯問題的嚴重性，再以相應之對策，步步解答，並歸納出以禮次之差等來消弭禍患之結論。論述層次分明，首尾呼應，條理清晰，節奏明快，辭達理舉，氣勢磅礴，是一篇精彩絕倫的論說文，用此篇來呼應奇矯雄特的風格，再妥適不過。

除了對政事的建言外，楙澄論辨性的部分作品，議論精彩，不拘泥於舊說，而有獨到的見解。如〈千金報漂母論〉，韓信早年貧賤，幸獲漂母分食，得以倖存。韓信助漢高祖取得天下受封爲齊王、楚王後，曾召見漂母，賜予千金，世人認爲韓信能知恩圖報。而楙澄卻不以爲然，他認爲韓信之所以不能永保楚王之位，受漢高祖猜疑而降封淮陰侯，甚至被呂后所殺，追根究底是他薄報漂母所致。漂母進飯數十日，讓韓信的性命得以存續，才有日後的封王，漂母沒有進飯，就沒有韓信，因此漂母進飯的邊際效用等同於韓信的王位，而韓信竟只以千金回報。就楙澄的觀點，韓信應尊奉漂母爲夫人君國之號，再加封其夫壻及兒子，將封地與漂母分享共榮，如何只是酬以千金，和給韓信胯下之辱的惡少年同賞？施怨與受恩同酬，則傷天下施德者之心，宵小爭相辱沒韓信以博名，於是韓信的性命至此不保。

又如〈一日受金牌十二論〉，評論岳飛之所以戰敗的眞正原因，不在於宋高宗的怯懦，亦不在於奸臣秦檜的狡詐矯詔，而是在於岳飛個人不善用人所致。他的麾下只有王貴、牛皋等戰將而無謀士，如有謀士主戰，或許便可直搗黃龍，即使岳飛被召回，也不至於軍心渙散，終因失士而慘敗。

再如〈侯生救趙論〉，論述侯生協助信陵君救趙的故事。他一改前人認爲侯生獻計救趙後，自刎而死，目的是爲了報答信陵君厚待賢士的知遇之恩的說法，重新提出不同的觀點。他認爲趙、魏是禍福與共，唇齒相依的二國，侯生救趙，是爲了保存魏國，亦即報魏，而非單純地僅報答信陵君一人。侯生的義舉，可以延魏存趙，甚至可以安周室安天下，其用心良苦。同時，更以侯生爲例，指出人人應以安定天下，造福蒼生爲己任，如不能澤民利世，狹隘地只爲一酬知己之恩，激於義氣而妄死輕生，那不過是逞匹夫之勇，不足道也。

《九籥集》中類似的精闢議論很多，在在凸顯出楙澄嗜古而不泥於古的特質，而其與眾不同的獨到見解，又一點一滴凝聚出奇矯雄特的氣勢。難怪譚元春閱讀楙澄的《九籥集》後，便作〈從俞羨長讀宋幼清《九籥集》，宋復以長歌見贈〉一詩，顯然得到很大的震撼。

> 俞君示我集九籥，恍從地底見巒嶽。江南骨體傷秀媚，此君出語何淵博。書等于身文充屋，把君半帙見君腹。寥寥晨星不幾人，相與撐支若一木。〔註77〕

譚元春讀《九籥集》後的感觸是楙澄學識的淵博，如同高山大嶽；滿腹的經綸，世間罕有，若非楙澄爲文奇矯雄特，如何可當此評價？而譚元春又是竟陵派的代表人物，以其在文壇的聲望與地位，尚能給予宋楙澄如此評價，顯見宋氏的詩文不俗。

經由上述三種寫作技巧的分析，我們可以進一步瞭解宋楙澄在寫作時是取材於現實，於夢寐中印證，並以史傳與古文筆法描寫生活中的聞見感受，

〔註77〕〔明〕譚元春撰：《譚友夏合集》（上海：上海雜誌出版社，民國 24 年），卷之十八，《嶽歸堂已刻詩選》，〈從俞羨長讀宋幼清《九籥集》，宋復以長歌見贈〉，頁 297。俞安期，初名策，字公臨，後改名安期，並改字羨長，吳江（今江蘇吳江市）人，徙陽羨（今江蘇宜興縣），老于金陵。編有《唐類函》、《詩雋類函》、《啓雋類函》、《翏翏集》等書。〔清〕錢謙益撰：《列朝詩集小傳》（臺北：明文書局，民國 80 年元月，《明代傳記叢刊》本），丁集下，〈俞山人安期〉有小傳，頁 670。

使文章呈現奇矯雄特的特殊風格。

第四節　機巧得趣——論宋楙澄散文小品

「小品」濫觴於晚明，標示著明朝萬曆以後整體文學趣味與文人關注焦點的變遷，也是明代文學的一大特色。唐顯悅〈文娛序〉引鄭超宗（元勳）之言曰：「小品一派，盛於昭代，幅短而神遙，墨希而旨永。」〔註78〕用極短的篇幅，簡要的文字，卻可投射出深遠的意境與雋永的旨趣。因此在這波對小品興味的追求的耳濡目染之下，宋楙澄亦投身於小品寫作，他慣用尺牘的形式，在與親朋好友的書信往返之中，以一篇篇的小品交換著生活的心得，傳遞著悠然的趣味，分享著風雅的情調，其中亦不乏佳作，甚至可說，楙澄的尺牘小品，是其第二代表作品，特立專節論述。

一、宋楙澄散文小品的表現

晚明小品的創作熱潮，可溯自明神宗萬曆初年以迄明亡，前後約六十年，此一熱潮的前四十餘年，與楙澄生存的年代相合，他恰好搭上晚明小品熱潮的這班列車，身為小品創作文人中的一員，雖然其成績不如李贄、公安三袁、鍾惺、譚元春、屠隆、湯顯祖、江盈科、陳繼儒等人一般顯赫，但其小品的成就仍不容忽視。誠如嘉慶《松江府志》對宋楙澄的評價：「詩文奇矯俊拔，尤工尺牘及稗官家言。」《松江府志》將楙澄的尺牘與稗官小說並列，顯然除稗官小說之外，楙澄的「尺牘」亦為人所稱道。而楙澄尺牘的成就，亦可從吳偉業所選編的《九籥別集》中一窺究竟。如前所述，《九籥別集》所選乃《九籥集》之精選集，四卷之中，卷之二至卷之四皆為稗編，卷之一則僅選錄「赤牘」一類。首先，《九籥別集》四卷僅收赤牘及稗編二類，與《松江府志》對楙澄的評價趨於一致。其次，《九籥別集》卷之一「赤牘」所選篇章，均來自《九籥前集》卷之十「赤牘」，在一百三十二篇書信中便收錄了一百一十四篇，收錄的比例占百分之八十六以上，以此推敲楙澄的赤牘確實篇篇精彩。晚明文人中，袁宏道、鍾惺、陳仁錫、陳繼儒與宋楙澄等人均精於尺牘，鍾惺的《如面談》、陳仁錫的《尺牘奇賞》、陳繼儒的《尺牘雙魚》都是有名的尺牘

〔註78〕〔明〕唐顯悅撰〈文娛序〉，見〔明〕鄭元勳輯：《媚幽閣文娛》（北京：北京出版社，2000年1月，《四庫禁燬書叢刊》本），頁6；又見朱劍心輯：《晚明小品選注》（台北：臺灣商務印書館，1969年11月，台一版），頁68。

選本，而宋楙澄的尺牘並未獨立成書，而是作爲其作品集《九籥集・九籥前集》文集中的「赤牘」一類，這也表現出宋楙澄與眾不同之處。

當然，尺牘僅是晚明小品眾多體裁中的一類，且楙澄的小品創作亦不止「赤牘」一類，楙澄的序類、跋類、記類、傳類、論說類、疏、祭文、雜文、誌銘誄、書類、贊類等均有優秀的散文小品存在。但相較之下，「尺牘」的表現仍爲箇中翹楚，因此在剖析楙澄的散文小品時，便以其「赤牘」類作品爲主，並旁及其他類別的優秀作品。

在楙澄的小品中，不乏清新雋永的作品，且由於具有小巧玲瓏、表露個性、流露天趣、機峰側出等特質，因此特別耐人尋味。

（一）小巧玲瓏

「尚小」本即晚明文壇的風氣，尤其是「小品」，不僅名稱帶有「小」字，其篇幅亦以小爲尚。雖說體制的長短，並非品評小品的客觀指標，但小品重視的是以小喻大的精神，以此對照《九籥集》的赤牘來看，楙澄確將小品小巧玲瓏，短小精練的特質發揮到淋漓盡致。誠如趙樹功先生在《中國尺牘文學史》中所言：「宋懋澄尺牘最突出的特點，就是短小，短得比魏晉書家雜帖還要精練，其用字已非惜墨如金可喻，常常是三言兩語即止，有的一言一語就告結束，如〈與鍾離五〉……不算標點，僅僅 10 個字。」〔註 79〕經查楙澄《九籥集》之赤牘類，字數最少的僅十個字〔註 80〕，計有四篇：

吾畏見風波，由胸中無此。（〈與皇甫七〉）

月之雌伏，如禹期之懷隱。（〈與鍾離五〉）

人畜役於思，草木役於時。（〈與叚二〉）

仁義禮智信，終非止足處。（〈與喬九〉）〔註 81〕

〔註 79〕趙樹功著：《中國尺牘文學史》（石家莊市：河北人民出版社，1999 年 11 月），「第六章 輝煌的時期（下）」，〈宋懋澄：模晉帖體制 作性靈文章〉，頁 430。

〔註 80〕歐明俊撰：〈論晚明人的"小品"觀〉，《文學遺產》1999 年第 5 期，頁 71。他認爲「宋懋澄《九籥集》中的尺牘都很短小，字數最少的僅有八個字，眞是短小至極。」此說短小是事實，但字數最少八字卻有誤。因其以《九籥別集》所選赤牘爲基準，其中〈與徐大・又昔陸文裕常疏 請之矣〉一篇雖僅八字，但查閱《九籥集・九籥前集》之原始出處，該篇卻有十八字，原因在於吳偉業所選之《九籥別集》已將原文稍作刪節，故仍應回歸宋楙澄《九籥集》的原作分析，較爲接近事實。

〔註 81〕前引四篇見《九籥前集》卷之十〈與皇甫七〉、〈與鍾離五〉、〈與叚二〉、〈與短短十個字，已將直抒胸臆，感慨抒懷的情致表現出來，不用冗言贅語，不需腴辭麗句，用簡單的雙關語、譬喻法與排比法，便坐收文字短小精練，意境淡雅簡遠之效，可以譬美格言，卻又少了格言硬梆梆的教條味，同時增加小巧玲瓏的韻致。所謂小巧玲瓏，即指其具有如珍玩一般可以再三把玩的效果，尤其是〈與皇甫七〉一篇，李延昰著《南吳舊話錄》將之收錄在卷十九「曠達」〔註 82〕一類，此舉已爲本篇下了最妥適的註腳。

茲將《九籥集・九籥前集》「赤牘」類之一百三十二篇當中各篇字數做一統計，並製表如下：

《九籥前集》「赤牘」類作品字數統計表

字數	篇　　名	篇數	比重
1～10	〈與皇甫七〉、〈與鍾離五〉、〈與叚二〉、〈與喬九〉	4	3.0%
11～20	〈與白二〉、〈與焦三〉、〈與王大〉、〈與晁領軍〉、〈與鄭二〉、〈與朱二〉、〈與王五〉、〈與姚九〉、〈與月上人〉、〈與錢大〉、〈議呂不韋〉、〈與楊三〉、〈與酒人〉、〈與天上人〉、〈與顧八〉、〈與周大陸三和藍進士邊庭四時歌〉、〈與昌一〉、〈與家二兄〉、〈與于二・又〉、〈與井大〉、〈與李一〉、〈戲僧無垢〉、〈與衛四〉、〈與程七〉、〈與陳六〉、〈與沈二〉、〈與勞二〉、〈與龐千里〉、〈與伍八〉、〈與趙五〉、〈與唐七〉、〈與焦三〉、〈與璩三〉、〈與徐大・又昔陸文裕常疏　請之矣〉、〈與祝五〉、〈與諸七〉、〈與吳大〉、〈示家中〉、〈與權五〉、〈與商七〉、〈與溫二〉、〈與樊一〉、〈與戈五〉、〈與艾七〉	44	33.3%
21～30	〈少年筆〉、〈戲擬與漢庶人〉、〈戲擬官人作書〉、〈與周五〉、〈與劉二〉、〈與從兄〉、〈與印二〉、〈與樂二〉、〈簡周先生〉、〈戲黑三〉、〈與楊大〉、〈與黃四〉、〈與洪二〉、〈與卜十〉、〈與周八〉、〈與楊三〉、〈與朱大〉、〈與陸三〉、〈與周大陸三和藍進士邊庭四時歌・其二〉、〈擬連珠〉、〈與吳大〉、〈戲陸三〉、〈與元七〉、〈示　家二兄〉、〈與屠二〉、〈與戚五〉、〈與于二〉、〈與于二・又〉、〈與沈一〉、〈與鄒九〉、〈與劉大劉二〉、〈與米三〉、〈與艾一〉、〈與田二〉、〈與仲二・又〉、〈與陸二〉、〈與胥十九〉	37	28.0%
31～40	〈與藍痴〉、〈答蔣孝廉勸禁酒〉、〈簡袁先生〉、〈與孟大〉、〈與趙八〉、〈餉陸三黃雀牛乳及魚豚〉、〈戲從兄〉、〈與仲一〉、〈與陳二〉、〈與趙二〉、〈與來一〉、〈與仲二・又〉、〈與鹿三〉、〈與薊一〉、〈與荀二〉	15	11.4%

喬九〉，頁 422、424、426、427。

〔註 82〕西園老人口授，〔清〕李延昰著，〔清〕蔣烈編：《南吳舊話錄》，卷十九，〈曠達〉，頁 877。

41～50	〈夢中與黔國〉、〈與王先生〉、〈與乜二〉、〈與楊三・其二〉、〈與姜大〉、〈陸三爲我問此生於布袋和尙〉、〈與申二〉、〈與徐大〉、〈與徐大・又〉、〈與酒八〉、〈與麻二〉、〈與程一〉、〈與仲二〉、〈與金龍四大王乞便帆〉、〈與吳二〉、〈恐顧二不來會葬〉、〈與甄三〉、〈與白大〉	18	13.6%
51～60	〈與顧二〉、〈與周二〉、〈與藺二〉	3	2.3%
61～70	〈與張大〉、〈與蔣六〉	2	1.5%
71～80	〈問從凡瘧兼送新文〉、〈與褚二〉、〈與韓二〉、〈與曹大〉	4	3.0%
81～90	〈與從兄〉、〈與方五〉	2	1.5%
91～100	〈與范大〉	1	0.8%
121～130	〈謝大王允風書〉	1	0.8%
181～190	〈報陸三〉	1	0.8%
合　計		132	100%

從上表可知使用文字在二十（含）個字以下的作品，計有四十八篇，占全部赤牘的百分之三十六點三，其比例已超過三分之一；字數在三十（含）以下的作品，占百分之六十四點三，將近三分之二；字數在十一至三十之間的作品數量最多，占百分之六十一點三；而五十一（含）個字以上的作品，僅占百分之十點七，最長的一篇〈報陸三〉，亦僅一百九十字，且既然用字少，必然精練，足見梯澄所作赤牘，確實具有小巧玲瓏、短小精練的特質，也掌握小品以小喻大的精神。

（二）表露個性

晚明一向被視爲是一個反傳統，思想解放，個人主義盛行的時代，而自我的主張，在晚明文化界不斷滋蔓發酵的結果，是文人在自我暴露、自我解嘲、不諱己短、盡露眞我、思想寫眞各方面，得到可以盡情揮灑的空間。可以說，晚明是一個眞情指數高張的時代。而梯澄身處這樣的大環境，對創作而言是一種溫床，可以有更自由開放的態度與心情來創作。以下就其赤牘所表露出的個性，來加以闡述。

> 吾於死生已竟其妄，但願一作馬伏波，擁綠珠輩十數人，入地獄足矣。（〈少年筆〉）
>
> 自去年已來，萬事了不動心，惟見美人，不能無嘆。（〈與昌一〉）
>
> 子建如河朔少年，風流自賞，豈必文情，爲人亦當乃爾。（〈與田二〉）

我於女子不能忘情，亦不能久癖，譬如黃鳥，山中逢鮮花蔭木，輒棁羽施聲，須臾便翻然數嶺，心境兩忘，得大舜被裸之意。(〈與白大〉)〔註83〕

馬伏波爲東漢時拜伏波將軍，平交趾的馬援，曾出「老當益壯」〔註84〕之語。綠珠則爲晉代石崇的愛妾，美豔絕倫，善吹笛。上開四尺牘，可謂眞情流露，直抒胸臆，毫不掩飾一己的豪情壯志，以及對美人的傾心。更以曹子建的風流倜儻爲學習目標，認爲有爲者亦若是。這樣露骨的多情之語，是追隨性靈派文人重情之論的表現，也爲小品注入無窮的活力，使得它呈現出與前代小品截然不同的精神內蘊。

呂公是我鴈行，末年亦復不屑。(〈議呂不韋〉)

士恨不生戰國，當斮張儀而咤魯連。(〈與唐七〉)〔註85〕

呂不韋、張儀及魯仲連均爲戰國時代的重要人物，楙澄熟稔戰國時代的歷史，他推崇呂不韋的智謀，但對於其晚年的失德行爲，贈以「不屑」二字，這樣直截傳達內心意旨的情緒性字眼出現在其赤牘小品之中，凸顯出他毫不矯情做作的個性。至於砍殺張儀，叱責魯仲達，亦顯示出他對戰國時代政治的立場，及對歷史人物的評價，短短數語，即可感受到楙澄豪氣干雲的性格。

鷙鳥當秋，臨風整翮，飽禽肉而高颺，頓洗羈紲之辱，何爲復受人招？(〈與戚五〉)

少苦羈紲，得志，但願畜馬萬頭，都缺啣轡。(〈與樊一〉)〔註86〕

鷙鳥是指猛禽，不論是猛禽或是千里馬，都暗指自己，身爲猛禽就應高颺遠引，身爲千里馬就應縱情奔馳，而不應受人豢養或以韁繩控制。貼切的比喻，凝聚出楙澄桀驁不馴的氣勢與特質。特別是〈與樊一〉一篇，李延昰著《南吳舊話錄》將之收錄在卷二十二「豪邁」〔註87〕一類，恰恰說明楙澄豪邁不

〔註83〕前引四篇見《九籥前集》卷之十〈少年筆〉、〈與昌一〉、〈與田二〉、〈與白大〉，頁420、423、428、430。

〔註84〕〔南朝宋〕范曄撰，〔唐〕李賢注，〔清〕王先謙集解：《後漢書》(臺北：藝文印書館，民國44年6月，初版)，卷五十四，〈馬援列傳第十四〉所載馬援之語：「丈夫爲志，窮當益堅，老當益壯。」頁502。

〔註85〕前引二篇見《九籥前集》卷之十〈議呂不韋〉及〈與唐七〉，頁422、426。

〔註86〕《九籥前集》卷之十〈與戚五〉及〈與樊一〉，頁425、430。

〔註87〕西園老人口授，〔清〕李延昰著，〔清〕蔣烈編：《南吳舊話錄》，卷二十二，〈豪邁〉，頁985。

羈的特質。

仁義禮智信，終非止足處。(〈與喬九〉)

平生病在不養、不學、不大、不遠、不深、不達、不慮、不忍。(〈與趙五〉) 〔註88〕

仁義禮智信，是傳統儒家所重視的德性五常之道，但楙澄毫不掩飾地自剖，表明這不是他可以自此安守的本分而再無覬求的人生目標，一方面盡現眞我，另一方面則大膽地挑戰傳統思想，毫無懼色。甚至，楙澄更自我批判，評論自己此生最大的毛病，就是不持養、不學習、不大器、不致遠、不精深、不通達、不深慮、不堅忍等等，直言不諱，自暴其短，除表露個性之外，尚有自省的意味。

世人見尋驚尋，見尺驚尺，他日見我，良應魂消。(〈與焦三〉) 〔註89〕

古代八尺爲一尋，本篇揭露世人遇事大驚小怪，缺乏自信，在言談之中，頗有孤芳自賞的傲氣。

從表露個性的赤牘作品中，可以瞭解作者的性格取向，雖然經過四百年，再來看這些作品，仍可以貼近作者的內心世界。

（三）天趣盎然

妙趣橫生，天趣盎然是晚明小品的重要元素，而這樣的元素，直接促成晚明小品生動活潑，雋永有味的一股韻致。在楙澄的赤牘作品中亦不乏此類值得反覆吟咏的趣味性小品存在，如〈與藍痴〉：

丈夫遇世不平，片時隻語，轉禍成福，如作傳奇，一過便了，使經年動氣，便令元亮促眉。〔註90〕

大丈夫不平則鳴，往往按捺不住情緒而動怒，以致禍從口出，如能像寫傳奇小說一般訴諸文字，透過巧妙的安排，一變隨即可海闊天空，轉危爲安。楙澄勸人不動氣，用傳奇來比喻，看似不相關，卻透過神奇的聯想力，讓二者產生合理的交會，有一種令人驚艷的趣味存在。又如〈答蔣孝廉勸禁酒〉：

生於此中，頗稱耐久，燈下相親，恩同姬妾，便致媾嫌，不若處仲

〔註88〕前引二篇見《九籥前集》卷之十〈與喬九〉及〈與趙五〉，頁427、426。

〔註89〕《九籥前集》卷之十〈與焦三〉，頁426。

〔註90〕《九籥前集》卷之十〈與藍痴〉，頁420。

後房，一時驅盡也。〔註91〕

身為飲君子，視酒如姬妾，愛之如命，即使生厭，揮之即去，一副雅痞模樣，卻成功地塑造出一個無賴酒徒的形象，有一種坦率不造作的真趣。再如〈示　家二兒〉：

吾妻經、妾史、奴稗，而客二氏者二年矣，然侍我於枕席者，文賦外宅兒也。〔註92〕

以妻喻經，以妾喻史，以奴喻稗，以客喻釋老，以文與賦喻妾婦所生之子，通篇旨在說明個人因鍾愛文賦而成為床頭書。文中所引用的比喻，妙趣橫生，又恰如其分地表明各類文體在楙澄心目中的地位，有股清新雋永的韻味。再如〈與仲一〉：

年來神散，讀過便忘，然必欲貯之腹中，猶含美饌於兩頰，而不忍下咽，我之於書，味之而已。〔註93〕

唐韓愈曾作〈雜詩〉云：「古史散左右，詩書置後前。豈殊蠹書蟲，生死文字閒。」〔註94〕他以「蠹書蟲」自喻，公開揭示對書的沈迷。宋代陸游所作〈示兒〉詩則云：「人生百病有已時，獨有書癖不可醫。」〔註95〕他愛書成癖，不可救藥。至於宋楙澄，則視書為人間美饌，味書入迷，儼然成為嗜書的美食家。其中流露的趣味，不言可喻。再如〈與陳二〉：

病者小人所苦，而君子之幸，人若未死，惟病可以寡欲，某不患無得，惟恐病不嘗來。〔註96〕

楙澄不為病所苦，反而認為是「君子之幸」。他能夠不深陷於生病的苦痛之中無法自拔，反而參透死生，從中找到轉換心境的方法，自得其樂，若非內心達觀自由，如何得此趣味？至於〈戲僧無垢〉：

和尚不須梳鏡，未免壞卻剃刀。〔註97〕

短短十二字，卻將好友調侃一番。因為小品是文人述寫的雅事，一切以雅意

〔註91〕《九籥前集》卷之十〈答蔣孝廉勸禁酒〉，頁420。

〔註92〕《九籥前集》卷之十〈示　家二兒〉，頁424。

〔註93〕《九籥前集》卷之十〈與仲一〉，頁424。

〔註94〕〔唐〕韓愈撰，屈守元，常思春主編：《韓愈全集校注》（成都：四川大學出版社，1996年7月），貞元十一年，〈雜詩〉，頁25。

〔註95〕〔宋〕陸游撰：《陸放翁全集》（臺北：中華書局，1965年，《四部備要》本），《劍南詩稿》卷之二十二〈示兒〉，頁8。

〔註96〕《九籥前集》卷之十〈與陳二〉，頁425。

〔註97〕《九籥前集》卷之十〈戲僧無垢〉，頁425。

爲宗旨，即使滑稽詼諧，也要具有雅趣，因此被稱爲「雅謔」。這類作品，格外顯得天趣盎然。

除尺牘外，楙澄的序亦不乏充滿天趣之作。如爲好友所作的〈眉如草序〉：

> 適讀邵潛夫詩，號眉如，……因眉思隱，因隱思人。吾友有陳眉公者，其隱世人知之，……余與眉公、眉如皆有隱心，而隱之跡不同，設吾亦號爲眉，是有三眉矣。……試號幼清之眉曰眉公，曰眉如，是吾時與兩君爲一體也，有時列眉公于左，而眉如于右，有時列眉公于右，而眉如于左，是兩眉如賓，賓有禮，而我擇之也。是吾以兩眉客兩君也，是以兩公榮吾眉也。吾戴兩公于眉，閒以遊五嶽歷三山，而三山五嶽盡在吾眉睫之間。吾死而吾兩眉不死，以有兩君在也。即兩君一旦捐賓客，而吾眉依然不死，何也？以兩君之文章在宇宙也，列三眉而成鼎足，其準提之目乎？〔註98〕

楙澄二位友人邵潛夫（號眉如）與陳繼儒（號眉公），因其字號均有「眉」字，於是俏皮地以二君之號，名一己之眉，與楙澄三人相得益彰，實體的眉與虛體的眉，彷彿融爲一體，可以共遊五嶽三山，而三山五嶽的風情，亦可盡收於眉睫間，復因二君文章長在，精神不死，而楙澄之眉便得永生。通篇充滿慧黠狎玩的雅趣，讀畢不禁令人拍案叫絕。再以〈醉香庵記〉爲例：

> 今黃宮詹之以醉香名菴也，醉佛耶？醉人耶？香醉佛耶？佛醉香耶？亦佛以香醉人耶？人以佛醉香耶？抑佛與人俱醉於香耶？俱香而醉耶？如以爲香能醉佛，則象教之佛有鼻而不能嗅香，無奈佛也，且有舌而不能咋，佛不能藉香以醉也，香不能醉佛，而能醉人乎？……曰醒之，既醒矣又何加焉？曰醉之，佛與人皆醉歟？醉則佛人俱香歟？宮詹與京豈有醒時歟？醒時其不香歟？愁不香而醉之歟？愁不醉而香之歟？其分香以醉我幼清歟？幼清其香而醒佛歟？更分醉以香，無始未來之形影歟？回顧而問之京，二十三年之中，醉歟？醒歟？醉醒者半歟？醉多於醒歟？醒多於醉歟？因香而醉者歟？亦醉者之非香歟？吾爲香而不期子之醉，吾已醉而不知子爲之香，京曰：「吁！」〔註99〕

以庵名之「醉」與「香」二字，配合「人」、「佛」與「香」三者，「醒」與「醉」

〔註98〕《九籥續集》卷之一〈眉如草序〉，頁647。

〔註99〕《九籥續集》卷之二〈醉香庵記〉，頁663。

二態，交叉比對，排列組合，變化出無限多種彼此交會，相互影響的可能，彷彿玩弄文字於股掌之間，激盪出一種類似迴文迴還往復，卻又無不成義的特殊趣味。通篇最大的特色，在於使用大量的疑問句，但重要的不是答案，而是刺激腦部的思考，以及對於文字極限的一種實驗或挑戰。有趣的是，楙澄在篇末自言「吾已醉」，但讀者卻在讀完之前已先楙澄而醉了。

天趣的流露，是一種生活美學，也是一種精神文明，其表現務求自然，在不經意處揮灑出來。而楙澄的小品作品，是從日常生活中體驗，表現出屬於眞我的天趣。

（四）禪悅自得

晚明文人由於對腐化的政治現實無力回天，失望透頂，於是反求諸己，在思維或觀念上逃避出世，形成文人向老莊或禪悅靠攏的趨勢。楙澄身處晚明這樣的時代，面對仕途不順，屢試不售，加以多病之身，無後之憂，長期在逆境中飄蕩，便自然而然衍生出攀住佛老思想作爲屛障的意念，以尋求現實以外的一種精神自主之道。因此經常在閒暇之餘，感受禪悅，透過思想的超脫，迂迴抒懷，心通淨土，得到心靈上的自由，安撫不安定的靈魂。而禪悅的發生，恰與小品「求之不必得」，「不求可自得」的特質不謀而合，因此楙澄的部分尺牘中，透露出一股「生活禪」的味道，亦保留不少禪悅自適的作品，尤其在了悟業障、識破妄念、超脫物外、參透死生以及避世思想方面，有較深的體悟。譬如：

> 貧賤少業而多苦，富貴少苦而多業，能無苦以絕業，外境任之而已。（〈與楊大〉）〔註100〕

楙澄認爲不論貧賤或富貴，凡事能夠隨遇而安，不受外界干擾，便可了悟業障。

> 涉世不深不知境苦，妄念不繫不知業苦。（〈與天上人〉）
>
> 佛言三界如空，花惟見在，是機關木人。若夫身後，妄之又妄，而竭志圖之，妄根深也。（〈與孟大〉）
>
> 假無欲以遂其欲，反出有欲，下矣。去私之方，當於平日識破一切諸妄。（〈與米三〉）
>
> 如廁而悟口腹之妄，無及於嗜欲矣；將死而悟作爲之妄，無益於身

〔註100〕《九籥前集》卷之十〈與楊大〉，頁421。

心矣，必也思之於臨食臨事之時乎？（〈與趙二〉）〔註 101〕

不管是意念之妄，或是口腹之妄、作爲之妄，人生在世，經常是妄根深重，妄起貪嗔痴，心就不會清淨明朗。既有妄心，即驚其神，既驚其神，即著萬物，既著萬物，即生貪求，既生貪求，即是煩惱，如能從日常生活中的小事著手，不陷於物境，不著於名相，便可識破妄念，獲得心境的平和。

吾視天下猶剩物殘編，不足煩我四大。（〈與錢大〉）〔註 102〕

和尚料宋生二十年內落禍，又比之行行之由，禍吾所不畏，未知行行向阿誰住也？賺得和尚落吾舉公案，亦大快事。（〈陸三爲我問此生於布袋和尚〉）〔註 103〕

可以小覷天下，四大皆空，顯然已超脫物外。另布袋和尚預料楙澄將遭禍，又將楙澄所行著了行的相的因由，作爲開悟弟子的公案比語〔註 104〕，然而，楙澄不介意遭禍之事，不管所行著了誰的相，反而認爲自己成爲和尚開悟的故事主角，足爲人生一大快事。言談當中，有一種超脫禍福的禪味。

自盤古以至今日，人未嘗死也。（〈與勞二〉）

死如月過天上，影落江河溝廁，悉無一染。（〈與溫二〉）〔註 105〕

自盤古開天以來歷經千萬年，個人雖有生有死，但生命卻一代一代傳承下去。因此，死便如月升影落，悄然來去，順其自然，毋需貪生怕死。二則赤牘均有參透死生的意味。

吾聞「君子疾沒世而名不稱」，亦曰：「遯世不見，知而不悔。」自今甘君子之疾，永遯世之貞。（〈與趙八〉）〔註 106〕

上開二語語本《論語・衛靈公》及《中庸》第十一章，雖然同屬儒家思想的典籍，但積極入世與消極出世的觀念相差甚遠。身爲中國文人，特別是身處世局紛亂時，在仕與隱之間總是難以取捨，陷入兩難，也許隱逸只是一種看透世局的無奈，而入世則爲無奈之中存在的一線希望。楙澄彷彿站在槓桿的

〔註 101〕前引四篇見《九籥前集》卷之十〈與天上人〉、〈與孟大〉、〈與米三〉、〈與趙二〉，頁 422、422、427、427。

〔註 102〕《九籥前集》卷之十〈與錢大〉，頁 422。

〔註 103〕《九籥前集》卷之十〈陸三爲我問此生於布袋和尚〉，頁 423。

〔註 104〕以古代禪師開悟時所用的故事，或非邏輯的言行，作爲參禪時激發思惟的內容。這類的故事或言行，稱爲公案。又因公案的深旨，意恆在言外，故稱比語。

〔註 105〕前引二篇見《九籥前集》卷之十〈與勞二〉、〈與溫二〉，頁 426、429。

〔註 106〕《九籥前集》卷之十〈與趙八〉，頁 422。

中間，但他並未猶豫不決，反而毅然決然地向消極出世靠攏，產生避世的念頭，中國的文人，終究太寂寞。

簡短數語，卻隱含極大智慧，楙澄在赤牘的往返之中，獲致心靈的寧靜平和，心境的澹逸自適，這是晚明士人禪悅之風的習氣，也是他人生閱歷與生命情致的寫照，藉由日常生活中的禪修，啓發自我內心深處的一種自覺的智慧。

（五）生活態度

楙澄與友人的尺牘往返，雖然經常是片言隻語，但其中卻蘊含楙澄個人的生活態度或人生哲學，有助於對楙澄的了解。茲就其著墨較多的讀書、名利、閒情三者加以討論。就讀書而言，楙澄認爲：

> 讀書不必過人，正令得其趣。（〈與衛四〉）
>
> 以讀書消歲月則樂志，以之干功利則束情。（〈與姚九〉）
>
> 人生累我，豈惟父母妻子，皆爲古人所累耳。（〈與程七〉）
>
> 讀書飲酒、種樹筆削，皆養生之道，然萬勿爲其所累。（〈與陳六〉）
>
> 丈夫讀書，欲以資通達，定經權，若惜字憐篇，兒女事也。（〈與吳大〉）〔註107〕

讀書是文人士子最重要的本分，在科舉制度下，文人士子更須苦讀，以求取功名，楙澄身爲一介文人，對於讀書一事，自有其獨到的想法。他認爲讀書的目的，不是在於超越他人，而是要從中得到樂趣。而樂在其中的方法，就是以讀書消磨時間，若完全爲了求取功名，必然束縛人的感情。如果讀古人書一心只爲求得功名，讀書便成爲一種負擔。讀書更像飲酒一樣，用來調劑身心，有助於養生；用來汲汲於名利，同樣是沈重的負擔。至於讀書的作用，則有助於通達事理，進行經（常法）與權（變通）之間的判斷，因此，他領悟到惟有找到讀書的趣味，才能活到老讀到老。

對於名利，楙澄的看法是：

> 十年來奉教西方，而猶然以功利爲戚，豈善男子邪！（〈與月上人〉）
>
> 萬物不資於火而人食之，萬物無藉於金而人利之。（〈與伍八〉）
>
> 近讀素書，至苦莫苦兮多願。嗟乎！孰能以多願爲苦乎？某也不才，

〔註107〕前引五篇見《九籥前集》卷之十〈與衛四〉、〈與姚九〉、〈與程七〉、〈與陳六〉、〈與吳大〉，頁425、421、426、426、424。

請從乎此。(〈與卜十〉)

從茲以往，舍名舍得，興來則吟詠誦讀，筆削記述，興去則散步涉世，飲酒高臥，要以期志之所適，雖流離顛沛，付之偶然而已。(〈與王先生〉)〔註108〕

梂澄捫心自問，信奉佛教十載，仍然崇尙功利，難道還配成爲佛常叫著的「善男子」嗎？人終究是奇怪的動物，萬物對於金錢毫無依賴，惟有人爲爭名奪利追逐不止。崇尙名利的原因，是因爲人擁有太多欲望，欲望不斷湧現，與佛教講求目空一切相違背，二者相互衝擊，便是苦痛的開始。因此，梂澄期許自己，捨名捨得，興之所至，則吟詠著述，興之所去，則翩然出世，擺脫好名貪得的束縛，人生自然海闊天空。

對於閒適之情，晚明人以悠然的心境去體驗與品味，這除了是晚明士人的風尙外，亦是梂澄所追求的生活哲學。

深院涼月，偏亭微波，茶煙小結，墨花紛吐，梧桐肅肅，與千秋俱下。(〈簡周先生〉)

村居遇雨，來往絕人，自晨昏侍食之外，雖妻子罕見。居植修竹，間有鳥鳴，女墻低檻，疑近山岫。晝則讎校史書，夜則屈伸一榻，謝絕肥甘，疏遠苦醴，胸中無思，或會古今，得失一頓足而已。如此數日，天亦將晴，人亦將至，我亦將出，不可以不記也，因就燈書之。(〈與范大〉)

聞足下六月，著犢鼻褌，相將平頭採蓮，此樂不減簞瓢陋巷。(〈與于二〉)

近乞得一鶴，可放之竹間，俟其羽翼長成，一聽沖舉。(〈示家中〉)〔註109〕

閒適之情，沒有一定的形態，重要的是心境上平和喜樂的愉悅感受。它可以是在秋夜微涼的深院小亭中，以筆硯佐茶；也可以隱居竹林深處，以鳥鳴爲伴，與史書爲伍，回歸恬淡簡樸的生活；也可以像好友于鼿先一般，穿短褌，戴頭巾，親身體驗採蓮的樂趣；也可以效法北宋林和靖，隱居不仕，以養鶴

〔註108〕前引四篇見《九籥前集》卷之十〈與月上人〉、〈與伍八〉、〈與卜十〉、〈與王先生〉，頁421、426、422、421。

〔註109〕前引四篇見《九籥前集》卷之十〈簡周先生〉、〈與范大〉、〈與于二〉、〈示家中〉，頁421、424、425、429。

爲樂。這種閒適之情，惟有在日常生活中親身體驗而可得，不可強求。

總而言之，楙澄的赤牘小品中所透露有關生活態度的主要訊息是，讀書務求得趣，名利從此放下，心境閒適恬淡，享受人生，享受生活，才不白白走這一遭。

二、宋楙澄散文小品的評價

宋楙澄存世的尺牘雖在《九籥集》中僅有一卷一百三十二篇，但量少質精，篇篇精彩，除了《松江府志》將其尺牘與稗官家言並列外，清初著名的尺牘選本周亮工輯《尺牘新鈔》〔註 110〕便選錄宋楙澄的尺牘作品，且數量高達三十三首，成爲收錄數量最多的作家。在高攀龍、莫廷韓、王思任等名家尺牘的環伺下，其作品被收錄的數量仍高居榜首，顯然其尺牘小有名氣，換言之，其尺牘具有極佳的評價。

至於趙樹功《中國尺牘文學史》，其中對於宋楙澄的尺牘作品毀譽參半。讚譽的部分是如〈與樊二〉、〈與楊大〉、〈與焦三〉等有豪邁之氣的作品，還有〈與洪二〉、〈與程七〉、〈與勞二〉等雖涉禪語，但不乏對歷史、人生總結的作品，以及〈與申二〉、〈與顧二〉等出於無心，卻有瞬間靈機的作品。有微辭的部分，主要針對短小以及有禪機的作品而發。他的評論是：

> 其中短得不能再短作品，總給人一種匆忙收束的感覺，非是混然天成，話止意不盡。所以越是這些作品，越少些自然，多了些拿捏、造作。……他的這種寫法，很明顯是有意在製造一種風格，摹仿的痕迹很重；至於摹仿的對象，他自己也有透露：“王右軍〈誓墓文〉以質宣情，以命定氣，實獲吾心。”王右軍雜帖是中國文學史上一絕，看來宋懋澄是在向右軍靠攏。可惜修爲不足，九其是朗徹、清虛的胸懷境界不到。……內容上，宋懋澄尺牘參禪講佛者不少，如“奢儉苦樂，總是一妄”、“三界如空花”、“若夫身後，妄之又妄，而竭力（按：當爲竭志）圖之，妄根深也”等等，有眾人皆曉的禪機，卻無一絲生機，無甚可觀。〔註 111〕

〔註 110〕〔清〕周亮工輯：《尺牘新鈔》，臺北：藝文印書館，民國 57 年，《海山仙館叢書》本。

〔註 111〕趙樹功著：《中國尺牘文學史》（石家莊市：河北人民出版社，1999 年 11 月），「第六章　輝煌的時期（下）」〈宋懋澄：模晉帖體制　作性靈文章〉，頁 430～431。

文中所引王羲之語，其實僅是宋楙澄〈與荀二〉這篇尺牘中一個片斷的感受，以此來涵蓋所有短小的尺牘作品，認爲有摹仿的痕迹，未免太過於武斷。且王羲之在《九籥集》中僅出現兩次〔註 112〕，其出現頻率遠不及關羽或趙相虞卿，向王右軍靠攏之說，未免失之偏頗。甚且，短小有致本即晚明小品的中心特質，篇幅短小只是反映流風，未必是刻意造作。

縱使他人對宋楙澄尺牘的評價有褒有貶，但就一個在晚明文名不高，地位不重的文人而言，其尺牘作品能夠引發眾人的關注，已足堪證明其尺牘具有一定的水準。

第五節　體驗山川——論宋楙澄山水遊記

遊記也是散文的一種，它經常使用悠閒輕快的筆調和生動活潑的描寫，記敘旅途中的見聞感觸、風土人情、山川景物和名勝古蹟等等。一般而言，山水遊記與臺閣名勝記較爲不同的是，山水遊記因作者有親身經歷，因此感觸較爲深刻。山水文學始於魏晉，北魏酈道元的《水經注》除了受地理學家、考古學家、歷史學家、農田水利學家所重視外，尤其令人矚目的是具有很高的文學價值，被視爲遊記文學的開山始祖。而描繪自然景物，同時又具有個性特徵的山水遊記是從唐朝開始的。唐朝柳宗元的「永州八記」借山水之題，抒胸臆之氣，洗滌天地萬物，囊括自然百態，將山水遊記的散文體裁發展到一個嶄新階段，他筆下的遊記都具有鮮明的個性，自此遊記文學在文學史上便具有特殊的地位。影響所及，宋代王安石的〈遊褒禪山記〉藉由山水來抒發議論，闡明哲理；蘇軾的〈記承天寺夜遊〉把敘事、寫景、抒情三者熔爲一爐；陸游則用日記的形式書寫〈入蜀記〉等等。發展至明代，抒寫山水小品的作家很多，尤其中後期，旅遊家輩出，如袁宏道、鍾惺、王思任、張岱等等，流派不同，風格亦異。明代末期甚至發展出遊記的專書，如徐弘祖的《徐霞客遊記》，此書是根據作者的親身遊歷，以日誌的形式撰寫而成。而對自然山水的痴愛，亦是晚明文人的通病之一，幾乎每一位知名的文人，或以詩文，或以書畫，將他們遊歷的足跡記錄下來。誠如滕新才〈明朝中後期旅游熱初探〉一文所述：「明代中後期旅游熱形成與在商品經濟撞擊下所形成的

〔註 112〕《九籥前集》卷之十〈與荀二〉及《九籥集》卷之三〈再上吏部白選君狀〉，頁 430 及 525。

共同的新的思維方式、生活方式密切相關，從而達成一種追求旅游的“群體意識”。」〔註 113〕由此可推知，晚明以降旅遊活動發達的盛況。一般而言，遠遊可以與天地山川交融、蕩滌俗慮，亦可遠離塵世的喧囂、官場的昏昧、政治的黑暗和日常的庸俗瑣事，一旦遠離城郭，便可以放鬆心情，享受暢遊山林田園之悠然樂趣。

宋楙澄身處晚明旅遊活動興盛的時代，加上喜交好游，他在文章之中，不只一次述及自己好遊的天性。茲列舉如下：

> 蓋不肖好遊。(〈殤兒恊虎誌銘〉)
>
> 懋澄好遠遊。(〈方公祖宦遊稿序〉)
>
> 性復好遊，不喜干謁。(〈薦沈楊兩公疏文〉)
>
> 情迂不善交，雖能酒而不得其趣，惟雅好遊。(〈將還居金陵議〉)〔註 114〕

旅遊不止是楙澄的生活型態之一，亦是其人生的樂趣所在。縱使拋母棄子，自我坦承爲「名教的罪人」〔註 115〕，楙澄仍勇往直前，勇敢出走。而如同晚明文人一般，楙澄出遊的起因，是在於雅興的滿足。他曾在〈積雪館手錄序〉中自我剖析：

> 平生雅好遊，興之所至，輒竟千里，雖於陸風雨，于水波濤，靡間晝夜。會有天幸，得不死於盜賊險阻，然以母在，興盡即還，與世之因利而行，失利不歸者異。〔註 116〕

隨興所至，不遠千里，不畏風雨，不懼波濤，不舍晝夜，是典型好遊者的心態及表現。而且楙澄碌碌一生，經常爲功名，爲子嗣，爲多病，而心心念念、鬱鬱寡歡，在這些壓力之下，出遊成爲他紓解生活壓力的一劑良方。他在〈張若侯雪廬詩草序〉便提及：

〔註 113〕滕新才撰：〈明朝中後期旅游熱初探〉，《北方論叢》1997 年第 3 期（總第 143 期），頁 17。

〔註 114〕前引四篇見《九籥前集》卷之六〈殤兒恊虎誌銘〉，頁 408；《九籥續集》卷之一〈方公祖宦遊稿序〉，頁 653；《九籥集》卷之四〈薦沈楊兩公疏文〉，頁 530；《九籥集》卷之八〈將還居金陵議〉，頁 585。

〔註 115〕《九籥集》卷之二〈蘼蕪館手錄序〉自云：「時余居喪，方苦胃疾，飲食日廢，得水之適，稍減半焉。已復自悔，不止於讀《禮》而浸淫他書，不死於伏苫而留連一水，余名教之罪人矣。抑語不云乎？」頁 512。

〔註 116〕《九籥集》卷之二〈積雪館手錄序〉，頁 512。

竊嘗自考于生平入吾心者，皆足以害吾心，而惟山川之靈能益之。〔註117〕

只有在面對山川的靈氣時，才有助於內心的平靜，由此更加堅定好遊的意念。而前輩之中，亦有因好遊而成就非凡者。他在〈何廷濟詩草序〉中述及：

昔虞卿窮愁而工著書，太史公遠遊而文益肆。〔註118〕

《史記》作者司馬遷曾長途旅行，「西至空峒、北過涿鹿、東漸於海、南浮江淮」〔註119〕，因爲遠遊，開闊胸襟與視野，造就其文章愈加壯麗宏肆，足爲好遊者的典範，也成爲楙澄學習的對象。

楙澄的遊記文學作品，主要收錄在《九籥集》卷之一，有〈遊華陽洞天記〉、〈游湯泉記〉、〈遊西山滴水崖記〉、〈遊燕北　祖陵記〉、〈遊彭城雲龍山記〉、〈遊石排山記〉等六篇。《九籥續集》卷之十有關遊歷浙江、江蘇、江西、湖南、湖北、安徽等地的遊記一百則，多記山川地貌、風土人情、物產沿革、傳聞軼事、見聞感觸等。《瞻途紀聞》記載有關遊歷山東、江蘇、河北、安徽等地的傳聞軼事一百零九則。以及《九籥後集・楚遊五記》的〈遊石照山記〉、〈遊洪山寺記〉、〈遊大別山記〉、〈遊赤壁記〉、〈巴河觀紅樹記〉等五篇。總計共二百二十篇，其中不乏短小精練的小文，而以「遊記」命名的作品往往篇幅較長，著墨亦較多。茲從楙澄的二百二十篇遊記作品中，條分縷析，可以整合歸納出有關旅遊活動的一些現象，包括「旅遊交通的商品化」、「旅遊食宿的多樣化」、「旅遊活動的娛樂性」、「導遊人員的出現」、「旅遊活動的目的」、「遊記記遊的意義」等。

一、旅遊交通的商品化

晚明人旅遊時所使用的交通工具，依旅遊地點而有不同，除了偏僻之地需步行之外，其他只要花錢便可租用或雇用適合的交通工具，足見商品化的程度。登山的主要交通工具是「肩輿」，由人力來肩負，供應商是輿人，楙澄文中即載：

就枕方熟，輿人促裝就道。……日亭午矣，輿人促歸。……不覺身

〔註117〕《九籥續集》卷之一〈張若侯雪廬詩草序〉，頁643。

〔註118〕《九籥集》卷之二〈何廷濟詩草序〉，頁510。

〔註119〕〔漢〕司馬遷著，〔南朝宋〕裴駰集解，〔唐〕司馬貞索隱，〔唐〕張守節正義：《史記》（臺北：藝文印書館，民國44年6月，初版），卷一，〈五帝〉篇末的「太史公曰」，頁40。

> 抵董村，輿人曰：「此董延年宅與墓也。」……道中水法紆迴，故織女隆其里，九仙生其鄉，而輿人又謂有王素竹馬之異，殆亦神仙者流，惜其鄉音，半不可辨，……（〈遊華陽洞天記〉）
>
> 明日，復從間道抵碧雲，則宿碧雲之客，亦冉冉乘肩輿抵香山矣。（〈遊燕北　祖陵記〉）
>
> 清明遊滿井高梁橋，燕中婦女帶九梁金冠，高尺許，持銀三鐶，租珠額雲肩統袖，乘肩輿攜酒盒，倩鄰家女伴至高梁橋柳堤邊脫裙，張柳樹下跌（按：應爲趺）坐，一醉樹間。（〈燕中歲時記〉）
>
> 私人以間關欺予，輿人和之，復循故道，由武當第一宮而入。（〈遊石照山記〉）
>
> 明晨乘肩輿出南門，邀進卿，東經社稷壇，壇多古樹。（〈遊洪山寺記〉）〔註 120〕

由上述所載，除如楙澄一般的文人外，平民婦女亦搭乘肩輿出遊，可知以肩輿作爲登山的交通工具是相當普遍的事，而肩輿的供應商輿人，可能多由當地人工充任，因此行至特殊景點，尚可有簡單的導遊的功效，順便介紹景點名稱或坊間傳聞，以饗顧客。

在陸路，騎馬亦爲重要的登山交通工具，供應者是僕夫、馬夫、騶卒或健兒等。

> 經老君堂而北，山行頗艱，乃舍輿徒行，又三四里始息肩於上宮，上宮羽流所集也，輿人騶卒欺余服如雪，……百武迨馬行澗，直走南岡，巉巖百折，幾不可攀，……（〈遊華陽洞天記〉）
>
> 自居長安，久不見此洶洶，因驅馬浴其中，馬當深流，顧余噴沫長鳴，若有所愬，於是僕夫代爲之言。……黎晨渡河，走三河道，馬之騰驤，異于昨之款假，殆十倍矣。……而賓如欲尋湯泉之盟，惜微之朝夕侍中丞，不能同行，爲余索馬於偏將，以兩健兒從。……健兒付馬於寺僧，隨導至湯泉，……，會天色黑慘，遂策馬歸遵化。（〈游湯泉記〉）

〔註 120〕前引五篇見《九籥集》卷之一〈遊華陽洞天記〉，頁 491、493～494；《九籥集》卷之一〈遊燕北　祖陵記〉，頁 502；《瞻途紀聞》之〈燕中歲時記〉，頁 737；《九籥後集》楚遊上〈遊石照山記〉，頁 742；《九籥後集》楚遊上〈遊洪山寺記〉，頁 743。

山河相偪，惟餘一徑，而斷岸崩崖，高高下下，纔容馬足。……忽與渾河別，行十五里，至十八盤絕頂，爲最險處，人馬俱疲，下行陡絕。……北行亂石中，人馬屢失足，僕夫皆怨嗟。（〈遊西山滴水崖記〉）

使君與余有國士之遇，不忍恝然，遂策馬出德勝門，經故元城下，三十里至回龍觀，不及，乃秣馬而行，……（〈遊燕北　祖陵記〉）

〔註121〕

雖然厤澄文中所述馬匹的供應者部分來自朋友，未必具有商業行爲，但除此之外，應皆爲租借而來，且騎馬確實節省以步行登山所耗費的時間，因此亦相當普遍。

在水陸，如欲遊覽名川大澤，乘船乃是必備的交通工具。船的種類繁多，一般通稱爲舟，其他別名尚有小舟、艅艎、艇、畫舫等等，供應者名稱各有不同，如舟人、榜人、長年、三老等等，均指舵師或船工。如：

壬寅冬九月二十有九日，余舟次丹陽，……（〈遊華陽洞天記〉）

己酉八月南還，晦日泊舟彭城南，……（〈遊彭城雲龍山記〉）

夏四月十有七日泊舟北固口，舟人方豎帆艣洶洶，余與甥王孟張買舟登金山，時日己未刻矣。……視岩下有小舟泊玉帶橋前，余遂與之謀遊石排山，兩舟人皆斑白矣，忻然就命。……鼓舟更渡三排，於盤陀精舍少息，與土人偕渡江，抵京口，復遊玉山寺而歸舟，則舟人已立檣高五丈矣。（〈遊石排山記〉）

弋陽南二十里，舟人謂之西峰石。（〈弋陽〉）

即白馬河，一望極天，昔年舟行河中，不特波濤無際，劫賊恣意殺人，往往與長年共謀鼓檝而遁，……（〈高郵邵伯河〉）〔註122〕

龜峰山屬黃州府麻城縣，舟行數里停棹，涉漢口，乃入襄陽路也。（〈遊大別山記〉）

余之入楚也，泊舟河濱，遇雨不可行，謁張王廟，……返自舟中，

〔註121〕前引四篇見《九籥集》卷之一〈遊華陽洞天記〉，頁491；同卷〈游湯泉記〉，頁495～496、497、499；同卷〈遊西山滴水崖記〉，頁499、500；同卷〈遊燕北　祖陵記〉，頁501。

〔註122〕前引五篇見《九籥集》卷之一〈遊華陽洞天記〉，頁491；同卷〈遊彭城雲龍山記〉，頁507；同卷〈遊石排山記〉，頁508、509；《九籥續集》卷之十〈弋陽〉，頁714；《瞻途紀聞》之〈高郵邵伯河〉，頁733。

新月侵舷，據客子枕上，榜人行歌相屬，鼓棹江流，不勝楚人之悲。（〈巴河觀紅樹記〉）

夫江南之地，非舟不能致遠，故置艇以自便。捨水而陸，舍陸而水，莫余阻也；或鼓之以蒼頭，或買之于三老，余勿晝也。（〈積雪館手錄序〉）

抵岳武穆墓，鼓楫南泛，水淺遊魚可數，艅艎不能致也。六堤在艇之左，因抵雷峰。（〈西湖〉）

使置吳越之間，不煩點綴，而西湖射瀆之妙舞清歌，將偕畫舫，悉移此地矣。（〈遊洪山寺記〉）〔註 123〕

所謂商業行爲即爲有需求，則有供給，楙澄文章中述及的「買舟」、「買之于三老」等，均將需求與供給間的買賣行爲點出，而旅遊交通工具的商品化，在晚明已甚爲普及，同時提供遊客許多便利性。

二、旅遊食宿的多樣化

在楙澄的遊記中，有關旅途中食與宿的重大民生問題，大多以簡筆帶過，但亦有一些蛛絲馬跡可循。茲舉數例如下：

使健兒謀浴於館人，拒曰：「馬蘭路參戎方稅駕於此。」……欲就寢於僧舍，苦臭蟲剝膚，移臥官廨，館人堅拒，遂宿近泉亭，草生屋上，棟梁將崩矣。（〈游湯泉記〉）

自亭而東便可升石鏡亭，而館人爲羽流，私人以間關欺予，輿人和之，……（〈遊石照山記〉）

北風初勁，微有寒色，遂宿於延陵，逆旅主人出嘉酒，微酣而罷。……晚仍就宿故逆旅，主人進菜羹侑酒，夢息未千，一燈復閃閃而出，催人促裝，飽餐登輿，天明便達丹陽。（〈遊華陽洞天記〉）〔註 124〕

館人，是指負責管理館舍及招待賓客食宿的人。逆旅主人，則指旅館或客舍的經營者。因此在風景區或如〈游湯泉記〉所述的溫泉泡湯區，便已設有商

〔註 123〕前引五篇見《九籥後集》楚遊上〈遊大別山記〉，頁 745；同卷〈巴河觀紅樹記〉，頁 746、747；《九籥集》卷之二〈積雪館手錄序〉，頁 513；《九籥續集》卷之十〈西湖〉，頁 711；《九籥後集》楚遊上〈遊洪山寺記〉，頁 743。

〔註 124〕前引三篇見《九籥集》卷之一〈游湯泉記〉，頁 498；《九籥後集》楚遊上〈遊石照山記〉，頁 742；《九籥集》卷之一〈遊華陽洞天記〉，頁 494。

業性的旅館或旅店。他們提供食宿的服務，也供應水酒，且需招待參將等文武官員，甚至已發展出館人與輿人串聯此類簡單的策略聯盟經營模式，以共創商機。而所提供的服務已可滿足遊客或旅客的基本需求。當然這樣多樣的服務，所費不貲，對於經常旅行的宋楙澄來說，應爲一筆沈重的負擔。因此，他覓得其他替代的方案如下：

> ……時六月十七也。行已晡矣，抵通州東郭宿焉。……賓如欲尋湯泉之盟，惜微之朝夕侍中丞，不能同行，爲余索馬於偏將，以兩健兒從，且戒湯泉僧爲設食，供臥具。（〈游湯泉記〉）
>
> 過西湖，經龍王廟，飯青龍橋，……及碧雲寺觀魚，……遂宿焉。明日，登香山，遂從西南走滴水崖道，飯慈恩寺，……又三里許爲軍庄，卜宿於小庵，……歸宿庵中，老衲以刀杖相授，皆有戒心。……折而東，値斷崖，以木爲橋而渡，行久之，抵僧舍少息，……晚宿隆恩寺，……飯慈壽寺，觀落星石，登藏經閣，瞻　聖母御書，遂入城。（〈遊西山滴水崖記〉）
>
> 季春八日，投剌城東遇雨，遂宿友人邸。……東行約十五里，諸　陵歷歷在望，大理公當祀　長陵，遂從入，飯於中瑺……（〈遊燕北　祖陵記〉）
>
> 是夜托宿於長年李氏，李氏昆仲皆少年，具壺漿雞黍執主人禮，……（〈巴河觀紅樹記〉）〔註125〕

從上引遊記的紀錄可知，楙澄在旅途當中，多寄宿寺廟道觀。或許出家人出於慈悲心，提供粗茶齋飯，清幽禪房，給予過往旅客方便，是否從中收費，文中並未言明，但寄宿者隨喜布施的可能性較高，加上楙澄亦爲學道學佛之人，寄宿寺廟道觀恰恰是投其所好，故其使用頻率並不低。此外，楙澄由於交友遍天下，因此亦不乏寄宿親朋好友的宅邸，既可節省旅費，又可略敘情誼，賓主盡歡。特別的是，楙澄在遊覽燕北　祖陵時，「飯於中瑺」，接受宦官招待便飯，這或許是當時提供參觀帝王陵寢者的特殊服務。而不管是落腳在旅館、寺廟道觀或友朋宅邸，多樣化的選擇確實滿足楙澄經常旅行的食宿需求。

〔註125〕前引四篇見《九籥集》卷之一〈游湯泉記〉，頁 495、496；同卷〈遊西山滴水崖記〉，頁 499、500；同卷〈遊燕北　祖陵記〉，頁 500、501；《九籥後集》楚遊上〈巴河觀紅樹記〉，頁 746。

三、旅遊活動的娛樂性

晚明文人在旅遊時，往往特別重視旅遊興致的滿足，出遊時所攜帶的器具，亦走向精緻化，強調「高雅」的品味。因此在旅遊中進行的飲酒、品茗、學古等娛樂性活動，有助於遊興的提昇，且產生高尚的風雅享受，稱得上是一種在末世前風行的享樂主義。從楙澄《九籥集》中留存的遊記來印證。

> 穿道而北，有泉潛伏地中，流入一湫，湫有龍頜，引泉至曲水，是爲流觴處，榜其亭曰流玉。……道士以酒相邀，飲數酌有微醺狀。(〈遊華陽洞天記〉)

> 時健兒以酒侍傍，……賓如曰：「參戎去矣，可以浴矣，子姑就浴矣。」相與就浴，中有二竇，南一竇，發之來熱，而北竇送冷，熱冷得中，賓如笑曰：「發而皆中節謂之和矣。」浴竟，振衣而出，晚復濯足湯泉之南亭，亭下流泉如帶，因煖酒其中，酬飲甚暢。(〈游湯泉記〉)

> 至臥佛寺，尋水窮處，約三里，巨石迭起，咽之作短瀑，迄西漸高，清駛可弄流觴，數酌而返。……頃之，夕照漸沈，同諸君跨水坐石上，斜陽蕩波，如乘鼇御龍也。歸宿庵中，老衲以刀杖相授，皆有戒心。……酒行數巵，僧人列炬導前請循。(〈遊西山滴水崖記〉)

> 飯罷攜茗探水源，登中峰寺，仰日隙亭，足疲而止。……自中峰返於來青軒，下瞰平野，日微曛矣，月亦西出，夜色微朦，……因舉酒相屬，坐月中，幾二鼓而宿。……酌久之，飯而出，……過摩訶庵，小酌而別。(〈遊燕北　祖陵記〉)

> 洪山在望，謀躡屐焉，會友人李進卿招飲，因請挈榼洪山，進卿許諾。(〈遊洪山寺記〉)〔註 126〕

從上開幾篇遊記的節錄文字中，可以歸納出楙澄在旅途中所從事的娛樂性活動，主要爲飲酒作樂、品茗探源與學步古人等。其中在山林間飲酒作樂是最普遍的娛樂活動，上引五篇遊記中均述及飲酒之事，可見晚明的文人雅士把酒言歡的場景已從室內移到戶外，甚至延伸到山林僻野之地，而飲酒於廣大的天地之間，滿足文人追求的雅興，提昇冶遊的樂趣。

〔註 126〕前引五篇見《九籥集》卷之一〈遊華陽洞天記〉，頁 492、493；同卷〈游湯泉記〉，頁 498；同卷〈遊西山滴水崖記〉，頁 499、500；同卷〈遊燕北　祖陵記〉，頁 501～502；《九籥後集》楚遊上〈遊洪山寺記〉，頁 743。

如同飲酒一般，品茗探源亦是文人在旅途中經常從事的娛樂性活動。在明代，特別是晚明，是品茶的盛世，茶著繁多，如楙澄的山人好友陳繼儒便著有《茶董補》。而品茗探源與遊山的結合，更成爲文人間流行的風尙之一，透過茶茗、水品、茶器、品茗環境的講究，以及理想的泡茶水源的探尋，增添旅遊的興味，也豐富旅遊的內容。飲茶文化因具有隱逸的內涵，與旅遊恰恰對了味，二者的結合使本性不受污染，讓靈魂在高山流水裡獲得過濾與沈澱，是晚明文人品味生活的極致。

晚明文人樂遊之盛，有一個突出表現就是對出遊用具的講究。高濂《遵生八牋》〔註127〕中的「遊具」，以及屠隆《遊具雅編》〔註128〕，皆對遊具的種類、樣式和選擇方法進行詳盡的介紹。反應在楙澄的遊記中，則有「卮」、「挈榼」及「刀杖」的記錄，「卮」是盛酒的器具，「榼」則是有蓋的酒器，〈游湯泉記〉中亦存有「煖酒」的例證，展現出一種精緻化的品味。至於「刀杖」，刀用以披荊斬棘，杖則爲手杖或枴杖，是一種輔助的工具。而〈遊燕北　祖陵記〉中既提及「攜茗」，必然同時攜帶茶具，甚至有爐具，惜未言明。除攜帶的遊具之外，〈遊洪山寺記〉尚有「躡屐」的記載，指出旅遊時腳下穿著登山屐。登山屐可推溯自東晉，謝靈運所發明的一種木屐，稱爲「謝公屐」，專門用來遊山玩水，上山時拿掉木屐前齒，下山時去掉木屐後齒，以保持身體重心平衡，便於遊玩，沿用至晚明，登山屐仍然是旅遊的必備裝備。

至於學步古人，係指文人在旅途當中，目之所觸，情之所感，往往聯想到古書中前輩所從事的風雅韻事，進而仿效古人行徑，親身體驗一番。如〈游湯泉記〉中「振衣」及「濯足」的舉止，係源自屈原《楚辭・漁父》所載：「新沐者必彈冠，新浴者必振衣。……滄浪之水清兮，可以濯吾纓；滄浪之水濁兮，可以濯吾足。」〔註129〕不論是「振衣」，還是「濯足」，都是在師法古人高潔的品格。再如〈遊華陽洞天記〉及〈遊西山滴水崖記〉中的「曲水流觴」，指古人在暮春三月修禊日列坐曲水之旁，斟酒羽觴浮於上游，任其順流而下，取而飲之的習俗，進一步發展成爲古代文人雅集飲酒時爲助酒興所進行的一

〔註127〕〔明〕高濂撰：《遵生八牋》（臺北：臺灣商務印書館股份有限公司，民國75年3月，《景印文淵閣四庫全書》本），卷八，〈遊具〉，頁531～537。

〔註128〕〔明〕屠隆撰：《遊具雅編》（臺南縣永康市：莊嚴文化事業有限公司，1995年9月，《四庫全書存目叢書》本），頁240～245。

〔註129〕〔戰國〕屈原著，〔明〕來欽之述注：《楚辭》（北京：北京出版社，2000年1月，《四庫未收書輯刊》本），卷五，〈漁父〉，頁59。

種遊戲。晉朝王羲之名作〈蘭亭集序〉即載：「又有清流激湍，映帶左右，引以爲流觴曲水。」〔註130〕因此楙澄每每在旅次中效法古人，進行「曲水流觴」的飲酒遊戲，可以助酒興，增遊興。又如〈遊燕北　祖陵記〉的「月下小酌」，此舉最經典的莫如唐朝大詩人李白〈月下獨酌〉詩：「花間一壺酒，獨酌無相親。舉杯邀明月，對影成三人。」〔註131〕只不過李白是獨自一人，楙澄則是與三五好友歡聚暢飲，但在月下小酌的清幽雅趣是一樣的。這樣學步古人的舉動，使旅遊活動產生娛樂性的高潮，同時增添風雅的感受。

四、導遊人員的出現

過去因資訊不發達，若遊覽至不熟悉的景點，往往需要他人指引，而晚明的旅遊活動中，已有類似導遊人員的出現。當時或許尚未發展出專業導遊的行業，但從文人遊記中可看出有部分族群，因對遊覽勝地的景觀與人文背景有較爲深入的瞭解，久而久之便充任導遊人員，這些族群包括道士、僧侶、輿人、健兒或土人等。道士、僧侶因爲山居已久，對於周遭的地形勝景瞭然於心，加上安全性的考量，遊客往往不敢冒然上山，因此道士或僧侶的指引，便提供絕佳的導遊效果。誠如楙澄遊華陽洞、滴水崖及石排山時之記載：

> 拉一羽流，導出宮門，……引導羽流，別穿一徑，意欲侮余，而吾輩肘輕如羽，往往先道士從空而下，……已而漸抵平陸，羽士指樹中路曰：「此走金陵道也。」……夷猶而東，陟華陽洞，無功叫號若狂，整衣再拜，俯仰洞中，不得其門，躑躅而出，……道士引登其巔，高可十丈，龍蜿鸞飛，樹根纏綿若薜荔。（〈遊華陽洞天記〉）

> 行久之，抵僧舍少息。……酒行數卮，僧人列炬導前請循。石洞可容數千人，中涵二泉，迅流清徹，以火燭之，岩上注滴不已，僧指石泉爲龍王臥處，下有圜泉，名龍女洗頭盤，火煙氤氳，半不可辨，各匆遽而出。（〈遊西山滴水崖記〉）

> ……經無梁殿，而僧太虛以事之瓜州，視岩下有小舟泊玉帶橋前，余遂與之謀遊石排山，兩舟人皆斑白矣，忻然就命。而無梁殿僧使

〔註130〕〔晉〕王羲之撰：《晉王右軍集》（臺北：臺灣學生書局，民國60年），卷之二，〈蘭亭集序〉，頁335。

〔註131〕〔唐〕李白撰，〔清〕王琦輯注：《李太白詩集》（臺北：中華書局，1965年），卷之二十三，〈月下獨酌四首〉，頁2。

一小沙彌從，須臾至石排，望金山若可呼，……（〈遊石排山記〉）〔註 132〕

遊華陽洞有道人導遊，遊滴水崖有僧人前導，遊石排山伴隨小僧指引，他們可以別穿蹊徑，指引不爲外人道的捷徑，可以沿途講解往來道路的方向，也可以導引遊客攻頂的路徑或方法，指引或講述名勝古蹟，甚至可以提供私房景點，而使遊客得到異於常人的旅遊體驗等等，都有助於旅遊活動的進行。再如〈遊華陽洞天記〉，有以輿夫爲導遊的紀錄。

不覺身抵董村，輿人曰：「此董延年宅與墓也。」經一橋，指南水中壘曰：「是爲鬼谷墓。」〔註 133〕

有時爲遊客抬轎的轎夫，亦有充當導遊的情況出現。轎夫因爲在地及職業二者的緣故，對於當地的地形、道路及景觀均甚熟悉，自然而然可以爲遊客提供加值服務。又如〈游湯泉記〉，有以健兒爲導遊的記載。

賓如欲尋湯泉之盟，惜微之朝夕侍中丞，不能同行，爲余索馬於偏將，以兩健兒從，……健兒付馬於寺僧，隨導至湯泉，……〔註 134〕

此處健兒係指在當地駐紮的健壯的軍人，棶澄之所以得到如此特殊的協助，正因其好友袁微之任軍職之故，兩健兒由於駐紮一段時間，對於當地名勝略知一二，抑或曾隨同參將等長官同遊湯泉，因此可以作爲棶澄遊湯泉的導遊。至於〈遊西山滴水崖記〉及〈遊大別山記〉，則有以土人、老人及漁人爲導遊的記載。

至杏花村，遙望山頭皆有洞，猿猱不能攀也，土人指爲桃源洞。……過此，北行亂石中，人馬屢失足，僕夫皆怨嗟。先是余輩苦於迷塗，欲止不前，有老人請爲鄉導，遂復鼓行，至是，余輩亦怨老人多事矣。（〈遊西山滴水崖記〉）

漁人指山巔古道，苦跋跡不能登，……（〈遊大別山記〉）〔註 135〕

土人，指世居本地的人，亦即所謂在地人。當然在地的還有文中所謂的「老人」及「漁人」，他們熟悉當地的一景一物，因此可以爲遊客指引。簡單的指

〔註 132〕前引三篇見《九籥集》卷之一〈遊華陽洞天記〉，頁 491、492；同卷〈遊燕北　祖陵記〉，頁 500；《九籥後集》楚遊上〈遊石排山記〉，頁 508。

〔註 133〕《九籥集》卷之一〈遊華陽洞天記〉，頁 493。

〔註 134〕《九籥集》卷之一〈游湯泉記〉，頁 496、497。

〔註 135〕前引兩篇見《九籥集》卷之一〈遊西山滴水崖記〉，頁 500；《九籥後集》楚遊上〈遊大別山記〉，頁 745。

引是告知遊客景觀的名稱及方向，較爲深入的指引便如擔任「鄉導」，引領遊客進行旅遊行程，以免除旅遊過程中迷途及危險二大困擾，因此導遊的存在，確實提供遊客極大的助益。

五、旅遊活動的目的

旅遊活動是楙澄一步一腳印地實踐自我價值的重要途徑，有關他熱衷於從事旅遊活動的目的，可以歸納爲弔古、探奇、訪勝等。

在弔古方面，以〈梁王城〉及〈遊彭城雲龍山記〉爲例。

> 自放鶴亭西數十武抵一亭，中刻「雲龍山下試春衣」之詠及〈放鶴亭記〉，皆蘇長公譔，悉非手蹟，至我　朝始摹勒上石。意四戰之區，斷碑與野燒俱灰，良可吊也。(〈遊彭城雲龍山記〉)

> 洳河有梁王城，崇墉猶在，豈孝王所營耶！梟鴈無翼，與高臺俱空，於斜暉良可弔也。(〈梁王城〉)〔註 136〕

楙澄親臨宋朝大文豪蘇軾〈放鶴亭記〉的主體所在放鶴亭，以及漢梁孝王受封的梁王城，憑弔感懷古人往昔的事跡，面對眞蹟追念古人或舊事，感觸特別深刻。

在探奇方面，茲舉〈遊西山滴水崖記〉及〈遊石排山記〉二例。

> 燕人好遊，而不解探奇，丁未遇居停辛孝廉，慷慨俠烈士也，嘗向余矜滴水崖奇。仲春二十有三日，同友人出平子門大道，……(〈遊西山滴水崖記〉)

> 至景純墓北，余謂孟張姑登西巔，余與家奴虎兒翼而行。虎奴捷若猿猱，余令之前道，喜其石態珍瓏，色宛似靈壁，而奇古過之。……四山之勝以景純之墓爲首，而其勝又盡在西巔，若非輕生如余，不能探其奇也。(〈遊石排山記〉)〔註 137〕

楙澄天性好奇，反映在旅遊活動上，則偏好獵奇探險，遇人稱奇，便積極規劃行程，企圖一探究竟，遊西山滴水崖的因緣，即爲了滿足一己的好奇心。至於遊石排山，亦豁達地置個人死生於度外，方得以飽覽石態的奇古。喜好

〔註 136〕前引兩篇見《九籥集》卷之一〈遊彭城雲龍山記〉，頁 507；《瞻途紀聞》之〈梁王城〉，頁 726。

〔註 137〕前引兩篇見《九籥集》卷之一〈遊西山滴水崖記〉，頁 499；《九籥後集》楚遊上〈遊石排山記〉，頁 508。

獵奇如此，亦可稱爲奇人了。

在訪勝方面，這是大多數人從事旅遊活動最普遍的目的，茲以〈遊華陽洞天記〉爲例。

> 穿道而北，有泉潛伏地中，流入一湫，湫有龍頷，引泉至曲水，是爲流觴處，榜其亭曰流玉。……岡南有泉名喜客，即所謂隨客聲而動靜者也。……至洞泉，爲趙文敏篆書，……夷猶而東，陟華陽洞，無功叫號若狂，整衣再拜，……東南十武，有洞曰玉柱，遊人出其下，可循柱而走，又數十步，洞曰蓬壺，是皆隘於華陽，而華陽又隘於林屋。……乃華陽東通金庭，西接峨眉，南越羅浮，北連岱嶽，其中百五十里，如琉璃界，如光明藏，則豈隘其入者肆其出，昏於外者朗於内耶！……不覺身抵董村，輿人曰:「此董延年宅與墓也。」經一橋，指南水中壘曰:「是爲鬼谷墓。」……復至延陵，即吳季子退耕處也，舊常建縣矣，今市徙於丹陽，而遺址猶存。街南有昌國寺，結搆精奇，相傳百千年不壞，獲魯班幻相之靈，然乎？〔註 138〕

一趟華陽洞天行，梂澄遍遊流玉亭、喜客泉、洞泉、華陽洞、玉柱洞、蓬壺洞、董延年宅墓、鬼谷子墓、季札退耕之延陵、昌國寺等，既參訪沿路的風景名勝，又體驗人文內涵，是一次豐富的行程。

六、遊記記遊的意義

一般而言，遊記乃記載沿途遊覽參觀之見聞及經歷，除此之外，遊記記遊對梂澄最重要的意義在於寄託感慨及夾敘傳聞二者。

以寄託感慨而言，梂澄往往觸景生情，而在記遊的文字當中，插入一段感慨之語。茲舉數例如下：

> 夫君子於世，惟出處兩途。余碌碌人間，三十有四，進不能躋伊傅之功，退不能與麋鹿爲友，親亡家破，招尤取侮，已非一端，而猶不知止，一旦觸鬼神之怒，假手權力之人，糜身粉骨，豈可復悔哉！雖吾佛以忍辱爲訓，然第曰忍之，不曰取之，以余之進而不退，幾於取矣。(〈遊華陽洞天記〉)〔註 139〕

梂澄在遊華陽洞天時，對個人的進退出處，興起一股感慨。當時梂澄三十四

〔註 138〕《九籥集》卷之一〈遊華陽洞天記〉，頁 492～493、494。
〔註 139〕《九籥集》卷之一〈遊華陽洞天記〉，頁 493。

歲，遭逢喪母之痛，既無功名在身以報父母，又無子嗣以承香火，陷入進退兩難的人生困境，因此才有此感觸。而在〈游湯泉記〉一文中，楙澄的感觸更多：

> 相與讀壁間碑，至○武宗〈宮人王氏詩〉，有「不爲人間洗冷腸」之句，爲之大咤。夫以宮嬪而受人冷煖，非有我輩之不堪也，豈其觸境興感，故慷慨肝腸，吐男子未發之蘊耶！抑人患心腸不冷耳。……所可恨者，非冷非熱之腸，冷不凜毛骨，熱不刺肺肝，既不能拒人干求，又不能拯人緩急，徒以一己之喜怒，一時之得失，爲冷煖焉，使天下後世，謂之熱不可，謂之冷不可，此等心腸，爲可恨耳。且古今爲熱腸者，又何可多得耶！堯舜尚矣，湯武一熱腸，而天下皆溫煥矣。伊尹一熱腸，而人主躋日新矣。嗣自而下，吾不知其爲熱腸者幾何人？……余嘗與戚大將軍諸偏裨交，談鎮薊事甚悉，大都邀江陵之寵靈，自中丞已下，黜陟生殺，捷如雷電，故能必行其志。及江陵不祿，少保南行，向人唯作痰疾狀，一語輒一嗽，不異老嫗，豈非伸於知己，而詘於不知己乎？其築薊州遵化三團營城也，以箭覈磚隙，箭入則罪蒞事者，當墮城時，城內發小棺，長徑數寸，不下萬口，其人鬚眉支體俱具，衣冠鮮麗如世人，少保具祭，群葬之城南，亦一異也。余登遵化城，觀其樵櫓雉堞，幾甲天下，及遙望邊墻與湯泉，池亭堂奧，規制悉迥出尋常，其才誠有過人者，使當○高皇帝時，封侯豈足道哉！惜其生不逢時，不獲與李寧遠同帶礪之盟，豈李隴西之無封，果數奇耶！亦豈出奇運智，不如寧遠耶？吾又不得而知矣。〔註140〕

讀明武宗詩作的一句話，引發楙澄對人的心腸冷熱有一番議論。一方面批判當今之人，其肝腸不冷不熱，侷限在小我的喜怒得失中汲汲營營，一方面感歎如伊尹及湯武等以天下興亡爲己任的熱腸之人，已不復存，如何不使人傷感。此外，又聯想到抗倭名將戚繼光，他精於戰術，成立戚家軍紀律嚴明，使明代東南沿海的倭患得以解除，又鎮守薊州十餘年。當時的邊關兩大名將，東南戚繼光，東北李成梁，兩人都受首輔張居正賞賜，但在宰相死後，兩人命運卻大不相同，李成梁未受牽連，戚繼光卻被革職。楙澄遊歷遵化城，眼見並耳聞戚將軍的過人才能及功績，一方面感慨戚將軍成也首輔，敗也首輔

〔註140〕《九籥集》卷之一〈游湯泉記〉，頁497～498。

的遭遇，一方面又爲其生不逢時而唏噓不已。

以夾敘傳聞而言，〈游湯泉記〉爲最典型的例證。

> 瞻邊城已北，山峰益聳，一起一伏，不異波濤，詢諸父老，則大寧諸衛也，朵顏酋長駐牧於中。自三衛而外，爲東虜部落，……長昂，東虜之最雄者也，賞格懸伯爵募其首，終不獲，昂亦自負，年六十餘，壯心逾勁，居常勃勃以入寇爲事。一日，出帳房，遙見二鹿，彎弓迭射之，應弦而殞，乃其二子，于是雄心漸衰。居常火食，布種烹鮮，稍似中華，勁亦不能與西虜齒。曾築室大寧城，苦頭眩竟不敢入，與西虜居帳房無異。有自中國投虜者曰板升，其入寇往往謀及婦人，自西自東，無思不服也。昔　文皇藉三衛之力，以綏內難，故不惜捐膏腴處之，議者抱羌胡居內之虞。顧二百年來，雖饑則附人，飽則颺去，然不侵不叛，終不越我羈縻。當其時，設宜成筭，文皇必有長策，豈書生所能測識哉！且以夷禦夷，未必非中國之利也。嘆羨相半，不覺身渡數河，忽聞芰荷香氣襲人，則已至湯泉矣。〔註141〕

楙澄在遊覽河北遵化縣的湯泉時，遙見東北關外的韃虜部落，心有所感，因此將有關東虜部落中最英勇的酋長長昂的傳聞，以及其衰敗的因由，併同稱述明太祖以夷禦夷的軍事策略，穿插在遊記文字之中。毫無疑問地，此舉爲保存傳聞軼事產生直接的效用。此外，《九籥集》中的《瞻途紀聞》，從名稱即可得知均記載楙澄在旅途中搜集的傳聞紀實，記錄當地的傳聞軼事共一〇九則。當然《九籥集》中記載傳聞的篇章遠不止此，但《瞻途紀聞》乃其中特別標示爲記載旅途中的傳聞，並予以集中且獨立成章，雖然並未如遊記般夾敘在文字中，但廣義而言，仍有保存傳聞軼事的功用。

第六節　《九籥集》文編之貢獻

宋楙澄《九籥集》文編共收錄五七〇篇文章，文體多樣，內容豐富，許多個別篇章至今仍爲人所津津樂道，其對於當代文壇所具有的貢獻，可以從「直言針砭時弊」、「反映民俗文化」、「保存傳聞軼事」、「啓發時事小說」四個向度來探討。

〔註141〕《九籥集》卷之一〈游湯泉記〉，頁496～497。

一、直言針砭時弊

喜交好游與仗義持節均爲楙澄的人格特質。喜交好游造就楙澄見多識廣的卓越視野，而仗義持節則促使他對於時事直言針砭，毫不避諱，彷彿有「時事針砭我獨先」的意味。一般文人，或多或少都會賦予自己關於寫作的使命，尤其在虛構的小說情節中，特別容易潛藏作者對於現實環境的看法。在這類內容中，有的是對黑暗政治的刻意揭露，有的是對社會醜陋現象的冷嘲熱諷，以幽默諧謔的筆調針砭時弊，藉此警世、喻世並勸世。但是，楙澄並不採用這種婉轉卻安全的模式。他的小說沒有嘲諷的意味，他針砭時事卻不用小說的體裁，反而直接用文章來論述或陳說，這是他選擇表達自己觀點的發聲途徑。他所論述的主題大多是針對時弊而發的敏感話題，這些議題所涵蓋的範圍廣泛，舉凡政治、軍事、禮制、財政、內政、歷史等方面，都有涉獵。

在政治議題方面，代表作爲〈江陵張相公論一〉、〈江陵論二〉、〈黃子澄墓田疏文〉等。二篇〈江陵論〉作於宰相張居正身後的一連串清算動作之後，他不畏懼當時風聲鶴唳，草木皆兵的現實環境，爲宰相挺身而出，企圖撥亂反正。〈黃子澄墓田疏文〉則是爲向明惠帝建議削諸藩權，燕王朱棣順勢以清君側爲名發動靖難之變，終遭磔死的黃子澄先生所作。他爲黃先生堅定信念，慷慨就戮的浩然氣節所感，因而仗義直言。清算前宰輔及靖難之變在當時都是極重大的政治事件，尤其靖難之變的主角直指篡位爲帝的燕王（即明成祖），楙澄不畏強權，直言針砭，只爲追求公理正義而發聲，這在當時需要極大的道德勇氣。在軍事議題方面，代表作有〈東師野記〉、〈西師記略〉、〈東征紀畧〉等。三篇各記載明朝平定邊境寧夏哱拜叛亂、援助朝鮮抵禦倭寇入侵、捍衛遼東，消滅後金勢力等明神宗萬曆朝的三大重要戰役，他以戰役爲主軸來記錄事件始末，相較於《明史》的編年體，既可相互參看，又可補其不足。此外，對於軍事戰略或勝敗關鍵，多有自我主張。由於楙澄熟讀兵書及兵法，本欲以此建立功業，並未如願，但對於軍事議題的關注，則終其一生，未曾停歇。在禮制議題方面，代表作爲〈上羅大宗伯暨　左右宗伯書〉。本篇爲皇長子及皇次子光廟出講禮次無差等事，上書禮部尚書羅萬化，他著眼在「啓疑」二字，強調以禮次輕重來解眾人疑竇。江陵奪情及光廟出講是萬曆朝，士大夫沸沸揚揚，吵得不可開交的二大禮制議題，楙澄與父親各針對一個議題發聲，一致強調遵守禮法制度的重要性，不可因人而異，使制度設計的精神蕩然無存，捍衛禮教的意味濃厚。

在財政議題方面，〈擬蘇松士夫請貼役疏〉爲代表作，本篇論說蘇松地區實施均役衍生的人爲弊病，陳述改行貼役之利。在內政的議題方面，〈上房師司理　吳公論改金山衛建縣不便書〉爲代表作，本篇上書吳之甲，力陳金山衛不宜自華亭縣分割，獨立建縣的內情。在歷史議題方面，代表作有〈呈鹽臺擬脩宋遼金三史狀〉及〈擬呈按臺脩《松江府志》狀〉，因舊有宋遼金三史的誤脫，建議由陳繼儒重修。而顧清所修《松江府志》已人事更迭，亦建議重修，並提出「三江之沿革，百瀆之通淤，城有議擴之條，邑有割分之說，役宜計畝，而荒熟難於適均，富當重差，而花詭無由悉詰，五年既有一定之役，逐年應無不測之差。」等議題納入討論，具有不凡的見地。

從以上篇章來看，上至國家大事，下至地方庶務，涉獵的層面廣闊，梯澄無不以國計民生作爲評斷時事的考量，有針砭，有說理，有抒懷，有洞識，顯現他長期以來對於公眾事務的觀察心得。他憂國憂民，無私無我，堪爲棟樑之才，可惜一生並無功名在身，其嘔心瀝血的建言，往往無法達成預期的效果。

二、反映民俗文化

民俗是指一個族群共同的生活文化，這些民俗是民眾普遍遵循且代代相傳的風俗，形成民眾共同的生活習慣。《九籥集》文編中保存爲數不少的民俗史料，但因資料繁瑣，無法一一列舉，僅以節令、禮俗、遊戲等項目作點狀式的說明。

（一）節　令

梯澄所作〈燕中歲時記〉、〈吳門歲時記〉、〈金陵歲時記〉便將北京、蘇州、南京一年之中的重要節令，當地人士所從事的民俗活動摘要記錄下來。〈燕中歲時記〉記載元宵燈市、正月十九遊白雲觀、清明遊滿井高梁橋、五月遊天壇、秋夕砧聲、重九至興德寺、十月朔婦人登炕、長至繪九九圖等民俗活動。〈吳門歲時記〉記載元宵燈謎、二月遍遊諸山、二月十九至支硎山、四月十四呂純陽誕辰百伎塡集福濟觀、端陽觀躍龍舟於閶門、六月二十四日遊荷花蕩、中秋夜吳人虎丘度曲、十八夜看一串月、重陽涉吳王郊臺之右等活動。〈金陵歲時記〉記載上巳登雨花臺、端陽龍舟躍，五月十三遊弘濟寺、燕子磯、吳門、中秋登棲霞山及牛首山、重九牛首山登高、燈夕甲江南等活動。從梯澄的記載，可以看出民間習俗各地不同，但重要的歲時節令則爲元宵、清明、端午、中秋、重陽等，各地從事的民俗活動則大同小異，茲舉清明爲例。

> 地下骷髏眼無淚，兒孫哭罷花間醉，花不開，鬼當餧。(〈清明詞〉)〔註 142〕

清明節除祭拜祖先，慎終追遠之外，祭祀完畢，往往春遊飲酒，醉臥花間，在一悲一樂之間，有一種調侃的意味。此詩被收錄在明代劉侗、于奕正等撰《帝京景物略》卷二〈春場〉「華亭宋懋澄清明曲」條下：

> 人記鬼記清明字，楮錠酒榼傾城出，生人情，遊人致。
>
> 墳頭紙片兒孫淚，兒孫淚罷花前醉，花不開，鬼當餧。〔註 143〕

《帝京景物略》是一本記地理風土，穿插歷史人文的著作，〈清明曲〉是該書收錄宋楙澄的惟一一首詩作。此處〈清明曲〉與《九籥集・清明詞》使用的文字及字數相去甚遠，箇中緣由難稽，但宋楙澄對於風土人情的關切與投入，具有一定貢獻，是無庸置疑的。

此外，部分特殊節令習俗，亦値得一探究竟。茲以中秋夜吳人虎丘度曲、長至繪九九圖二者爲例。吳人的中秋習俗，主要爲虎丘賞月的盛會，詳參〈吳門歲時記〉。

> 中秋無貴賤，悉至虎丘。虎丘最不宜暑，至是涼颸薦爽，千人坐又作酒肉場矣。《姑蘇志》載歲時頗詳，獨缺中秋，豈爾時風俗猶朴，未解看月耶！長空萬里，玉盤金餅，埋滅二百年，辜負遶梁，不知幾度。
>
> 中秋夜，吳人悉度曲于虎丘。昔年張都官銘盤喜南音，中秋俟夜將子，率友人趙五武三坐石場前，曲纔命口，山中萬音俱寂，迄五更終無一人嗣起，今則凡嚮，迭奏陽春，下里雜沓，無分起周郎於九原，不勝狼顧矣。〔註 144〕

由上述可知虎丘賞月是一項不分貴賤，不論貧富的民俗活動，除賞月之外，好酒好肉，玉盤金餅，都是拜月的祭品。此外，還有絲竹管絃助興，好一個熱鬧的光景，於此或能略窺晚明時人的生活情趣。

有關冬至九九圖的習俗，〈燕中歲時記〉有一番描繪：

> 長至繪九九圖，作圜形而中空，每九日滿則墨塗一圜，或塡以朱。

〔註 142〕《九籥前集詩》卷之一〈清明詞〉，頁 450。

〔註 143〕〔明〕劉侗、于奕正等撰：《帝京景物略》（上海：上海古籍出版社，2002 年 3 月，《續修四庫全書》本），卷二，〈春場〉「華亭宋懋澄清明曲」條，頁 272～273。

〔註 144〕《瞻途紀聞》之〈吳門歲時記〉，頁 738。

客中睹之，壯心幾不自主。長至日吉服朝賀，緋衣如歲朝。〔註 145〕

長至是冬至的別稱，一般認爲，冬至後要過九九八十一天才能寒盡春來。有一種九九消寒圖是以梅花爲圖案，明人劉侗、于奕正等撰的《帝京景物略》中有記載：

日冬至，畫素梅一枝，爲瓣八十有一，日染一瓣，瓣盡而九九出，則春深矣，曰「九九消寒圖」。〔註 146〕

另一種九九消寒圖，是在圖中畫上橫九格豎九格共九九八十一格圓圈，供人們從冬至日起每天一格，在圓圈裡記下天氣的狀況。其口訣是「上陰下晴，左風右雨，雪當中」，格滿寒消，這種九九消寒圖，可以作爲分析氣候的珍貴資料。相傳九九消寒圖源自南宋的愛國志士文天祥，當時他被元兵押解至大都，時值冬至，在獄中牆壁繪梅花圖，畫梅九枝，每枝九蕾，每天將一蕾改綴成花，九九八十一天便可綴滿八十一朵梅花，既可計算囚居時日，又展現霜雪傲梅的英雄氣概，卻不幸在花成寒消之日慷慨就義。人們爲紀念這位民族英雄，依其旨趣，改以圈代梅，構思九九消寒圖以寄託哀思，同時形成這種特殊的文化習俗。而宋楙澄在燕中見到九九圖，念及文天祥的氣壯山河，內心澎湃不已。楙澄又載冬至日群臣著禮服向君王朝賀的禮俗，則與《明史．大朝儀》〔註 147〕的記載一致。

（二）禮　俗

《九籥集》文編中有關禮俗的紀錄散落在字裡行間，其中最主要的是與婚俗及喪俗相關的記載。婚姻是維繫人類種族繁衍和社會延續的最基本制度，因此對於婚姻關係的建立或終止，存在著較爲謹慎的態度。在婚姻禮俗方面，《九籥集》文編中大多存於與女性有關的傳記、行狀、誌銘等類別的篇章中，例如擇吉（〈壽曹君六十序〉）、擇字（〈吳中孝子〉）、擇配（〈贈昭勇將軍桃溪吳公暨朱淑人傳〉）、襲吉（〈先妣張太孺人乞言狀〉）、許字（〈尹孺人傳〉）、委禽（〈尹孺人傳〉）、媒妁（〈周孺人傳〉）、自媒（〈宋氏君求傳〉）、贅婿（〈尹孺人傳〉）、繼室（〈珠衫〉）、納幣（〈尹孺人傳〉）、歸寧（〈殤兒恊虎誌銘〉）、于歸（〈尹孺人傳〉）、反馬（〈亡婦楊氏誄有序〉）、離婚書（〈珠衫〉）等等，其中值得深入探

〔註 145〕《瞻途紀聞》之〈燕中歲時記〉，頁 738。

〔註 146〕〔明〕劉侗、于奕正等撰：《帝京景物略》（上海：上海古籍出版社，2002 年 3 月，《續修四庫全書》本），卷之二，〈春場〉，頁 267。

〔註 147〕〔清〕張廷玉等撰：《明史》卷五十三〈大朝儀〉，頁 361。

究的是「反馬」的習俗。此習俗得見於楙澄〈亡婦楊氏誄有序〉一文中：

> 婦以今上丁亥冬歸澄，澄母張孺人自先大人亡，朝夕禮佛，願西方度，置家事幾十年矣。憐澄自食，更臨庖鮮，反馬之後，若疾脫支，婦克馴內儀，恪供中饋，晨昏不替於虔。〔註148〕

中饋是古代婦女職司家中飲食烹飪等事，此指成爲家庭主婦。反馬則視爲對新婦試驗完成的儀式。反馬之說，出於《春秋左傳・卷第二十二・宣公五年》所載：「冬，齊高固及子叔姬來。……冬，來反馬也。」杜預注云：「叔姬寧，固反馬。」指夫婦同來，但意義不同，叔姬之來爲歸寧，高固之來爲反馬。鄭玄主張「大夫以上，其嫁皆有留車反馬之禮，留車，妻之道也，反馬，壻之義也。」因此反馬俗稱「回門」，指婿拜見妻之父母。孔穎達疏則將反馬解釋爲歸寧的一部分，也將反馬視爲廟見成婚的配套。〔註149〕依古禮送女適於夫家，留其送嫁之馬車，如被出棄，將乘之以歸。至三月廟見之禮後，夫婦之情穩固，則夫家反其所留之馬，以示願與之偕老。

喪葬儀禮是人生最後一項結束禮，特別需要表現出內心的哀戚與肅穆。在喪葬禮俗方面，《九籥集》文編中大多存於與悼念亡者有關的祭文、行狀、誌銘等類別的篇章中，如招魂（〈亡婦楊氏誄有序〉）、發喪（〈說燒棧道〉）、入斂（〈先府君本傳〉）、殯櫬（〈先妣張太孺人乞言狀〉）、薄葬（〈遊西山滴水崖記〉）、瘞墓祔廟（〈兒龍媒誌銘〉）、斬衰（〈珠衫〉）、期功（〈先妣張太孺人乞言狀〉）、縗絰（〈先妣張太孺人乞言狀〉）、未亡人（〈周孺人傳〉）、神主（〈南還奉　先府君神主登舟祭文〉）、首丘（〈一日受金牌十二論〉）等等。其中「首丘」的生死觀念，值得一探。「首丘」見於楙澄下列二篇作品中：

> 至是遭家多難，議復遊燕，而先慈志屬首丘，義不遠涉。（〈先妣張太孺人乞言狀〉）
>
> 太平之日，民遵首丘之義。（〈上房師司理　吳公論改金山衛建縣不便書〉）〔註150〕

與其稱「首丘」是一種喪葬習俗，不如說是一種生死觀。相傳狐狸將死時，

〔註148〕《九籥前集》卷之六〈亡婦楊氏誄有序〉，頁409。

〔註149〕〔晉〕杜預注，〔唐〕孔穎達等正義：《春秋左傳正義》（臺北：藝文印書館，民國78年1月，11版，《十三經注疏》本），卷第二十二，〈宣公五年〉，頁376。以上杜預、鄭玄、孔穎達有關反馬的說法，均出自本書同頁。

〔註150〕前引兩篇見《九籥集》卷之七〈先妣張太孺人乞言狀〉，頁575；《九籥續集》卷之六〈上房師司理　吳公論改金山衛建縣不便書〉，頁691。

頭會朝向它出生的土丘，一說朝著它所住洞穴的方向。典出《禮記・檀弓上》：「禮，不忘其本。古之人有言曰：『狐死正丘首，仁也。』」〔註151〕孔穎達疏：「丘是狐窟穴根本之處，雖狼狽而死，意猶向此處。」後用以比喻人死後落葉歸根，歸葬故鄉。在中國人的習俗中，人如果能在故鄉家中壽終正寢，是人生最後最大的福分，因此，在面對人生盡頭時，往往不願意離開故鄉，即使流離外地，亦千方百計歸返，甚至死後，多有歸葬故鄉的遺願。由於原鄉情感的驅使，出現留守故鄉不遠行，以及歸葬故鄉的民間風俗。

（三）信　仰

孔子曰：「子不語怪、力、亂、神。」但民間大眾對於自然神、祖先神、人物、靈物、神仙、鬼神等神道的崇拜和信仰，則由來已久。由於民間信仰逐漸朝向佛、道、儒三教融合，祭拜各種神明，因此處處影響世人的食衣住行和思想觀念。楙澄《九籥集》文編的作品中反映出有關當時民間信仰的片斷，以下就焰口施食、扶箕降僊、水陸道場三者分述之。

焰口施食是佛教稱施食給餓鬼的法會，楙澄的〈薦沈楊兩公疏文〉有以下記載：

> 今　上己亥復客燕中，受知於沈侍御、楊宮諭兩公，……思兩公居燕時，常相與禮佛於城西之圓覺庵，庵圮而克脩伊兩公力，今兩公亡而無以為情，某謀於庵主，如鯨虔敦法眾為兩公誦諸品經若干部，暨焰口施食，一壇凡兩晝夜，以我願力，合彼有情，消我有情，皎（按：應為皈）依無量，……〔註152〕

楙澄為沈時來、楊繼禮兩位忘年之交的亡逝而傷痛，為免兩公墮入餓鬼道，因此為兩公辦理誦經法會。至於焰口施食的作法，係源自《大藏經・佛說救拔焰口餓鬼陀羅尼經》〔註153〕，舉行焰口施食的佛事法會，除可解除餓鬼飢虛之外，最主要是為他們說法、皈依、受戒，令他們具足正見，不再造罪受苦，早日脫離苦海，成就菩提。

扶箕降僊是一種民間請示神明的方法，神明降臨附在乩童身上，以傳達

〔註151〕〔漢〕鄭玄注，〔唐〕孔穎達等正義：《禮記正義》（臺北：藝文印書館，民國78年1月，11版，《十三經注疏》本），卷第七，〈檀弓上〉，頁125。

〔註152〕《九籥集》卷之四〈薦沈楊兩公疏文〉，頁530。

〔註153〕《大藏經》（臺北：新文豐出版公司，民國63年），第二十一冊《佛說救拔焰口餓鬼陀羅尼經》，頁464～465。

旨意。扶箕又稱扶乩、扶鸞。楙澄在記載純陽子呂洞賓的傳聞〈呂翁事八〉中述及：

> 萬曆時，震澤西山有勞村居人陳維德，嘗遊山中西湖寺紫雲臺，遇道人晤言良久，經數年，抵無錫，適主人扶箕降僊，自稱呂翁，題句云：「數年不見陳維德，今日相逢兩鬢霜。」陳驚悚，叩言生平無緣祇迓，復書云：「不記紫雲臺下會，也曾攜手話滄浪。」〔註154〕

呂翁借凡人身扶箕降臨，摻入這樣的神蹟可增加傳聞的神祕性及可信度。佛教的《華嚴經》、《地藏經》等，雖也載有各種天神地祇之名，但民間信仰的多神崇拜，卻未必來自佛經的傳播，而是透過所謂神佛借竅等靈媒的降神，以及特殊個人靈異的感應，最普遍的是出於乩壇，用扶箕的方式，由乩童口宣，或由乩童用乩筆在沙盤上畫字所得諸神的旨意。最初多半是流傳於民間小說中的歷史人物及神話故事中的諸種神明，但佛教在中國普及之後，亦有假託諸佛、菩薩、羅漢、祖師等名字，出現於靈媒之口及乩童之筆的。因爲儒、釋、道三教的神、仙、聖、賢、佛、祖、菩薩，都可能輪番出現於任何一個靈媒之口及乩壇的筆錄，因此在民間信仰之中，已摻有佛祖及菩薩的崇拜。

水陸道場又稱「水陸法會」、「水陸會」、「水陸齋」、「水陸大會」、「悲濟會」等等，從名稱之多，即可想見其流行之廣。楙澄〈游湯泉記〉有錄：

> 佛殿建自唐貞觀二年，趺坐釋迦像最古，武宗賜額「福泉禪寺」。兩壁畫佛，爲諸天設法，及三世佛，環坐十八羅漢，金碧璀燦，則此寺當山前未割之先，已爲水陸道場，湯泉稱功德水久矣，不若諸臺榭，至少保始赫然一新也。〔註155〕

由於湯泉受到水陸法會的加持，因此被稱爲功德水。至於水陸道場的歷史緣起，可追溯到南朝梁武帝蕭衍時，南宋志磐法師編著《佛祖統紀》載有：

> （梁武）帝嘗夢神僧曰：「六道四生受苦無量，何不作水陸大齋普濟群靈。」帝乃披覽藏經，創製儀文，三年乃成，遂於金山寺修供，命沙門僧祐宣文，大彰感驗。〔註156〕

梁武帝建立平等施食之意，撰成水陸儀文，首於金山寺依儀修設，由梁武帝

〔註154〕《九籥集》卷之十〈呂翁事八〉，頁604。

〔註155〕《九籥集》卷之一〈游湯泉記〉，頁499。

〔註156〕〔宋〕釋志磐撰：《佛祖統紀》（上海：上海古籍出版社，2002年3月，《續修四庫全書》本），卷三十七，頁487。

當齋，並詔僧祐禪師宣讀儀文，仗佛慈力，虔祈國泰民安、風調雨順，並普濟六道四生群靈。因此梁武帝創建冥陽兩利水陸齋法，是水陸法會的肇始。水陸道場是漢地佛教法事中最隆重的一種，也是漢地佛教文化的獨特產物，影響所及，上至宮廷，下至偏鄉僻壤，均舉辦規模不同的水陸大會，時間短則七天，長則多達四十九天，規模宏大，參加盛會法事的僧眾有幾十人甚至上百名。所以水陸盛會，其法門廣大，利益宏深，旨在普渡眾生。

（四）民間遊戲

搜檢《九籥集》文編，可匯集一些當時民間流行的遊戲，如白打、探丸、呼盧、擊壤等，今臚列如下。

> 郡中有吳平子者，故名家子也，……年十六七，好飛黃走蒼，鬪雞盤馬，里中少年附之，日相與擊劍舞槊，尤工白打。（〈顧思之傳〉）
>
> 伏惟　相公臺下聳幹儀天，……其家聲始則雪白冰清，雲路肅軺車之軋軋繼焉，霜明月靜，天衢避驄馬之行，行望切東山，名懸北極，覗惟吳會，昔號荊蠻，每鑄劍而探丸，亦桑間而濮上，……（〈上劉侍御啓〉）
>
> 術士喜呼盧，館於青樓，數日金罄，……（〈蟠桃宴〉）
>
> 微之碩人修髯善骯髒，其意氣才情足以資傲骨，人無貴賤賢不肖，遇之莫不辟易，至於呼盧對壘，亦悉以氣吞之，……（〈袁微之傳〉）〔註157〕
>
> 白飯堪持咒，單衫好遂初，擊轅復擊壤，日月任居諸。（〈自適居〉）〔註158〕

白打，是一種蹴踘戲，由兩人對踢。探丸，是將彈丸做成紅、黑、白三色，摻在一起，裝進盒內，從裡面探取的一種遊戲。呼盧，是一種古代的賭博遊戲，猶今之擲骰子。古時賭博，削木為骰子，一面塗黑，畫犢，一面塗白，畫雉，共五子，五子全黑叫做「盧」，是為頭采。在投擲時，因希望得盧，而連連呼喊它，所以稱為「呼盧」。擊壤，亦是一種古代的遊戲，將一塊鞋狀的

〔註157〕前引四篇見《九籥集》卷之五〈顧思之傳〉，頁541；《九籥集》卷之八〈上劉侍御啓〉，頁581、582；《九籥集》卷之十〈蟠桃宴〉，頁606；《九籥集》卷之五〈袁微之傳〉，頁546。

〔註158〕本篇出自《九籥集詩》卷之二〈自適居〉，頁619，原屬「詩」編，不應列入「文」編，但為以「民間遊戲」為主題，借統一敘述之便，特列於此。

木片當靶子，在一段距離之外用另一塊木片對其投擲，打中則獲勝。此本爲老人閒暇無事時的遊戲，後來則用以喻太平盛世。這些民間遊戲，對於瞭解當代的日常生活內容，頗有助益。

（五）吳地風俗

楙澄早年所居住的松江府華亭縣（今上海市），距離蘇州府吳門（即吳縣，今蘇州），僅一府之隔，在旅程往返途中，因吳門是往來七省的交通要道〔註159〕，屢屢道經吳門，至明萬曆四十一年（1613年），又因遭逢家難，舉家遷往吳門〔註160〕，之後在吳門大約居住五年〔註161〕。此外，祖父宋坤曾旅居吳門二十年，又繼妻施氏即爲吳門人，甚至楙澄還曾規劃彙編吳郡名士，擬作《雅士傳》〔註162〕一書。由此推敲，楙澄對於吳門的感情極爲深厚，以故對吳地的風俗，亦應相當熟稔，而在《九籥集》文編中，便存留一些有關吳地風俗的作品，除遷居吳門時作〈吳門歲時記〉及《瞻紀紀聞》所錄「虎丘雜記」二十則之外，〈聽吳歌記〉及〈眞娘墓記〉亦爲兩篇重要作品。

〈聽吳歌記〉首先說明樂歌之所以能夠雅俗共賞，流傳廣遠，披之絲竹管絃，主要在於能夠協聲於齒牙唇舌，趨向自然與和諧，才能感動人心，傳唱不止。就前代的詩歌發展來看，詩與歌相協，是保留二者的重要元素，一旦詩不協聲於歌，文字尚可保留，歌便逐漸式微，唐詩、宋詞、元曲均是如此，這是楙澄的認知。至於吳歌，自古以來便是一絕，自古至今，猶代代傳唱不已，〈聽吳歌記〉分析其撼動人心之處：

> 乙未孟夏，返道姑胥，蒼頭七八輩皆善吳歌，因以酒誘之，迭歌五六百首。其敘事陳情，寓言布景，摘天地之短長，測風月之深淺，狀鳥奮而議魚潛，惜草明而商花吐，夢寐不能擬幻，鬼神無所伸靈，

〔註159〕《九籥續集》卷之六〈上房師司理　吳公論改金山衛建縣不便書〉所言：「至吳縣則七省之通衢，……」頁689。

〔註160〕《九籥續集》卷之一〈眉如草序〉所載：「癸丑嘉平之月（按：陰曆十二月），遭家難甚慘，遂盡室遷吳門。」頁646。

〔註161〕《九籥後集》楚遊下〈與張叔翹書〉所記：「弟一生半家湖海，昔居燕京十餘年，……居吳門五年，……」頁751。

〔註162〕《九籥續集》卷之四〈積慶菴募建禪房疏〉所述：「余欲于暇日輯吳郡，自　國初以至今　上，名士彙爲一編，題曰《雅士傳》，而類祀之于僧寮，……」頁682。

令帝王失尊於談笑，古今立易於須臾，皆文人騷士所嚙指斷鬚而不得者，乃女紅田畯以無心得之於口吻之間，豈非天地之元聲，匹夫匹婦所與能者乎？時手《太白樂府》，不覺墮地。以余之癖於嗜文，太白之善於琢句，乃奪於傖父之肉音，非至和之感人，則不肖之無識，太白之無才，必有所歸矣。〔註 163〕

蒼頭指僕役之輩，看似不起眼的吳地僕役，只需以酒相誘，動輒便歌五六百首，其敘事陳情，寓言布景，渾然天成，一首又一首，源源不絕，且非文人騷士等工於雕琢之輩所能勉力而得，其癥結便在於吳歌所獨具的自然而有，音調協和的特質，因此單憑口耳傳唱，便感人肺腑，流傳久遠。楙澄給予傳唱於山村河湖間的吳地民歌如此高的評價，是一種嶄新的視野，讓時人對於吳歌產生更多的關注。爲此，明末劇曲家潘之恒，在《亘史・雜篇》卷之四〈文部・吳歌〉一篇中，便完整收錄宋楙澄〈聽吳歌記〉的全文，題下有序云：「華亭宋新記。」〔註 164〕可見他認同楙澄的觀點，也因楙澄的〈聽吳歌記〉提醒世人重視吳地民歌，對於保存吳歌，有其不可磨滅的貢獻。

〈眞娘墓記〉爲未從人卻留芳百世的吳門名妓眞娘作記，藉此鼓勵徐女郎。楙澄在〈虎丘禪悅樓募緣疏〉提及：「吳門固南部煙花國也，自西施夷光珠翠，零落於曲岫深谿之間，如響屧香水去，姑胥僻甚，艷有佳名，而虎丘不少概見。」直指吳門本爲煙花之地，自西施以來，造就不少名妓。雖說人死留名，豹死留皮，而名妓終究因爲身分的緣故，總是被遺忘在歷史洪流中，偶爾在文人騷客的詩文之中驚鴻一瞥，已屬難得。至晚明，由於社會風氣的開放，楙澄完全擺脫名教的束縛，以先進的兩性觀爲葬於虎丘的名妓眞娘作墓記，甚至用男子的美稱「子」來稱頌眞娘，相較於歷代文人墨客僅含蓄地爲眞娘留下詩篇，楙澄則是大膽地以眞娘爲主角作記，畢竟青樓文化亦是吳地風尚的一部分，而在距今約四百年前的晚明，楙澄能夠用如此包容寬闊的視野來看待風俗民情，誠屬難得。影響所及，潘之恒《亘史・吳艷》在題下有序文：

敘曰：「吳艷莫如蘇小小、眞娘，而皆以墓著名。雖以妓終而無所歸，人猶至今憐之，視商婦士妻老死閨閣，奚啻千里？曩馮司成公欲追

〔註 163〕《九籥前集》卷之一〈聽吳歌記〉，頁 394～395。

〔註 164〕〔明〕潘之恒撰：《亘史・雜篇》（國家圖書館藏明天啓丙寅（六年）天都潘氏家刊本），卷之四，〈吳歌〉，頁 6～7。

祀西湖勝流而列蘇小之次，可作美談，而宋幼清直以子稱眞娘，爲之墓記，皆得風人之旨，惜司成未紀之文，僅錄宋記，以冠吳艷之首。」〔註 165〕

此外，又在序文以下錄宋楙澄〈眞娘墓記〉全文。潘之恒述及馮元成及宋楙澄師生兩人，一欲追祀名妓蘇小小，一爲名妓眞娘作墓記，一時傳爲美談，而楙澄的〈眞娘墓記〉是確實留存下來的作品，對於吳地風尚的保存，產生直接的效用。難怪潘之恒在《亘史・外紀》卷之二十二中，〈吳艷〉首列宋楙澄〈眞娘墓記〉單篇文章，次列〈眞娘墓詩〉，其中集結歷代文人爲眞娘題詩墓上之作，如唐代李紳、張祐、李商隱、白居易、羅隱、譚銖、宋代米芾、元代顧瑛、明代高啓、蘇平等人。唐人陸廣微《吳地記》視譚銖之作詩爲一絕〔註 166〕，但就潘之恒《亘史・外紀》的編次來看，楙澄的〈眞娘墓記〉尚在譚銖的〈眞娘墓詩〉之前，〈眞娘墓記〉的地位及重要性，便具體顯現出來。附帶一提，潘之恒本篇所記，可看出其與馮元成及宋楙澄師生的交往。另查馮時可《馮元成選集》卷之十三收錄〈潘景升涉江詩序〉〔註 167〕，馮時可爲潘之恒《涉江詩》作序；宋楙澄《九籥集詩》卷之一〈李南華女郎懊惱曲有序〉云：「余讀梅君季豹解嘲詩，序太張楚而悲吳，……眞娘葬烈士之側，仙骨雄心他方莫躋，……南華女郎雖身客清溪而心留吳，會景升季豹狎而嘲之，豈七尺委卿之意乎？何無香火情也，爲作〈懊惱曲〉。」〔註 168〕景升即潘之恒，季豹爲梅守箕，從此序應可推知二人情誼。

三、保存傳聞軼事

《漢書・藝文志》云：「古有采詩之官，王者所以觀風俗，知得失，自考正也。」〔註 169〕《禮記・王制》亦有「命大師陳詩以觀民風」〔註 170〕的理念。

〔註 165〕〔明〕潘之恒撰：《亘史・外紀》（國家圖書館藏明天啓丙寅（六年）天都潘氏家刊本），卷之二十二，〈豔部・吳艷〉，頁 1。

〔註 166〕〔唐〕陸廣微撰：《吳地記》（臺北：臺灣商務印書館股份有限公司，民國 75 年 3 月，《景印文淵閣四庫全書》本），頁 60。

〔註 167〕〔明〕馮時可撰：《馮元成選集》卷之十三〈潘景升涉江詩序〉，頁 25～27。

〔註 168〕《九籥集詩》卷之一〈李南華女郎懊惱曲有序〉，頁 615。

〔註 169〕〔漢〕班固撰，〔唐〕顏師古注：《漢書》（臺北：洪氏出版社，民國 64 年），卷三十，〈藝文志第十〉，頁 1708。

〔註 170〕〔漢〕鄭玄注，〔唐〕孔穎達疏：《禮記注疏》（臺北：藝文印書館，民國 78 年 1 月，11 版，《十三經注疏》本），卷第十一，〈王制第五〉，頁 226。

而《詩經》中的「風」，就是由民間各地採集而得的。古代官府採詩，目的是貼近各地平民百姓的風俗和生活狀況，從而糾正施政的不足和錯誤。秫澄好游的天性，雖然讓他半生飄泊，但他浪迹大江南北，遍訪名山大川，得以尋訪民俗、洞悉山川，飽覽勝蹟，最重要的是得以藉機考察傳聞、收集資料。秫澄搜集傳聞軼事的功能或作用，與古代的採詩官類似，不同的是，執行者由官府轉變爲私人。這或許是秫澄深感傳聞軼事的重要性，抑或是個人興趣使然，因此受到內心一股使命感的驅使，便以採詩官自任。一般而言，傳聞如果仰賴口耳相傳，可能會被轉述者加油添醋，不斷有嶄新風貌出現，但往往在年湮代遠之後，煙消雲散，無從查考。因此，較爲理想的保存傳聞軼事的方式，便是以文字記錄下來，有實物可稽，如果再加上文人之筆的潤飾，文學性與可讀性便大幅提昇，而傳聞軼事則因此而保存得更完整。

秫澄《九籥集》文編中所收錄的傳聞軼事爲數不少，主要收錄在《九籥續集》卷之十「旊旌錄」及《瞻途紀聞》，共二百餘則，其餘則散見文編各處，有的各自成篇，有的夾雜在文章之中。書中所記大多是發生在作者周遭的眞人實事，或輾轉流傳的奇聞軼事，對於瞭解晚明的社會生活狀況和風土人情，具有一定的參考價値。就其價値而言，傳聞軼事可以作爲小說的基本素材，如〈劉東山〉、〈廣陵乘輿〉、〈吳中孝子〉、〈負情儂傳〉、〈李福達〉等，文人可以用傳聞軼事爲基本骨架，再用文人的筆加以修改或增潤，賦予傳聞軼事血肉及靈魂，讓小說成品充滿生氣。其次，從傳聞軼事可以瞭解當時民間信仰中所關注的神格化人物，如《九籥集》卷之十「稗」編收錄的〈呂翁事〉九則，《九籥續集》卷之二「記」類的〈呂翁授藥記〉，《瞻途紀聞》又增補〈呂翁〉二篇，甚至在〈與姜大〉這篇給好友的書信中，特別回應姜雲龍巧遇呂翁的傳聞，彷彿呂翁不僅是存在於傳說之中，而是隨時會降臨在一般人生活周遭的人物。有關純陽子呂洞賓的傳聞軼事如此豐富，可以想見呂翁成爲話題主角的頻率，其變幻難測，法力無邊的事蹟，每每爲人所津津樂道。秫澄對呂翁的記事，彷佛一種田野調查，多方採擷，匯集成章，對於呂翁形象的呈現，挹注不少心力，並且累積豐碩的成果。此外，從傳聞軼事可瞭解民間對於本朝政治人物的認知或評價，如〈陶眞人〉、〈分宜〉、〈薛文清公〉、〈海忠肅公〉、〈徐文貞〉、〈□□遺事〉等篇，載錄與方士陶仲文、嚴嵩父子、大理寺少卿薛瑄、清官海瑞、宰相徐階，以及後金領袖努爾哈赤等當代政治人物或外族新勢力有關的民間傳聞，其中不乏傳奇性的色彩。甚且從傳聞軼事亦可搜集流傳於民間的傳說，例如〈朱丐兒〉寫朱丐兒以分身擒虎而歸等傳說。〈俠客〉寫一俠客爲士人妻代其夫爲宦三年，至形跡敗露方離去，卻從未踰越禮教的俠義之舉。〈飛虎〉寫飛虎異獸食人的民間傳說。〈陳氏鐵符〉寫陳姓老人爲子孫以手探鐵符出油鍋的神奇舉動。〈不恭〉寫來三仕不卑不亢的態度，令南昌楊縣令折服的傳聞。這些民間傳說，多有誇張的成分，但卻也凸顯出黎民文化豐沛的創造力與生命力。

此外，楙澄亦採擷不少頗富地域性色彩的傳聞軼事，如載錄動植物概況的有〈衢州〉的野鷓鴣、〈常山・二〉的烏桕、〈龍窟〉的大樟、〈蘄州・三〉的蘄竹與苦竹、〈蘄州・五〉的鱖魚、〈蘄州・七〉的大龜、〈交河〉的白鷗、〈鄭花巖〉的梔子花等等。記錄地理景觀的有浙江的〈西湖〉、〈七里灘〉、〈蘭谿〉、〈桐盧〉、〈龍游〉、〈開化〉等；江西的〈廣信〉、〈弋陽〉、〈白狐嶺〉、〈鄱陽〉、〈吳城〉、〈馬當山〉等；湖廣的〈蘄州〉、「潯陽」、「五家堰」、「黃世港」、「陽邏」、「寧湖寺」、「漁陽口」、「赤壁」等；安徽的〈王失磯〉、〈安慶〉、〈老龍池〉、〈鳳凰山〉、〈烏江〉等；山東的〈東平東阿〉、〈阿井〉、〈良村〉、〈高唐州〉、〈土城〉、〈小鹽〉、〈鹽河〉、〈孟姜堤〉等；江蘇的〈滸墅〉、〈焦山〉、〈蒜山〉、〈楊州〉、〈直河〉、〈洳河〉、〈盤門〉、〈北固〉等；河北的〈景州〉、〈涿州〉、〈鄭州〉、〈善家橋〉、〈流璃橋鐵柱〉、〈雄縣〉、〈河間〉、〈滄州〉等。凡此種種，不勝枚舉。記載風俗民情的有〈常山〉寫常山與玉山的挑夫文化，〈玉山・二〉寫東嶽廟九月十五燃香禮佛的盛況，〈弋陽・二〉寫弋陽城下泊舟不可唱的風俗，以及〈燕中歲時記〉、〈吳門歲時記〉、〈金陵歲時記〉三地歲時風俗等。記載人文景觀的有〈巍石山〉記宋岳武穆詩，〈常山〉使紙白的石粉，〈衢橘・二〉的蘭谿已南多水磨水舂，〈蘄州・十二〉九峰山的敕建道場等等。記載歷史陳跡的有記五代梁朝勇將王彥章的〈王彥章墓〉，記北宋狀元梁灝的〈梁氏墓〉，記春秋吳人季札掛劍處的〈徐君墓〉，記漢梁孝王劉武的〈梁王城〉，記漢朝韓信城的〈甘羅城〉，記元末自立爲王的張士誠之妃金姬的〈金姬墓〉，記宋朝楊家將楊景相關事蹟的〈鄭州〉等等。這些具有地域性色彩的傳聞軼事的保存，有助於拼湊當代的民間生活，有助於還原時代風貌，更有助於查考傳聞的源流或演變，而楙澄經過自發性地搜集、整理與文字記錄，忠實呈現當代傳聞軼事的原味。

四、啓發時事小說

宋楙澄身爲一個有理想，有抱負的熱血男兒，對於國際關係、軍事布局、政經局勢、社會動態等重大新聞，均投注長期的觀察，而其訊息獲取的媒介或管道，是一個值得探討的課題。在明代，新聞傳播的媒介可從官方及民間兩個面向來進行分析。官方消息的傳遞，沿襲唐代以來的官報系統，稱爲「邸報」，邸報是政府公報，它是國家的傳令系統，內容載有當時之章奏、皇帝諭旨與官員任免等朝廷政事，明朝的官報由通政司負責傳發。官報的內容，經常受到皇帝和當權大臣的控制。但在傳抄範圍不斷擴大的過程中，逐漸成爲一種普遍流傳的政治訊息。除朝中官員有閱讀邸報的習慣外，一般關心政事的縉紳、士人也成爲邸報的閱讀者，甚至使邸報的傳抄成爲具有經濟利益的行業，而在北京有所謂的「抄報行」〔註171〕出現。因此，出版和派送邸報，從明朝中葉起，成爲一項公開的職業，並以京城爲中心，將時事新聞從京城向外傳發。這是楙澄獲取訊息的重要管道，在《九籥集》文編中，便存有關於邸報的紀錄。

> 今海內諱言文章之日久矣，縉紳之號爲好士者，遇能誦「邸報」數章，識權要數貴人，則謬爲恭謹，不惜杯酒延之上座，……（〈祭馮元成先生文〉）

> 余己未南還，病啖嘔血，不聞東征事。於泇河遇尚寶岱芝、姚先達，始聞喪師之詳……夏月旅金昌，馮元成先生索聞見于邸報外，兼令陳之楮墨，夜歸然燈，聊述燕薊南還所聞，因付剞劂，省應對親知之煩。（〈跋後〉）〔註172〕

從〈祭馮元成先生文〉文中可見熟讀邸報內容的士人，彷彿即具有身分地位的表徵，令人奉爲上賓。而〈跋後〉一文，寫在〈東征紀畧〉及記滿族領袖努爾哈赤的〈□□遺事〉之後，則知不論是朝中仕宦或一般士人，對於東征時事關注的殷切，除可自邸報獲取消息之外，對於自戰區遊歷歸來之人，則頻頻探詢最新戰況。

至於在民間的新聞傳播媒介，則是透過揭帖、三姑六婆、小說、戲劇、刊本等方式傳播。以小說爲傳播媒介觀之，腦筋動得快的書坊老闆，將新聞性強烈的訊息商品和營利性質的印刷出版事業相結合，便產生「時事小說」。明末隨著遼東戰事的吃緊，社會上相關的小說也陸續上市。鄭振鐸在〈中國

〔註171〕〔明〕沈榜輯：《宛署雜記》（臺北：新興書局，民國72年，《筆記小說大觀》本），〈第十三卷・鋪行〉，其中敘及北京諸行業時，列有「抄報行」，與豆腐行、賣筆行等行業相並列，且須納銀於行政部門。頁108。

〔註172〕前引兩篇見《九籥續集》卷之八〈祭馮元成先生文〉，頁702；同書卷之九〈跋後〉，頁710。

文學新資料的發現〉中述及：

> 明人以「事實」作小說（或戲曲）。《英烈》、《承運》（敘成祖靖事）、《三寶太監》諸書固無論矣。其記一人生平展者，則有《海忠介公居官公案》（明萬曆刊本）、《于少保萃忠全傳》（明萬曆刊本）、《皇明大儒王陽明先生出身靖難錄》（馮夢龍作，未見明刊本，今有日本翻刊本）等等。記戰爭始末者有《遼海丹忠錄》（陸雲龍作，有崇禎刊本）、《平虜傳》（吟嘯主人作，記滿洲南侵事，崇禎刊本）、《新編勦闖通俗小說》（明末刊本）等。以名臣賢吏的斷案判牘，次之爲書多，像《廉明公案》之流，出現於萬曆之際者，蓋不止二三部。崇禎初，魏忠賢被殺，立刻便有《魏忠賢小說斥奸書》（吳越草莽臣撰）、《玉鏡新譚》、《皇明中興聖烈傳》（西湖義士述）、《警世陰陽夢》（長安人國清編次）、《磨忠記》（戲曲，閻甫撰）等作，紛紛的出現。視小說爲恩怨之府，蓋由來已久。〔註 173〕

明末時事小說蔚爲風潮，不管是記人生平、戰爭始末、公案判牘、宦官誤國等，這些議題均與當時的時事新聞息息相關，甚至楙澄的恩師態廷弼，在遼東立有戰功，不幸蒙冤入獄，百姓都很同情他，卻因民間流傳一部描寫熊廷弼鎮守遼東英勇事蹟的繡像演義小說《遼東傳》，反被馮銓誣陷遭斬首，據此可以瞭解時事小說背後所隱藏無形的強大力量。這些時事小說，呈現或凝聚出普遍的社會視野與群眾觀點，同時也反映出天下人對於國家大事的關心，這股時事小說的熱潮，一直持續到清初。

在楙澄《九籥集》文編中，存在著與當代的時事要聞息息相關的篇章，例如記人的〈葛道人傳〉、〈陶眞人〉、〈薛文清公〉、〈海忠肅公〉、〈徐文貞〉、〈□□遺事〉等；記戰事的〈西師記略〉、〈東師野記〉、〈東征紀畧〉等；記善於斷公案的海瑞事迹的〈海忠肅公〉等；記宦官誤國的嚴嵩及嚴世蕃父子事迹的〈分宜〉等。其傳奇小說亦瀰漫著一股紀實風格，如〈負情儂傳〉、〈劉東山〉、〈廣陵乘興〉、〈敬德不伏老〉、〈珠衫〉、〈李福達〉、〈呂翁事〉等等。善於紀實紀聞，是楙澄《九籥集》文編及稗編的共同特質。相較於明末天啓朝及崇禎朝大量出現的時事小說及時事劇，楙澄所處的萬曆朝，就時間而言，更在天啓及崇禎之前，雖然不能據此斷定宋楙澄帶動時事小說的風潮，但萬

〔註 173〕鄭振鐸著，劉英明、李艷明編輯：《鄭振鐸全集》（石家莊市：花山文藝出版社，1998 年），《中國文學研究》，〈中國文學新資料的發現〉，頁 1335。

曆時期可以稱爲時事小說的醞釀期或嘗試期，不可否認，經由楙澄與其他關注於時事的文人共同努力，讓時事的主題逐漸爲世人所重視，並進一步啓發明朝末年時事小說或時事劇的風潮，因此陳大康所著《明代小說史》於〈第四編　繁華與危機的雙重刺激〉中表述以下的觀點：

> 在古代傳奇小說創作的歷程中，還從來沒有過如〈葛道人傳〉這般正面描寫市民的政治鬥爭，並具有鮮明的政治傾向和時代氣氛的作品，這是市民力量的強大在文學創作中的醒目反映，同時它又直接啓迪了明末清初《警世陰陽夢》、《魏忠賢小說斥奸書》等時事小說，以及《清忠譜》等時事劇的創作。〔註 174〕

陳大康以肯定的筆調認定楙澄的〈葛道人傳〉直接啓迪明末清初的時事小說及時事劇。平心而論，不論是直接或間接，楙澄《九籥集》文編及稗編中的時事作品，確實對明末清初的時事小說及時事劇，產生開創風氣之先的效果。因此，這樣的傑出貢獻，有必要在小說發展史上爲宋楙澄保留一席之地。

第七節　小　結

宋楙澄《九籥集》文編共匯集了五七○篇文章作品，相較於其他多產的作家，如好友陳繼儒或恩師馮時可等，這樣的數量並不算多，但其中蘊藏有關宋楙澄個人特質的紀錄，卻已足夠讓後人經過尋索而對他產生更進一步的認識。《九籥集》文編的內容涵蓋論辨、序跋、奏議、書說、傳狀、碑誌、雜記、頌贊、哀祭等類的文章，各類別的數量不一，但所涉獵的門類相當廣泛。在文章中，可以歸納出他所一貫堅持的稟氣依道、崇雅尚實、好奇嗜古的文學主張。此外，他擅長運用夢寐徵奇、存眞紀實、史傳遺形等寫作技巧來從事創作，同時表現出奇矯雄特的文章風格。在文編中，表現較爲搶眼的作品類別爲散文小品、山水遊記及稗官小說，尤其「稗編」的成就非凡，特於次章以專章方式進行深入探索。整體而言，其文編的主要貢獻，體現在敢於直言針砭時弊，文章反映民俗文化，致力於保存傳聞軼事，啓發時事小說的風潮等方面。由於他的文章不管在當時或後世，均獲得積極正面的評價，因此應賦予他在晚明文壇一個適當的地位。

〔註 174〕陳大康著：《明代小說史》（上海：上海文藝出版社，2000 年 10 月），〈第四編　繁華與危機的雙重刺激〉，頁 516。